언제든지 다시 시작할 수 있다

회복을 넘어 부흥으로

❖ 본문의 성경은 《성경전서 개역개정판》을 주로 사용하였습니다.
❖ 각 장의 큐알코드를 스캔하시면 해당 설교의 영상을 보실 수 있습니다.

언제든지 다시 시작할 수 있다

오정현 지음

MOVING BEYOND RESTORATION INTO

REVIVAL

회복을 넘어 부흥으로

국제제자훈련원

머리말

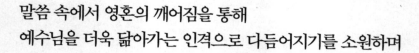

말씀 속에서 영혼의 깨어짐을 통해
예수님을 더욱 닮아가는 인격으로 다듬어지기를 소원하며

"백성이 율법의 말씀을 듣고 다 우는지라 … 모든 백성이 … 크게 즐 거워하니 이는 그들이 그 읽어 들려 준 말을 밝히 앎이라"(느 8:9,12)

강단에서 말씀을 전하는 설교자에게는 거룩한 꿈이 있습니다. 살 아계신 하나님의 말씀이 온전히 선포되고, 그 말씀을 듣는 청중의 심령에 회개와 기쁨의 눈물이 고이며, 영혼을 밝히는 말씀의 각성 으로 인해 어떤 상황이나 어떤 형편에서도 말씀의 즐거움으로 살 아가게 하는 것입니다. 그리하여 시인의 고백처럼, 하나님의 말씀 이 삶의 현장에서 실제적으로 우리 길의 밝은 빛이 됨을 경험하는 것입니다(시 119:105).

이 책은 '회복을 넘어 부흥으로' 시리즈를 성도들이 보다 쉽게 읽고 마음에 담을 수 있도록 다듬은 것입니다. 어떻게 하면 성도 들이 이 험한 인생길을 안전하게 걸을 수 있을까를 고민하는 가운데, 설교 내용 중 적절한 질문들을 뽑아 '삶을 밝히는 질문'이라는 색인을 만들었습니다. 또한 각 장에는 배경 색깔로 구별되는 서너 개의 단락이 있습니다. 이것은 신앙 생활에서 한 번은 다시 짚고 생각해 보아야 할 내용으로 말씀의 깊이를 더하는 묵상의 퍼즐조각이라고 할 수 있습니다.

사실 《언제든지 다시 시작할 수 있다》의 또 다른 저자는 주일 예배에서 말씀으로 함께 울고 함께 즐거워한 사랑의교회 영가족들입니다. 부족한 설교자를 위해 기도하고 저와 함께 영적인 이인 삼각의 걸음을 하였던 사랑하는 성도들이 있었기에 이 책이 출간될 수 있었습니다.

아무쪼록 이 책이 펼쳐지는 곳마다 소성케 하시는 말씀의 풍성한 은혜로 메마른 삶이 살아나고 넘어진 인생이 다시 일어서며, 살아있는 말씀 속에서 우리 영혼의 영적인 깨어짐을 통하여 예수님을 더욱 닮아가는 인격으로 다듬어지기를 바랍니다. 더욱 원하기는 말씀의 진액을 마심으로 날마다 원기 왕성한 거룩한 즐거움에 힘입어 어떤 상황에서도 그리스도인의 걸음을 힘 있게 걸어갈 수 있기를 바랍니다.

주후 2024년 2월 목양실에서
주 안에서 따뜻이
혜강惠江 오정현 삼가 적음

I 부
부흥의 준비
Revival Readiness

II 부
부흥을 위한 태도
Revival Attitude

III 부
부흥을 위한 전략
Revival Strategy

IV 부
부흥의 비전
Revival Vision

MOVING BEYOND RESTORATION INTO

REVIVAL

I 부

부흥의

Revival Readiness

준비

01

나와 씨름해주시는
하나님

창세기 32:9-32

"그리스도인으로서 나의 생애에 한 번은 부흥을 경험하게 하소서." 이것은 참된 신앙인이라면 간절히 갈망하는 꿈이다. 그리고 진정한 부흥의 첫걸음은 회복에서 시작된다. 이는 확실한 회복의 토대 위에서만, 능력의 실체를 지닌 부흥을 경험할 수 있기 때문이다.

그러나 아무리 부흥을 간절히 원한다 해도, 하나님과 연결되어 있지 않다면 그것은 허공을 치는 것에 불과하다. 푹푹 찌는 여름날, 최신형 에어컨을 설치했더라도 콘센트에 플러그가 꽂혀 있지 않다면 시원한 바람이 나오지 않듯이, 부흥도 내 삶의 플러그가 성령님과 연결되지 않으면 은혜의 열기를 경험할 수 없다.

'나'의 부흥이 아니라 '우리'의 부흥

중요한 것은, 개인의 부흥이 삶에 능력으로 작동하려면 반드시 공동체의 부흥과 함께 가야 한다는 점이다. 교회 부흥과 개인 부흥은 동전의 양면과 같다. 이에 대해 제임스 패커는 이렇게 통찰력 있게 말했다. "부흥은 하나님께서 교회에 새로운 활력을 주시는 일이며, 동시에 우리 삶을 회복시키는 역사이다."

이것이 무슨 뜻일까? '부흥'은 하나님께서 주님의 몸인 교회라는 신앙 공동체를 새롭게 하는 생생한 힘이며, 이를 통해 신앙 공동체에 속한 성도 한 사람 한 사람의 삶이 회복된다는 것이다. 생명의 공동체가 부흥하면, 그 속에 속한 성도의 삶도 회복된다. 따라서 기독교의 부흥은 고립된 사건이 아니며 교회 부흥과 개인 부흥이 밀접하게 연결되어 있다. 성경에서 부흥을 구하는 기도들을 보면, '내'가 아닌, '우리'를 소생시켜 달라고 간구한다.

달라스 윌라드는 "교회는 유기적 통일성을 바탕으로 부흥한다"라고 말하며, 교회 부흥이 개인 부흥과 함께 가야 한다고 강조했다. 주님의 몸인 교회는 각 지체로서 긴밀하게 연결되고 상호 의존하는 존재이기 때문에, 교회의 부흥은 개인의 부흥이며, 지체의 건강은 교회의 건강이기도 하다. 그래서 교회의 부흥은 이러한 유기적 통일성을 바탕으로 개인의 부흥과 밀접하게 연결되는 것이다.

바울 한 사람의 회심과 부흥이 초대교회의 부흥과 연결되었고, 어거스틴의 회심과 부흥이 교부 시대의 부흥과 연결되었으며, 요한 칼빈을 비롯한 개혁자들의 부흥이 네덜란드와 스위스 그리고 유럽의 부흥과 연결되었다. 이처럼, 오늘날 '나'라는 한 사람 회복과 부흥이 가정과 교회를 변화시키며, 주님의 몸인 교회의 부흥 역시 가정과 개인을 회복시키고 새롭게 하는 역할을 할 것이다.

절박한 기도가 회복의 문을 연다

대부분의 사람은 성경 속 인물 중 아브라함이나 바울과 같이 뛰어난 존재는 자신과 너무 다르다고 여긴다. 반면 야곱이나 베드로처럼 인간적 약점이 있는 사람들은 보다 친근하게 느낀다. 아마도 우리에게도 그들의 약점이 고스란히 숨어 있기 때문일 것이다.

야곱은 20년 동안 도망자로 살았다. 이제 삼촌 라반의 집에서 보낸 20년 생활을 청산하고, 마침내 다시 고향으로 돌아가려던 참이었다. 삼촌의 집에서 그는 "낮에는 더위와 밤에는 추위를 무릅쓰고 눈 붙일 겨를도 없이"(창 31:40) 지내며 연단의 시간을 견뎠고, 20여 년 전 팥죽 한 그릇에 형의 장자권을 빼앗으며 홀로 황망히 도망쳤던 야곱은 이제 완전히 다른 사람이 되어 있었다.

이 기간은 바로 하나님께서 야곱을 기다리신 시간이었다. 하나님이 야곱에게 "야곱아, 내가 너를 버리지 않고 20년을 기다렸다. 이제 너에게 회복의 시간이 왔구나"라고 말씀하신 하나님은, 지금 나를 향해서도 말씀하신다. "내가 너를 20년 동안 기다렸단다. 이제 회복의 때가 왔다."

야곱에게는 두 아내와 열한 명의 자녀가 있었고, 그동안 엄청난 수의 염소, 양, 낙타, 나귀, 소 등이 두 떼를 이룰 정도로 거부가 되어 있었다. 그러나 마음속에는 여전히 사라지지 않는 두려움이 그를 붙잡고 있었다. 형을 속이고 도망쳤던 야곱은 이제 하룻밤이 지나면 형 에서를 만나야 하는 상황이었기 때문이다. "내 형의 손에서, 에서의 손에서 나를 건져내시옵소서"(11절)라는 야곱의 절박한 기도는 그가 얼마나 두려움에 떨고 있는지를 잘 보여준다.

여기서 우리는 삼촌의 집에서 밤낮으로 받았던 시련이 아직은 야곱을 온전한 성숙으로 이끌지 못했음을 알 수 있다. 세상을 보는 눈,

상황을 판단하는 눈은 여전히 자기 자신을 중심으로 움직이고 있었다. 회복과 부흥은 하나님의 시각을 갖는 것에서 시작되는데, 이런 면에서 아직도 야곱의 회복은 요원했다. 형 에서가 장정 400명을 거느리고 온다는 소식을 듣자, 야곱의 두려움은 절정에 달했다. 지금 야곱은 '사람에게는 진심, 하나님께는 전심'이 아니고, '사람에게는 의심, 하나님께는 무심' 상태가 되어버렸다.

야곱은 무리를 둘로 나누었다. 자신이 덜 좋아하는 그룹을 앞에 보내고, 더 좋아하는 그룹은 뒤에 남겼다. 앞에서 공격당하더라도, 그사이에 나머지 한 떼라도 도망칠 수 있게 하기 위함이었다(8절).

그런데 야곱을 가나안 땅으로 돌려보내신 분이 누구인가? 하나님이시다. 야곱은 인생의 위기를 만났을 때 하나님의 명령을 떠올렸다.

"주께서 전에 내게 명하시기를 네 고향, 네 족속에게로 돌아가라 내가 네게 은혜를 베풀리라 하셨나이다"(9절).

하나님께서는 야곱에게 고향으로 돌아가라는 명령 외에도, 가나안 땅의 경계에 이르렀을 때 놀라운 환상을 보여주시며 격려하셨다. 20년 전 아버지의 집을 도망친 야곱이 '벧엘'에서 외롭게 홀로 있던 때 하나님이 천사들을 보여주셨던 것처럼, 이번에도 천사들을 보이셨다. 그래서 야곱은 그곳을 "마하나임"(하나님의 군대)이라고 불렀다. 야곱은 '하나님의 군대'인 천사들을 보고 하나님이 자신을 지켜주실 것을 확신하고, 안정감과 평안을 느꼈을 것이다.

그러나 그의 기도에는 여전히 인간적인 두려움이 가득했다. 하지만 하나님께서는 이 절박한 기도를 야곱의 참된 회복과 부흥의 출발점이 되게 하셨다.

　본문에 나오는 야곱의 기도는 회복을 위한 기도의 모범 답안과 같다. 야곱의 기도는 오늘날에도 적용되어, 하나님의 능력을 통해 작동할 것이다. 이 기도는 21세기를 사는 우리에게도 변화된 개인과 교회의 문을 열어주는 회복의 열쇠가 될 것이다.

회복으로 이어지는 기도의 네 가지 기둥
첫째, 야곱의 기도는 하나님의 하나님 되심, 위대하심 그리고 임재에 초점을 맞추었다.

> "야곱이 또 이르되 내 조부 아브라함의 하나님, 내 아버지 이삭의 하나님 여호와여 주께서 전에 내게 명하시기를 네 고향, 네 족속에게로 돌아가라 내가 네게 은혜를 베풀리라 하셨나이다"(9절).

　야곱은 기도의 시작부터 "하나님"께 먼저 집중했다. 그는 자신이나 환경이나 문제에 초점을 맞추지 않고, 먼저 하나님으로부터 시작한다. 이는 예수님이 가르치신 기도 방식과도 일치한다.

> "너희는 이렇게 기도하라 하늘에 계신 우리 아버지여 이름이 거룩히 여김을 받으시오며"(마 6:9).

　야곱의 이 기도는 20년 전에 드렸던 기도와 대조적이다. 창세기 28장에 나타난 야곱의 기도는 '자기중심적'이었다.

> "… 하나님이 나와 함께 계셔서 내가 가는 이 길에서 나를 지키시고

먹을 떡과 입을 옷을 주시어 내가 평안히 아버지 집으로 돌아가게 하시오면 여호와께서 나의 하나님이 되실 것이요 내가 기둥으로 세운이 돌이 하나님의 집이 될 것이요…"(창 28:20-22).

이렇게 20년 전에는 조건부 기도를 했다. "나를 지키시고, 먹을 것과 입을 것을 주시고, 평안하게 돌아오게 해주신다면 하나님을 섬기겠습니다"라는 내용이었다. 대개 초신자들이 자주 하는 기도 방식이다.

둘째, 야곱의 기도는 자신이 얼마나 무가치한 존재인지 인정하는 기도였다.

"나는 주께서 주의 종에게 베푸신 모든 은총과 모든 진실하심을 조금도 감당할 수 없사오나 내가 내 지팡이만 가지고 이 요단을 건넜더니 지금은 두 떼나 이루었나이다"(10절).

야곱은 자신이 은혜받을 자격이 없음에도 불구하고 하나님께서 번영을 주셨다는 것을 인정했다. 이것은 한 단계 올라간 기도이다.

셋째, 야곱의 기도는 구체적이었다.

"내가 주께 간구하오니 내 형의 손에서, 에서의 손에서 나를 건져내시옵소서"(11절).

또한 자신의 두려움을 하나님께 솔직하게 고백했다. "내가 그를 두려워함은 그가 와서 나와 내 처자들을 칠까 겁이 나기 때문이니이다." 야곱은 자신이 어려움에 처해 있다는 것과 도움이 필요하다는 것을 고백했다. 모호하게 표현하지 않았다. "하나님께서 복을 주시고, 나를 도와주십시오" 정도로 말하지 않고, "그가 와서 나와 내 처자들을 해칠까 두렵습니다. 주님께서 나를 도와주십시오"라고 구체적으로 기도했다.

넷째, 야곱의 기도는 하나님의 약속의 말씀을 붙드는 기도였다.

"주께서 말씀하시기를 내가 반드시 네게 은혜를 베풀어 네 씨로 바다의 셀 수 없는 모래와 같이 많게 하리라 하셨나이다"(12절).

응답받는 기도는 하나님의 약속에 근거해서 하는 기도이다. 야곱은 할아버지 아브라함, 아버지 이삭 그리고 20년 전 벧엘에서 자신에게 주신 언약(창 28:14)을 언급했다.

'절반의 제자'는 말씀에 전적으로 순종할 수 없다

문제는 야곱이 이처럼 훌륭한 기도를 올렸음에도 불구하고, 그것을 스스로 온전히 믿지 못했다는 것이다. "야곱이 거기서 밤을 지내고 그 소유 중에서 형 에서를 위하여 예물을 택하니"(13절)라는 구절을 보면, 야곱이 기도는 했지만 그것을 진심으로 믿지 못했다는 것을 알 수 있다. 형 에서가 자신을 해칠 것을 대비해 철저히 준비한 것이다. 야곱의 가장 큰 약점은 자기 힘으로 모든 것을 통제하려는 마음이었다. 하나님께 전심을 다하고 전적 위탁을 올려드리지 못했다.

야곱은 형의 분노를 달래기 위해 예물을 준비했다. 인간적으로 보면 충분히 이해할 수 있는 행동이다. 그러나 야곱의 문제는 사람의 마음을 하나님의 심정보다 우선시한 것이었다. 야곱의 모습은 연약한 우리의 모습과 다르지 않다. 기도를 훌륭하게 드리지만, 그것이 확실히 응답될 것이라는 믿음이 없었다. 그래서 우리는 야곱의 처지에 많이 공감한다. 열심히 기도하면 그대로 믿어야 하는데, 인간적인 불신이 스멀스멀 올라오는 것이다. 우리가 야곱처럼 눈앞에 "장정 400명을 거느리고 달려오는 에서"만 보인다면 이는 여전히 우리 속에 불신앙이 작동하고 있기 때문이다.

그러나 에서는 야곱이 철저하게 준비한 것과 전혀 다르게 움직였다. 상황은 인간적으로 치밀한 계획을 세웠던 야곱을 당황시킬 정도로 달리 흘러갔다.

A. W. 토저는 믿는다고 하면서도 실제로는 믿지 않는 신앙인을 두고 "부분적 제자, 절반의 제자"라고 표현했다. 삶의 일부만을 주님께 드리고 나머지는 그리스도의 통제권 밖에 두는 사람을 일컫는 말이다. 이런 관점에서 볼 때, **"나는 왜 믿는다고 하면서도 실제로는 믿지 못하는가"**, **"나는 왜 마음으로는 믿으려 애쓰지만 실제로는 믿음으로 행동하지 못하는가"**라는 생각이 든다면, 삶의 일부만 주님께 드리고 나머지는 그리스도의 통제권 밖에 두고 있지는 않은지 자신을 돌아볼 필요가 있다. 절반의 제자로 살아가는 사람은 예수님의 말씀에 전적인 믿음으로 순종할 수 없다.

우리의 믿음은 어디에 근거를 두어야 하는가?

A. W. 토저는 "믿음은 약속한 사람의 성품에 기초한다"고 정확히 지적했다. 우리가 누군가의 말을 믿고 신뢰하는 이유는 내용 자체보다 그렇게 약속한 사람의 성품 때문이다. 아무리 매력적이고 가슴 벅찬 약속이라도 그렇게 약속한 사람의 성품이 일관성이 없고 불안정하다면 그 약속을 믿기 어렵다. 우리의 믿음이 견고할 수 있는 이유도 약속의 말씀을 주신 하나님의 성품 때문이다. 하나님은 거짓말을 하실 수 없는 분이시며,

변하지 않으시며, 영원하신 분이시다. 그러므로 그분의 약속은 확실하고 변함이 없으며 영원하다. 따라서 하나님의 성품에 기반한 우리의 믿음은 든든할 수 있다.

또한, 우리가 믿는다고 하면서도 실제로는 믿지 못하는 이유는, 믿음을 단지 사고의 영역이나 의지의 영역으로만 보려는 경향이 있기 때문이다. 믿음의 순종과 믿음에 따른 실천을 이루기 위해서는, 믿음을 영적 전투의 영역으로 인식하는 사고가 필요하다. 사도 바울은 디모데전서 6장 12절에서 "믿음의 선한 싸움을 싸우라"라고 했다. 믿음이라는 경주에서 승리하려면, 이것이 영적 전투이며 적과 싸우는 실전임을 인식해야 한다.

사도 바울은 믿음의 순종이 단순히 마음먹는 것만으로는 이루어지지 않는다는 것을 알았다. 그는 믿음의 순종이 피 흘리는 전투처럼(히 12:4) 부정적인 생각과 싸우고, 무신론적인 문화와 대립하고, 세속적인 관습과 싸워 이길 때 이루어진다는 것을 깨달았다. 이것이 그가 말한 "믿음의 선한 싸움을 싸우라"라는 말의 진정한 의미이다.

회복은 하나님과의 씨름에서 시작된다

"야곱은 홀로 남았더니"라는 구절은 매우 흥미롭다. 창세기의 저자가 '홀로 남은 야곱'을 적시(摘示)한 데는 분명한 이유가 있다. 그동안 야곱과 하나님의 관계는, 할아버지 아브라함과 아버지 이삭을 통해 간접적으로 만나는 비대면의 경험이었다. 그러다가 이날, 야곱은 드디어 하나님과 직접 만나게 되었다. 20년 전 벧엘에서 만난 하나님은 멀리 떨어져 계신 것 같았지만, 이날의 직접적인 만남을 통해 야곱은 본격적으로 믿음의 조상으로서 발걸음을 내딛게 되었다.

우리 앞에 펼쳐진 이 현장은 가슴을 펄떡이게 한다. 야곱이 하나님과 새벽까지 씨름하는 이 신비로운 이야기는 참으로 놀랍고 기묘한 이야기다. 야곱과 씨름한 분은 누구일까? 그분은 어디서 오셨을까? 이 부분을 읽어보면 그분이 누구인지 알 수 있다. 야곱은 자신이 씨름한 장소를 "브니엘"이라고 불렀는데, 이는 '하나님의 얼굴'이란 뜻이다. "내가 하나님과 대면하여 보았으나 내 생명이 보전되었다"(30절)라는 말씀은 야곱과 씨름한 분이 하나님이었다는 것을 말해준다. 이 사실은 호세아 선지자가 더욱 명확하게 설명하고 있다.

"야곱은… 하나님과 겨루되 천사와 겨루어 이기고 울며 그에게 간구하였으며…"(호 12:3-4).

회복은 인간적인 계획, 자기중심적인 기도, 나를 치려고하는 400명에 대한 오해 등을 깨뜨리고 하나님의 관점을 이해하는 데서 시작된다. 야곱의 문제는 하나님을 믿으면서도, 하나님이 자신을 위해 일하신다는 사실은 믿지 못했다는 데 있다. 야곱은 '하나님이 도와주시지만, 내가 통제하지 않으면 하나님도 하실 수 없다'라고 생각했다. 이런 상황에서 하나님은 "네가 진짜 믿음의 용량이 커지고, 진짜 믿음의 조상이 되고, 진짜 부흥하려면, 너의 자기중심적 신앙관이 깨어져야 한다"라고 말씀하시는 것이다.

야곱의 기도는 나름대로 괜찮았고, 신학적으로도 타당했지만, 하나님께서 자기 삶에서 구체적으로 능력 있게 일하심을 믿지 않았기 때문에, 하나님은 그것을 깨뜨리기를 원하셨다. 그래서 하나님은 야곱과 씨름하셨고, 이것이 회복의 시작이었다.

우리 모두는 이런 경향이 있다. 기도의 내용은 괜찮고, 신학적으로도 문제가 없으며, 신앙적 연륜도 있어 꽤 근사한 기도를 하지만, 하나님이 내 삶에서 실제로 일하심은 믿지 않는다. 왜 그럴까? 내가 믿는 하나님에 대해 자신이 없는 것이다.

특별새벽부흥회(특새)나 새생명축제 때 간증을 듣고 얼마나 큰 은혜를 받았는지! 그러나 그런 건 다른 사람의 이야기지, 나에게 그런 역사는 일어나지 않는다고 선을 긋는다. 하나님과 씨름하는 야곱의 이야기는 수천 년 전의 야곱 이야기가 아니라, 오늘날 21세기를 살아가는 우리의 이야기가 되어야 한다. 특히 교회를 오래 다니신 분들 가운데 이런 문제가 있다. 다른 사람이 은혜를 받는 것을 보면 감동이 되지만, 정작 자기 자신은 그런 은혜에서 소외당했다고 느끼는 것이다. 그래서 나의 의지를 포기하고, 하나님이 일하심을 강력히 기대하지 않는다. "바위로 계란을 깨뜨리는 것은 믿지만, 계란으로 바위를 깨뜨리는 것은 믿지 않는다." 즉, 자신의 상식을 초월하는 하나님의 일하심에는 믿음의 눈이 열리지 않는 것이다.

이런 생각을 깨뜨리는 것이 회복과 부흥의 시작이다. 기도하면서도 마음속에 남아 있는 불신앙의 잔재를 청소해야 진정한 회복이 시작된다. 겉으로는 모두가 주님을 믿는 것처럼 보이지만, 실제로는 불신하는 우리의 성향과 잘못된 자기 의존을 하나님은 깨뜨리신다.

하나님께서 우리의 잘못된 자기 의존이나 불신의 성향을 깨뜨리시는 이유는 무엇인가?

하나님이 우리의 문제를 지적하시는 것은 그저 우리를 벌하기 위해서일까? 아니다. 제임스 패커는 이렇게 설명한다. "하나님은 우리의 자만과 눈에 보이지 않는 이기주의 그리고 자기 과대평가를 깨뜨리려고 하신다. 그렇게 하시는 목적은 오직 하나님과의 의식적인 교제를 통해 우리를 하나님 자신에게 더 가까이 이르게 하시는 것이다."

따라서 하나님이 우리의 내면을 깨뜨리실 때, 즉 자신을 드러내는 자만과 이기주의 그리고 자기 의존성을 깨뜨리시는 것은 하나님께서 우리와 더 가까이하시고 교제하시기 위함이며, 이것이 참된 회복으로 가는 첫걸음임을 깨달아야 한다.

사도행전 10장 14절에서 베드로가 "주여, 그럴 수 없나이다"라는 베드로의 말 속에는 자기 의, 자기 고집과 교만이 뒤섞여 있었다. 베드로는 나쁜 의도로 그 말을 한 것이 아니었다. 오히려 자신을 깨끗하게 하려는 좋은 의도였다. 그러나 베드로를 통해 복음의 전진을 이루려면, 그의 옛 본성이 깨어져야 했기에 하나님은 이렇게 하신 것이다.

베드로의 "주여, 그럴 수 없나이다"는 오늘날에도 "그건 안 돼요. 제가 옳다고 생각하는 일을 벗어날 수 없어요"라고 말하는 사람들의 생각과 같다. 이런 생각이 문제가 되는 이유는 그들이 옳고 그름의 기준을 자신에게 두고 있기 때문이다. 평생 가지고 있던 원칙일지라도, 영혼을 구하는 일, 복음의 전진을 위해서는 "주여, 그럴 수 없나이다"가 아니라 "주여, 주님의 말씀대로 따르겠습니다"라는 각성이 필요하다.

인생이 완전히 무너진 순간, 내 인생의 승전보가 시작되는 원리

밤새 "어떤 사람"(24절)과 씨름했던 야곱에게 무슨 일이 일어났는가? "… 그가 야곱의 허벅지 관절을 치매 야곱의 허벅지 관절이 그 사람과 씨름할 때에 어긋났더라"(25절). 야곱의 허벅지 관절이 어긋났다. (개역한글은 야곱의 환도뼈가 위골되었다고 표현한다.) 야곱이 계속 저항하고 절대로 포기하지 않자, 하나님께서 드디어 야곱의 허벅지 관절을 치셨고, 마침내 야곱의 저항은 끝이 났다. 인간적으로 저항할 여지를 하나님께서 부숴버리고 차단하신 것이다. 허벅지 관절이 어긋나서는 누구도 씨름을 할 수 없다. 이제 야곱이 할 수 있는 것은 낯선 사람에게 기대고 의지하는 것밖에 없었다. 야곱은 어쩔 수 없이 이 사람을 붙잡고 의지해야 했다.

그런데 야곱은 깨어질 때도 적극적이고 능동적으로 행동했다.

"그가 이르되 날이 새려 하니 나로 가게 하라 야곱이 이르되 당신이 내게 축복하지 아니하면 가게 하지 아니하겠나이다"(26절). 우리가 깨어질 때도 야곱의 이런 면이 필요하다.

야곱이 자신을 포기하지 않자, 그 낯선 사람이 야곱에게 그의 이름을 물었다(27a절). 그가 야곱의 이름을 모르기에 물어본 것은 아니었다. 야곱 자신이 어떤 사람인지 다시 한번 깨닫게 하기 위함이었다. 야곱이라는 이름의 뜻은 "속이는 자, 사기꾼"이다. 야곱의 성격 자체가 자신을 철저하게 신뢰하고, 남을 이용하는 성향임을 알게 하려는 것이었다.

"그 사람이 그에게 이르되 네 이름이 무엇이냐 그가 이르되 야곱이니이다 그가 이르되 네 이름을 다시는 야곱이라 부를 것이 아니요 이스라엘이라 부를 것이니 이는 네가 하나님과 및 사람들과 겨루어 이겼음이니라"(27-28절).

여기에서 우리 신앙의 관점을 새롭게 할 필요가 있다. 야곱이 밤새 하나님과 씨름했다고는 하지만, 사실은 야곱의 고집스러운 자기의와 자기 자신에 대한 과도한 의지를 깨기 위해 하나님이 씨름해 주신 것이다. 하나님께서 진 것이 아니라 져주신 것이다. 세상적인 회복은 이기고 승리하는 것에서 시작하지만, 하나님의 부흥 방법은 낮아짐으로써 이기는 것이다. 이는 예수님께서 십자가에서 져주심으로써 이기신 것과 같은 원리이다.

실제로 야곱은 하나님을 이기지 못했다. 하나님이 야곱의 허벅지 관절을 치셔서 야곱이 할 수 있는 일은 그저 하나님을 붙잡고 의지하는 것밖에 없었다. 우리도 주님을 제대로 알게 되면, 그저 의지할 수밖에 없다. "주 없이 살 수 없다"라고 고백하게 된다. 예배를 드릴수록 사모함이 커진다. 이것이 신앙의 원리요, 영적인 독특성이다.

환도뼈가 위골되어 인생이 완전히 무너진 순간, 세상 사람들에게는 그것이 실패로 보일지 모르지만, 그때가 바로 내 인생길에 승전보가 울리는 순간이다. 이것은 홀로 승리하는 것이 아니라 하나님과 함께 승리하는 것이다.

야곱과 유사한 신약 시대 인물이 바울이다. 그는 고린도후서 12장 9절에서 "내 능력이 약한 데서 온전해진다"라고 고백했는데, 바울도 하나님께서 자신과 씨름해주신 은혜를 깨달은 것이다.

야곱은 드디어 깨달았다. 자신의 능력이 아무것도 아닌 것임을, 그리고 자신의 능력이 보잘것없음을 철저히 인정하기에 이른 것이다. 그는 인간이 얼마나 나약한지를 깨달았다. 그런 약함 때문에 무력해진 순간에, 야곱은 하나님에게 매달려 참된 복을 간절히 구하게 되었다. 자신의 약함을 철저히 깨닫고 하나님에게 시선을 고정하는 그 순간, 야곱은 드디어 하나님과 함께 승리자의 인생을 살게 된다.

이후에 야곱의 이름은 "하나님과 겨루어 이겼다"라는 뜻의 이스라엘로 바뀌게 되었다. 이것이 회복의 플랫폼이다. 잔꾀를 부리고 생각을 많이 할 때는 형 에서의 얼굴이 떠올라 두려웠지만, 자신의 약함을 인지하고 하나님께 자신을 맡기는 기도를 하자 하나님의 얼굴이 보인 것이다. 자신을 바라보던 시선이 하나님의 얼굴을 향하는 것, 그것이 회복의 도약대로 오르는 첫걸음이다.

이것이 곧 하나님이 일하시는 방식이다. 문제는 우리가 이 사실을 제대로 깨닫지도, 믿지도, 받아들이지도, 기대하지도 않는다는 것이다. 따라서 잔머리나 세상의 그럴듯한 처세술로 상황을 통제하려는 야곱의 마음은 하나님과의 씨름을 통해 깨어져야만 했다.

"야곱이 청하여 이르되 당신의 이름을 알려주소서 그 사람이 이르되 어찌하여 내 이름을 묻느냐 하고 거기서 야곱에게 축복한지라"(29절).

이 상황에서 야곱이 당신이 누구시냐고 묻는 것은 어찌 보면 자연스럽게 보인다. 야곱과 씨름하신 하나님은 이렇게 되물으셨다. "어찌하여 나에게 이름을 묻느냐?" 이 말에는 "앞으로도 네 힘만 의지해서 살 것이냐?"라는 뜻이 포함되어 있다. 이 순간 야곱은 하나님께 완전히 항복한 사람이 되었다.

하나님은 어떤 사람을 사용하시는가?

R. A. 토레이는 19세기에 유럽과 미국 두 대륙을 복음으로 흔들어놓았던 무디가 어떻게 하나님에게 크게 쓰임받을 수 있었는지를 기록한《왜 하나님은 무디를 사용하셨는가?》라는 책을 썼다. 공식 교육도 받지 못하고, 더욱이 어떤 교단에서도 안수받지 않은 구두 수선공이었던 무디가 어떻게 하나님의 쓰임을 받았는지를 깊이 분석하면서, 비결을 제시했다.

"왜 하나님은 무디를 사용하셨는가?" 하나님이 무디를 그토록 강력하게 사용하신 첫 번째 이유는 그가 완전히 항복된 사람이었기 때문이었다. "130킬로그램 가까이 되는 무디의 몸 전체가 속속들이 하나님께 속해 있었다. 그의 됨됨이 모두와 그의 소유 모두가 완전히 하나님에게 속하였다."

토레이는 무디가 오히려 자신의 약함을 가지고 하나님을 완전히 의지하는 도구로 활용하는 것을 목격했다. 그는 무디의 능력이 하나님에게 완전히 항복하는 순종에서 시작된다는 것을 직접 본 것이다.

밤새 씨름 후 경험한 '브니엘'의 은혜가 있는가?

야곱은 남은 인생을 다리를 절고 살았다. 다리를 절며 그는 계속 생각했을 것이다. '아, 다리를 저는 것이 나쁜 게 아니구나. 이렇게 되고나서 하나님의 능력만 의지하게 되었으니까.' 새벽이 밝아오고 야곱에게는 더 이상 전날 밤의 두려움의 그림자를 찾아볼 수 없었다.

> "그러므로 야곱이 그 곳 이름을 브니엘이라 하였으니 그가 이르기를 내가 하나님과 대면하여 보았으나 내 생명이 보전되었다 함이더라 그가 브니엘을 지날 때에 해가 돋았고 그의 허벅다리로 말미암아 절었더라"(30-31절).

우리도 살다 보면 야곱처럼 하나님의 인도로 다리를 절게 되는 경우가 있다. 당신의 위골된 환도뼈는 무엇인가? 우리 속에 웅크리고 있는 깊은 상처들, 생각할 때마다 가슴에 생채기를 주는 과거 기억들, 잠잘 때조차 짓누르는 무거운 현실들이 나를 절게 하는 위골된 환도뼈일 수 있다. 그런 것이 지금까지는 나를 해치는 것이었지만, 이제는 밤새 하나님과 씨름하며 하나님의 은혜를 붙잡게 하는 디딤돌이 될 수 있다. 우리가 다리를 절게 되어 하나님을 의지할 수밖에 없을 때, 우리는 생각보다 더 놀라운 하나님의 능력을 체험하게 될 것이다. 이것이 하나님의 은혜다.

야곱은 자신의 머리, 즉 세상적인 처세로 승승장구하던 데서 벗어나, 환도뼈의 위골로 인해 다리를 절게 되어 이제는 지팡이를 의지하며 살아가야 하는 깨어진 사람이 되었다. 이 지팡이는 하나님을 바라보게 하는 지팡이, 즉 하나님의 지팡이가 되었다. 야곱은 이 지팡이 없이는 살 수 없는 깨어진 존재가 되었고, 동시에 그 깨어짐을 통해 하나님의 지팡이를 의지해 살아가는 은총의 사람이 되었다.

야곱의 깨어짐이 그에게 새로운 삶의 문을 열어주었음을 보여주는 구절이 31절이다. "그가 브니엘을 지날 때에 해가 돋았고 그의 허벅다리로 말미암아 절었더라." 브니엘을 지날 때 해가 돋았다는 것은 하나님과의 만남을 통해 새로운 삶이 시작되었음을 의미한다. 이 새로운 삶이란, 환도뼈가 위골된 삶이다. 즉, 과거에 자신의 재능을 믿고 자기 마음대로 살았던 야곱이 환도뼈 위골을 통해 하나님을 의지하지 않고서는 살 수 없는 존재가 된 것이다.

우리 인생에서도 야곱처럼 절대 절망의 순간이 올 수 있다. 그런데 그런 때야말로 새로운 해가 뜨는 복된 시간, 다른 사람을 축복하는 기회가 시작되는 은혜의 순간이 될 것이다.

하나님과 씨름함으로 위골된 환도뼈를 지니게 된 자의 기도

야곱과 씨름해주셨던 신실하신 하나님 아버지, 오늘 이 시간에 나의 고집, 아집, 나의 주장과 나만의 인생 원칙을 모두 주님 앞에 내려놓고, 완전히 항복합니다. 야곱이 이스라엘이 되어 "하나님과 함께 승리하는 인생"이 되도록 도우신 것처럼, 내 안의 위골된 환도뼈로 인해 주님께서 주신 지팡이를 붙잡고 걸어가야만 할 때에도 주님과 함께 매 순간 승리하는 인생 되게 하옵소서.

02

인생의 잃어버린 10년,
이렇게 회복합시다

창세기 35:1-15

기독교 부흥의 역사와 부흥신학을 깊이 연구한 월터 카이저는 이렇게 통찰했다. "만약 성령께서 특정 장소나 시간 혹은 개인을 통해 주기적인 부흥을 주지 않으셨다면, 이 세상은 지금도 지극히 비참한 상태로 남아 있을 것이다. 우리는 부흥을 맛보고 있으면서도 얼마나 쉽게 그것을 잊어버리는지 모른다."

하나님께서는 일마다 때마다 한국 교회에 '심폐소생술'을 하시듯 우리 영혼을 소생시켜 주셨다. 하나님은 자녀들이 영적인 흑암 상태에 머무르는 것을 허락하지 않으셨다. 참으로 감사한 일이다. 시대가 아무리 어둡고 흐려 보여도, 하나님은 자신의 사람들을 자신의 시간에 사용하여 부흥을 이끌어내신 것이다. 하나님은 목자의 심정을 통해 그렇게 하신다.

인생에서 지워버리고 싶은 시기

성경학자들은 야곱은 어릴 때는 장자권이 그의 인생의 목표였고, 성장하면서는 여자가 우선순위였으며, 이후에는 재물이 가장 큰 관심사가 되었다고 본다. 이런 야곱의 인생을 바꿔놓은 결정적인 사건이 있었다.

본문에서는 하나님이 야곱에게 친히 "벧엘로 올라가라"(1절)라고 하신 명령을 포함하여, 벧엘이라는 지명이 여섯 번이나 언급된다. 벧엘은 '하나님의 집'이라는 뜻이다. 창세기 28장에서 야곱은 벧엘에서 '전능하신 하나님', 즉 엘 샤다이를 경험했다. 30년 전, 도망자로서 돌베개를 베고 누워 있던 야곱이 하늘과 연결된 사닥다리를 보았던 곳, 그리고 할아버지 아브라함에게 주신 약속인 "네 자손이 땅의 티끌 같이 많고, 땅의 모든 족속이 너와 네 자손으로 말미암아 복을 받을 것이다"라는 언약을 받았던 곳이 바로 벧엘이다. 한마디로, 야곱에게 벧엘은 30년 전 부흥을 경험했던 장소였다.

왜 하나님은 야곱에게 벧엘로 다시 올라가라고 하실까? 야곱은 삼촌 라반의 집을 떠나 가나안 땅으로 돌아와 세겜에 정착했다. 하나님과 씨름하여 이름이 '이스라엘'로 바뀐 후에 야곱은 20년 전에 하나님께 서원했던 벧엘로 가서 예배하고 아버지 이삭이 있는 곳으로 갔어야 했다. 그러나 안타깝게도 이방 족속들이 살고 있는 세겜에서 10년이나 머물러 있었다. 아마도 자식들의 영향도 있었을 것이다. 유목민 생활을 하다 보니 세겜의 문화, 풍부한 물, 좋은 땅 등이 매력적으로 다가왔을 것이다.

야곱의 딸 디나는 세겜에서 가나안 문화에 점점 익숙해져 갔다. 그러다가 어느 날 디나가 그 땅의 딸들을 보러 나갔다. "… 디나가 그 땅의 딸들을 보러 나갔더니"(창 34:1). 요즘 식으로 하면 밤에 클럽에 간 것이다. 그러다 추장 세겜에게 성폭행을 당했다. 디나가 변을 당하자, 디나의 친오빠인 시므온과 레위가 복수의 칼날을 갈았다. 그리고 치밀하게 잔혹한 계획을 세웠다. 디나에게 반해 아내로 달라고 하는 가나안 추장 세겜에게 "너희 족속 남자들이 우리처럼 할례를 받으면 디나를 주겠다"라고 거짓말을 했다. 세겜 땅 남자들이 할례를 받고 아파서 누워 있을 때, 야곱의 아들들이 세겜 사람들을 모조리 죽였다. "성읍을 기습하여 그 모든 남자를 죽이고 칼로 하몰과 그의 아들 세겜을 죽[였다]"(창 34:25-26). 이로 인해 야곱의 아들들은 '세겜의 잔인한 살인자'가 되었다.

아들들이 가나안 족속을 무자비하게 학살했다는 소식을 듣자, 야곱은 다른 가나안 족속들이 알면 가만히 두지 않을 것으로 여겨 크게 두려워했다. 야곱 집안이 멸문지화(滅門之禍)를 당할 만한 상황이 된 것이다. 이 위기 상황에서 야곱은 30여 년 전, 자신을 죽이려는 형 에서를 피해 도망치던 그 환난의 날을 떠올렸을 것이다. 그때 하나님께서 그에게 응답하셨던 것을 기억하며, "이곳에서 제단을 쌓겠다"라고 서원했던 것을 이행하려고 했다. "우리가 일어나 벧엘로 올라가자 내 환난 날에 내게 응답하시며 내가 가는 길에서 나와 함께 하신 하나님께 내가 거기서 제단을 쌓으려 하노라"(3절).

본래 세겜은 야곱이 오래 머물면 안 되는 곳이었다. 9절에 보면, 야곱이 벧엘에 도착하자 "야곱이 밧단아람에서 돌아오매"라고 기록한다. 야곱이 오늘 '벧엘'에 돌아갈 때에 비로소 삼촌 라반의 집 하란, 밧단아람에서 돌아왔다는 의미다. 야곱은 이미 10년 전에 메소포타미아에서 가나안 땅으로 돌아왔는데도 불구하고, 성경은 '아직 야곱이 돌아오는 중'으로 보는 것이다. 그래서 세겜에 머무른 10년은 야곱의 인생에서 '잃어버린 10년'이 되어버린 것이다.

우리 중에도 잃어버린 10년을 보내는 사람들이 적지 않다. 누구에게나 인생에서 지워버리고 싶은 어두운 시기가 있을 것이다. 이런 의미에서, 야곱의 잃어버린 10년은 우리 모두의 잃어버린 10년이 될 수 있다.

본문은 그리스도인이 이 시대의 세겜인 바벨론에 머물러 있으면 안 된다는 것을 경고하고 있다. 성경에서는 바벨론을 그리스도인이 머물러서는 안 되는 곳으로 상징적으로 언급한다. 바벨론은 하나님에게 반역하는 곳이며, 하나님의 심판을 받는 곳이기 때문이다.

"너희는 바벨론 가운데에서 도망하라. 갈대아 사람의 땅에서 나오라"(렘 50:8).

"바벨론 성에 거주하는 시온아 이제 너는 피할지니라"(슥 2:7).

왜 하나님은 그의 백성을 바벨론에서, 세겜에서 나오라고 말씀하시는가? 하나님의 임박한 진노로 멸망할 곳이기 때문이다.

"바벨론이 하나님께 멸망당한 소돔과 고모라 같이 되리니"(사 13:19).

그렇기 때문에 하나님은 백성에게 그 시대의 바벨론, 그 시대의 세겜을 떠나도록 도전하시고, 새 길을 열어주신다. 하나님은 아브라함을 직접 부르셔서 갈대아 우르를 떠나게 하셨다. 마찬가지로, 롯에게는 임박한 진노를 피하도록 소돔과 고모라를 강제로 떠나게 하셨다. 그리고 나오미도 어려운 환경을 통해 우상의 땅, 모압을 떠나게 하셨다.

야곱에게 세겜 땅은 악취를 풍긴 아픔이 있는 장소였다.

"야곱이 시므온과 레위에게 이르되 너희가 내게 화를 끼쳐 나로 하여금 이 땅의 주민 곧 가나안 족속과 브리스 족속에게 악취를 내게 하였도다 나는 수가 적은즉 그들이 모여 나를 치고 나를 죽이리니 그러면 나와 내 집이 멸망하리라"(창 34:30).

오늘날의 바벨론은 어디인가?

내가 서 있는 곳이 속히 도망쳐야 할 바벨론인지 어떻게 알 수 있을까? 바벨론은 단순히 물리적인 장소만을 의미하는 것은 아니다. 오늘날 우리가 머무르지 말아야 할 영적인 바벨론은 하나님을 대적하는 곳, 죄악이 가득한 곳, 탐욕이 가득한 곳, 우상숭배가 만연한 곳, 재물이 우상화된 곳이다. 내 마음이 하나님을 대적하고, 탐욕에 차 있고, 재물에 지배당하고 있다면, 그 순간의 마음이야말로 바로 우리가 도망쳐야 할 바벨론인 것이다. 그러므로 우리는 자신에게 지금 일촉즉발의 긴박함을 가지고 자신이 떠나야 할 바벨론, 소돔성은 없는지 생각해봐야 한다.

인생길에서 만나는 바벨론이라는 덫에서 벗어나기 위해서는 내가 하나님의 거룩한 눈동자라는 깊은 각성이 있어야 한다. 자신의 의지나 힘으로는 바벨론이 주는 죄의 중력에서 벗어날 수 없다. 내가 하나님의 눈동자처럼 소중한 존재임을 자각할 때(신 32:10), 우리는 바벨론에서 벗어날 수 있으며, 이때부터 진정한 회복이 시작된다.

영적 권위가 사라지는 이유

야곱은 자식들이 세겜 사람들을 무자비하게 살육했다는 소식을 듣고 크게 꾸짖었다. 그러나 잔혹한 살육의 선봉에 섰던 자식들은 아버지의 훈계를 받아들이지 않았다. 오히려 "그가 우리 누이를 창녀 같이 대우함이 옳으니이까"(창 34:31)라고 반발하면서 고개를 쳐들었다. 당시에는 족장의 말이 왕의 말에 버금가는 권위가 있었음에도, 아버지에게 반항한 것이다.

세겜이나 바벨론에서 인생을 허비하면, 이처럼 영적 권위가 사라진다. 야곱은 영적 권위를 가진 사람이었지만, 그 권위가 자식들에게 통하지 않아 당혹스러웠을 것이다. 그러나 감사할 일은, 하나님이 야곱에게 다시 기회를 주셨다는 것이다. 하나님은 야곱에게 '얘야, 네가 자식 잘못 길렀으니 인생 헛살았구나'라고 하지 않으셨다. 오히려 목자의 심정을 가지고 야곱에게 회복의 길을 제시하신다.

"야곱아, 벧엘로 올라가라." 우리 하나님은 이런 분이시다. 우리 모두는 인생에서 자주 잘못된 선택을 하고, 때로는 결정적인 실수를 범한다. 그럼에도 하나님의 목표는 우리의 잘못을 징계하는 것이 아니라, 우리가 세겜을 떠나 벧엘로 올라가서 회복되고 부흥되는 데 있다.

지금 당신은 어디에 서 있는가? 바벨론이나 세겜에 있다면 그 자리에서 일어나 돌아보지 말고 곧바로 앞으로 나아가야 한다. 지금 서 있는 곳이 어디이든 하나님이 보여주시는 그 길로 다시 걸어 올라가야 한다. 돌아온 탕자를 보고 아버지는 "어째서 바벨론에서 허송세월하며 보냈느냐"라며 나무라지 않으셨다. 그저 "잃었던 아들을 찾았다" 하며 기뻐하셨다. 예수님은 자기 앞에 내팽개쳐진 간음한 여인을 정죄하지 않으시고, "가서 다시는 죄를 범하지 말라"고 하셨다. 이것이 목자의 심정을 가지신 하나님의 마음이다. 이 심정을 깨닫는 것이 아버지 하나님을 향한 성도의 진정한 효도라고 할 수 있다.

흙더미를 걷어내면 다시 열리는 우물

성경에 보면 부흥에 대해 참으로 흥미롭게 언급하는 본문이 있다.

> "아비멜렉이 이삭에게 이르되 네가 우리보다 크게 강성한즉 우리를
> 떠나라. 이삭이 그곳을 떠나 그랄 골짜기에 장막을 치고 거기 거류하
> 며 그 아버지 아브라함 때에 팠던 우물들을 다시 팠으니 이는 아브라
> 함이 죽은 후에 블레셋 사람이 그 우물들을 메웠음이라 이삭이 그 우
> 물들의 이름을 그의 아버지가 부르던 이름으로 불렀더라"(창 26:16-18).

이 구절의 배경을 살펴보면 다음과 같다. 이삭의 양과 소 떼가 무
성하게 번성하며 부유해지자, 블레셋 사람들이 그를 시기하게 되었
다. 그들은 이삭의 우물을 흙으로 메워 물을 차단하고, 결국 이삭을
그 땅에서 쫓아냈다. 한마디로 이삭은 강제 이주를 당했다. 이삭에
게는 수많은 양과 소 떼가 있었기 때문에 빨리 물을 찾지 못한다면,
그의 가족뿐만 아니라 수많은 가축 떼가 생명을 잃을 위험에 처해
있었다(창 26:12-15). 이와 같은 긴박한 순간에 이삭이 한 행동은, 오늘
날 우리에게 참된 부흥의 본질을 보여준다.

생명이 위태로운 위급한 순간에 이삭은 새로운 우물을 파거나, 수
맥 전문가를 찾지 않았다. 그는 아버지 아브라함 때에 팠던 우물을
다시 팠다. 아버지 아브라함 때에 가족과 가축을 먹였던 그 우물을
다시 찾은 것이다. 이삭은 위기의 순간에 아버지 아브라함 때에 팠
던 우물, 그들에게 생명을 주었던 우물을 팠다. 오늘날 우리 식으로
말하자면, 삶이 메말라 영적으로 가뭄이 시작될 때, 과거에 만났던
은혜의 하나님을 다시 찾은 것이다.

이에 대해 로이드 존스는 "교회가 부흥을 경험할 때마다 이삭이

했던 일을 한다"라고 말했다. 이삭이 생명을 건 절체절명의 순간에 아버지 아브라함의 우물을 다시 팠던 것처럼, 부흥은 과거에 받았던 하나님의 은혜를 기억하며, 예전에 은혜를 받았던 장소나 상황을 다시 찾는 것에서 시작된다. 이삭이 아버지 아브라함의 우물을 다시 파는 것은 과거의 방식이나 전통으로 돌아간다는 의미가 아니다. 우리에게 이를 적용하자면, 영적 아비의 우물들을 찾아 그 우물을 다시 파고, 하나님께서 그들에게 주신 부흥의 물줄기를 다시 샘솟게 해야 한다는 것이다.

동시에, 우리는 과거에 받았던 은혜의 샘을 다시 기억하고, 그 샘이 세속의 흙더미로 덮여 있다면 그것을 걷어내고, 다시 은혜의 물줄기, 성령의 물줄기를 재발견해야 하며, 그곳에서 부흥의 샘물을 마시자는 의미다. 이것이 바로 우리가 부흥을 경험하는 방식이다.

그렇다면 우물에서 다시 풍성한 물을 얻기 위해 우리가 치워야 할 흙더미는 무엇일까?

첫째, 세상의 무신론과 맘몬주의에 오염된 불신앙의 흙더미이다. 세상 속에서 살아가다 보면 가랑비에 옷이 젖듯이 무신론과 맘몬주의에 젖어서 불신앙적 사고를 하게 된다. 이 불신앙의 흙더미를 제거하지 않고는 부흥의 샘을 팔 수 없다.

둘째, 오염된 교리의 흙더미이다. 핵심 교리들, 성경의 무오성, 예수 그리스도의 유일성과 같은 절대 교리들을 훼손하고 왜곡시키는 오염된 교리의 흙더미를 걷어내지 못하면 부흥의 샘을 팔 수 없다.

셋째, 일그러지고 박제된 전통주의의 흙더미이다. 좋은 전통은 수선대후의 은혜가 있지만, 생명의 진액이 말라버린 전통주의를 걷어내지 않고서는 부흥의 샘을 팔 수 없다.

넷째, 영적 무력증의 흙더미이다. 이것은 아는 것을 적용하지 못하는 것을 말한다. 진리를 믿는 것과 진리를 삶에 적용하는 것은 아주 다른 일이다.

야곱이 세겜을 떠나 벧엘로 가는 것은 과거 은혜의 장소로 돌아가 부흥의 우물을 다시 파는 것이다. 또한 자신의 마음을 덮고 있는 세속의 오염된 것들을 걷어내는 행동이다.

엘벧엘의 은혜를 경험하라

몰살당할 위험에 직면한 야곱에게 하나님은 "일어나 벧엘로 올라가서… 제단을 쌓으라"(1절)라고 하셨다. 제단을 쌓으라는 말은 예배의 기름부음을 회복하라는 의미다. 세상 사람들은 인생의 위기를 만나면 세상적인 방식으로 탈출구를 찾지만, 그리스도인은 위기를 극복하는 첫 단계로 예배하는 자의 자리에 서기로 선택한다. 인생의 위기나 절체절명의 순간에, 과거에 은혜를 받았던 그 장소로 돌아가 하나님과 대면하고, 그때 하나님께서 주신 능력을 다시 확인하며, 예배의 감격을 회복하여 예배자로서 하나님 앞에 엎드리는 것이다.

모든 그리스도인에게는 과거에 은혜를 받았던 벧엘이 있다. 6절에서 언급되는 '루스'라는 장소는 야곱이 에서의 낯을 피할 때 왔던 곳이었다. "나는 하나님께서 집 안에만 계신다고 생각했는데, 여기에도 계시는구나. 하나님께서 계시지 않는 곳이 없구나"라는 각성과 함께 은혜를 받았던 장소이다.

인생의 방향이 잘못되었거나, 문제에 부딪혔거나, 잘못된 장소에 머물게 되었는가? 인생길에서 죽을 것 같은 절망적인 순간을 만났다면, 과거에 우리를 도와주셨던 그 하나님을 다시 만나야 한다. 은혜의 장소, 은혜의 시기, 은혜의 상황으로 다시 돌아가자. 인생이 회복되고 재생되면, 그때 부흥의 길이 열릴 것이다.

부흥이란 무엇인가? 그것은 과거에 만났던 은혜의 하나님을 다시 만나는 것이다. 과거에 은혜받았던 장소, 하나님을 예배했던 장소에서 하나님을 다시 만나는 것이다.

내 삶에도 벧엘이라 할 수 있는 장소들이 있다. 어린 시절 십자가의 은혜를 깨닫고 한 달 동안 회개하며 울었던 아버지의 서재, 청년 시절 "생명·교제·기쁨의 날"이라는 주제로 많은 젊은이를 복음으로 돌아오게 했던 내수동교회 대학부 수양회, 팔다리가 절단된 환우들에게 복음을 전하고 함께 "나 어느 곳에 있든지 늘 맘이 편하다" 찬송을 부르며 마음을 나누었던 용산 철도병원, 미국 유학 시절 "은혜는 육체의 한계를 뛰어넘어야 받는다"라는 영감을 받았던 캘리포니아 사막, 2003년 새벽 2~3시에 나와 '믿음의 전성기'의 부흥을 경험했던 사랑의교회 1차 특새, 모두가 나의 벧엘이다.

이처럼 '벧엘'이란, 우리 각자가 인생의 위기를 만날 때, 하나님과의 관계를 회복하는 장소이며, 신앙의 부흥을 이끌어내는 장소를 말한다. 은혜의 장소가 회복되면, 하나님은 더 큰 은혜를 베풀어주신다. 야곱이 벧엘에서 제단을 쌓고 그곳을 '엘벧엘'(7절)이라 불렀는데, 이는 곧 "하나님의 집의 하나님"이라는 뜻이며, 하나님의 충만한 임재 속에서 우리의 영적인 능력과 신앙의 기력이 회복되는 것을 의미한다.

마침내 하나님께서 야곱에게 나타나 엘 샤다이 하나님, 즉 "나는 전능한 하나님이라"(11절) 하셨다. 벧엘에 올랐던 자에게 벧엘을 뛰어넘는 엘벧엘의 은혜와 능력을 주시는 분이시다. 하나님과의 관계가 회복되어 하나님을 더 깊이 경험하고 부흥을 체험할 때, 그리스도인의 회복은 엘벧엘의 회복, 회복 위에 회복, 은혜 위에 은혜가 되는 것이다. 9절에 보면, "… 하나님이 다시 야곱에게 나타나사 그에게 복을 주시고"라고 말씀한다. 한번 나타나신 하나님께서 벧엘에서 또다시 그를 찾으신 것이다. 바로 이것이 벧엘의 하나님을 찾는 자에게 주시는 엘벧엘의 은혜이다.

어떻게 해야 엘벧엘의 자리로 나아갈 수 있을까?

엘벧엘의 회복과 부흥을 위해 할 일이 있다. "그들이 자기 손에 있는 모든 이방 신상들과 자기 귀에 있는 귀고리들을 야곱에게 주는지라 야곱이 그것들을 세겜 근처 상수리나무 아래에 묻고"(4절). 모든 이방 신상과 하나님이 기뻐하지 않으시는 우상들을 다 묻어버려야 한다. 모든 우상을 제거해야 하는 것이다. 여기서 귀고리는 가나안 문화를 대표하는 상징이었다. 오늘날로 말하면 외설 및 음란 문화 전반을 아우른다고 보면 된다.

오늘날 우상이라면 자기만족, 하나님보다 중요한 것들, 하나님보다 의지하는 것, 특히, '이만하면 됐지' 하는 자기안일(自己安逸)을 꼽을 수 있는데, 이러한 모든 것을 제거해야 부흥의 문이 열린다.

벧엘의 은혜를 유지하지 못하면, '벧아웬'(우상의 집)**으로 변한다**

벧엘은 야곱이 하나님을 만난 곳이다. 그곳에서 야곱은 땅에서 하늘로 뻗어 올라가는 사닥다리 위에 여호와께서 계신 것을 보았다. 야곱이 하나님의 언약을 받았던 곳도 벧엘이고, 사사시대에 여호와의 법궤가 보관되어 있던 곳도 벧엘이다. 이처럼 벧엘은 은혜의 장소요, 회복의 장소요, 부흥의 장소였다.

그러나 한때 은혜의 장소였던 벧엘이 우상숭배의 장소로 전락해버렸다. 이스라엘이 남북으로 나뉘었을 때, 북왕국의 첫 번째 왕 여로보암은 북이스라엘 사람들이 예배드리러 예루살렘에 가는 것을 막으려고 벧엘에 금송아지 제단을 만들어놓고 예루살렘 성전을 대신하게 했다. 그 후 벧엘은 우상숭배의 중심지가 되었다.

이러한 변화에 대해 선지자 예레미야와 아모스는 벧엘을 정죄했고, 호세아 선지자는 이곳을 우상들의 집을 의미하는 '벧아웬'이라는 이름으로 불렀다(호 10:5, 8). (지리적으로 벧아웬은 벧엘의 남동쪽에 있지만, 호세아 10장 5절에서 언급된 우상의 제단으로 불리는 벧아웬은 벧엘을 가리킨다고 칼빈을 비롯한 여러 학자는 해석한다.) 하나님의 집이었던 벧엘이 가나안 문화와 세속 문화의 온상인 우상들의 집 벧아웬으로 변한 것이다. 한때 하나님의 영광으로 가득 찼던 곳이 가나안의 세속 문화와 우상의 쓰레기에 덮여 벧아웬이 되는 비극적인 변질이 일어났다.

지금 우리 가운데, 벧아웬은 없는가? 한때는 언약을 맺고 하나님께서 부흥의 불로 역사하신 자리가 이제는 가나안으로 통칭되는 세속의 문화, 우상의 문화로 침략당한 그런 장소가 우리에게는 없는가? 이렇게 벧아웬으로 변해버린 제단에서 우리가 제거해야 할 우상은 무엇이며, 세속 문화는 무엇인가?

그리스도인에게 회색지대란 없다. 불의, 불법 악행과 같은 직접적인 죄는 아니더라도, 한 주가 지나도록 하나님의 말씀인 성경을 한 장도 읽지 않고 하나님과 교제하는 기도는 3분도 드리지 않으면서 하루에 몇 시간씩 유튜브에 빠져 있거나, 어려운 이웃에 대한 구제에는 눈길조차 주지 않으면서 쇼핑할 때만 마음이 설레고, 예배를 빠지면서까지 취미생활에 탐닉하고 있다면 이런 모든 것이 우리가 제거해야 할 가나안 문화요, 우상들이다.

우리는 이런 상황을 더 이상 방관해서는 안 된다. 하나님의 임재와 언약의 장소였던 벧엘이 세속 문화에 오염되어 벧아웬이 된 비극을 그대로 두어서는 안 된다. 우리의 회복은 특별한 방법이나 기적에서 오는 것이 아니라, 먼저 우리 안에 뿌리내린 벧아웬이 다시 벧엘로 회복되는 것에서부터 시작된다.

벧아웬으로 변질된 오염된 세속 문화를 어떻게 정리해야 하나?
단지 그곳의 우상을 제거하는 것으로는 벧아웬을 정리할 수 없다. 벧아웬이 우리 안에 뿌리를 내리지 않게 하려면, 더 크고 중요한 사명과 약속의 말씀을 굳게 붙잡아야 한다.

11절에서 하나님께서는 야곱에게 "…생육하며 번성하라 한 백성과 백성들의 총회가 네게서 나오고 왕들이 네 허리에서 나오리라"라고 말씀하셨다. 하나님께서는 야곱에게 그의 이름을 '이스라엘'로 바꾸시는 은혜를 주시고, 이제 "생육하며 번성"하는 하늘의 복을 주신 것이다. 참된 부흥이란 무엇일까? 그것은 "백성들의 총회와 왕들이 네 허리에서 나오는 것"이다. 이 말씀은 약속이자 명령이다.

하나님께서는 야곱에게 엘 샤다이 하나님, "전능하신 하나님"이 되어 주신다고 약속하셨다. 이는 모든 사람에게 전능의 하나님을 보이시는 것이 아니라, 하나님의 말씀을 "나에게 주신 약속의 말씀"으로 받아들이고 계승하는 사람에게만 주시는 것이다. 우리가 부흥을 사모할 때만, 하나님이 '엘 샤다이 하나님'이 되어주시는 것이다.

"생육하며 번성하라"라는 말씀은 단순히 육신적인 생육과 번성을 의미하는 것이 아니다. 그렇다면 **야곱에게 주신 "생육하며 번성하라"라는 말씀은 어떤 뜻인가?**

이 말씀은 야곱의 할아버지 아브라함에게 주신 언약을 재확인하는 것이다. 창세기 17장에서 아브라함에게 주신 언약과 비교해보면, 아브라함이 받은 언약과 야곱이 받은 언약은 여러 면에서 유사하다.

첫째로, 아브람의 이름이 아브라함으로, 야곱은 이스라엘로 바뀌었다. 둘째로, 후손을 통해 여러 민족이 나오고, 특별히 왕이 나올 것이라고 약속하셨다. 더욱 특별한 점은, 야곱의 허리에서 왕이 나온다고 하셨다. "한 백성과 백성들의 총회가 네게서 나오고 왕들이 네 허리에서 나오리라"(11절). '총회'는 히브리어로 카알(Qahal)이며, 이는 신약의 에클레시아에 해당하는 단어다. 아브라함과 야곱을 통해 백성의 총회, 즉 교회가 나오는 것이다.

야곱의 아들 유다의 계보를 통해, 구약에서는 다윗이, 신약에서는 예수님이 오셨다. 이것은 무슨 뜻일까? 야곱 한 사람, 혹은 야곱의 가족, 이스라엘 민족만이 아니라, 땅의 모든 민족이 은혜를 받도록 하신다는 것을 의미한다. 수많은 한국의 교회도 카알, 즉 백성의 총회를 계승한다는 의미를 포함한다.

이 말씀을 믿고 부흥의 불을 받아 살아간다면, 야곱처럼 우리의 허리에서도 세상을 믿음으로 바꾸는 후손들이 나오게 될 것이다. 야곱에게 주신 이 언약과 부흥의 축복은 영적으로 아브라함의 후손이라고 믿음으로 고백하는 여러 민족을 통해 이루어진다.

"아브라함이 하나님을 믿으매 그것을 그에게 의로 정하셨다 함과 같으니라 그런즉 믿음으로 말미암은 자들은 아브라함의 자손인 줄 알지어다"(갈 3:6-7).

혈통적 유대 민족이 아니라, 성령님을 통한 믿음의 역사가 우리 모두를 아브라함의 후손으로 만드는 것이다.

우리는 믿음을 통해 아브라함의 언약을 계승받는데, 진정한 부흥은 영적 재생산을 통해 생육하고 번성하는 것이다. 세겜의 고통을 뛰어넘고 더 큰 믿음의 목표를 가지고, 영적으로 생육하고 번성하며, 사명을 계승할 때 참된 부흥이 일어난다.

세례 요한이 참 된 부흥을 위해 예수님의 길을 예비한 두 가지 방식

구약시대 마지막 예언 이후 약 400년 만에 예수님이 이 땅에 임하시며 신약시대가 열렸다. 신약시대는 바로 회복과 부흥을 알리는 메시지부터 시작된다. 누가복음 1장 17절에서 천사는 제사장 사가랴에게 그의 아내 엘리사벳이 아기를 가질 것이라고 알려주며, 아기의 이름을 요한으로 지으라고 말했다. "그가 또 엘리야의 심령과 능력으로 주 앞에 먼저 와서 아버지의 마음을 자식에게, 거스르는 자를 의인의 슬기에 돌아오게 하고 주를 위하여 세운 백성을 준비하리라."

이 구절은 우리에게 부흥의 본질이 무엇인지, 그리스도인의 사명이 무엇인지 보여주고 있다. 또한 세례요한이 예수님의 길을 예비한 방식을 알려준다. 그가 예수님의 시대를 예비하는 방식은 두 가지였다. 첫째, 엘리야의 심령과 능력으로 주님께서 주신 사명을 감당하고, 둘째, 주를 위하여 준비된 백성을 세우는 것이다. "이스라엘 자손을 주 곧 그들의 하나님께로 많이 돌아오게 하겠음이라"(16절).

누가복음 1장 16-17절은 세례요한이 예수님의 초림을 준비하기 위한 말씀이지만, 동시에 21세기를 사는 우리가 예수님의 재림을 준비하는 데 새겨야 할 말씀이기도 하다. 21세기를 살아가는 우리가 예수님의 재림을 위해 가져야 할 핵심 준비는 단지 자기 신앙을 지키는 데 머무는 것이 아니라, 엘리야의 심령과 능력으로 하나님께서 예비하신 사람들을 하나님께로 돌아오게 하는 데 있다.

세례요한이 그의 세대 사람들을 주님께로 돌아오게 함으로써 예수님의 초림을 준비했듯이, 하나님은 오늘날 믿는 자들을 일으키셔서 주의 백성을 돌아오게 하는 사명을 실천하게 하여 이 땅에서 주님의 재림을 예비하게 하신다. 바로 이것이 21세기에 주님의 약속의 말씀을 믿고 따르는 우리에게 주신 "허리에서 백성들의 총회와 왕들이 나오게 하는" 사명인 것이다.

하나님은 우리 모두가 '생육하고 번성하기'를 바라신다. 모든 세대의 유대인과 이방인들이 복음적 신앙, 피 묻은 생명의 복음을 받아들이고, 하나님의 언약을 계승하기를 기대하신다. 우리가 믿음으로 11절의 언약을 확인하고 그대로 믿을 때, 가정에서든, 교회에서든 진정한 부흥의 역사가 일어날 것이다.

야곱의 하나님이 나의 하나님도 되시는가?

우리 앞에는 한 가지 중요한 질문이 놓여 있다. "야곱의 하나님이 과연 나의 하나님도 되시는가?" 야곱을 괴로움 속에서 구원해주시고, 인생 부흥의 길을 열어주신 하나님이, 내 인생에도 그런 길을 열어주실 것인가? 야곱을 도와주신 하나님이 나에게도 도움의 손길을 내미실 것인가?

은혜에 눈이 열리면, 우리는 깨닫게 된다. '야곱은 다른 사람이 아닌, 나 자신이구나.' '야곱의 처지가 나와 똑같구나'라는 사실을. 성경을 읽어도 실감 나지 않았던 것들이, 부흥의 눈을 뜨면서 '야곱의 인생이 내 인생과 같다'는 것에서 어떤 희망을 보게 된다.

야곱에 비해 우리는 더 큰 축복을 받고 있다. 야곱은 예수님이 오시기 전에 살았던 인물이다. 그는 성령의 감동을 통해 오실 메시아를 깨닫기는 했지만, 실제로 십자가라든지, 주님이 오셔서 베푸신 이적, 표적, 말씀은 알지 못했다. 그러니 야곱보다 우리가 더 복을 받은 사람이다.

야곱을 새롭게 하시고, 환난 날에 도우시고, 야곱에게 부흥의 길을 열어주신 하나님은, 세겜을 떠나 다시 은혜를 경험하려고 제단을 쌓는 모든 사람에게 동일하게 행하실 것이다.

✿

부흥을 위해 벧엘로 올라가 엘벧엘의 은혜를 사모하는 성도의 기도

자비로우신 하나님 아버지, 우리가 인지하지도 못하는 사이에 세속 문화에 오염되어 주님과의 관계가 소원해진 부분이 있다면, 주님을 만나 감격의 눈물을 흘렸던 나의 벧엘로 다시 올라가게 하옵소서. 그리하여, 주님을 다시 만나 그곳이 엘벧엘이 되게 하시고, 주님께서 우리에게 주신 약속의 말씀, "우리를 통해 백성들의 총회가 나오고, 각 가문의 허리에서 왕들이 나오게" 하옵소서.

03

생기 넘치는 신앙을 위한
터닝포인트

창세기 43:12-15

야곱의 인생 여정 중에서, 영적으로 최고
의 순간이 언제라고 생각하는가? 형 에서를 만나기 전 얍복 강가에
서 밤새 하나님과 씨름한 때인가? 아니면 세겜에서 집안 전체가 멸
문지화 될 절체절명의 위기를 만났을 때 벧엘로 올라가 하나님을
예배하며 엘벧엘의 하나님을 경험했던 때인가? 이 둘도 중요하지
만, 야곱의 인생 여정에서 가장 빛나는 순간은 아마도 '최고의 신앙
고백'을 했던 순간이 아닌가 한다.

야곱이 130세 때의 일이다. 야곱은 그의 고백대로 매우 험악한 세
월을 보냈다(창 47:9). 벧엘에서 서원을 지키고 아버지 이삭이 살던 고
향 헤브론으로 돌아온 후, 모든 것이 순탄해 보였지만 현실은 그렇
지 않았다. 고향에 돌아온 지 1년이 지나자, 그가 가장 사랑했던 아

들 요셉을 잃게 되었다. 자식을 잃은 부모의 슬픔을 무엇으로 헤아릴 수 있을까. 야곱은 또 그렇게 20년이 넘는 세월을 가슴앓이를 하며 살았다. 더구나 지난 2년 동안은 극심한 기근으로 양식이 떨어지고, 기르던 수많은 가축이 굶어 죽는 모습을 지켜보아야 했다.

그러던 어느 날, "애굽에 곡식이 있다"는 소식을 듣자 야곱은 자식들을 애굽으로 보내 양식을 사오게 했다(창 42:1). 모든 자식이 양식을 구하러 떠났지만, 열두 번째 아들 베냐민은 보내지 않았다. 마침내, 애굽으로 내려간 열 명의 아들은 애굽의 총리가 된 요셉 앞에 섰지만, 애굽어를 구사하는 그를 알아보지 못했다.

총리 요셉이 형들을 정탐꾼이라고 몰아세우자, 자신들은 정탐꾼이 아니라 모두 형제들이며, 본래 열둘인데 한 명은 아버지와 있고 한 명은 사라졌다고 호소했다. 이에 요셉은 막내를 데려오면 믿어주겠다며 시므온을 볼모로 두고, 나머지 형제들은 곡식을 가지고 집으로 돌아가게 했다. 대부분의 성경학자는 요셉이 시므온을 볼모로 잡은 것은 시므온이 요셉을 죽이려고 한 주동자였기 때문이라고 추측한다. 시므온은 세겜 학살 때도 앞장설 정도로 폭력적이고 잔인한 자였다.

야곱 집안은 시므온을 제외한 아홉 명의 자식이 애굽에서 가지고 온 곡식으로 얼마간은 버텼다. 그러나 곡식이 다 떨어지자 야곱은 자식들에게 다시 곡식을 사오라고 했다. 자식들은 곡식을 사오려면 베냐민을 데리고 가야 한다며 야곱에게 청했다. 특히 유다는 앞장서서, 만약 베냐민이 집으로 돌아오지 못하면 자신이 목숨으로 책임지겠다고 약속했다. 이런 벼랑 끝 상황에서 야곱이 결단을 내린 장면이 바로 본문의 내용이다.

야곱의 인생에서 가장 빛나는 고백

야곱은 이런 상황에서 베냐민을 앞에 두고 "내가 자식을 잃게 되면 잃으리로다"(14절)라고 고백한다. 실로 그의 인생에서 가장 장엄한 시간이었다. 이것은 야곱이 자기 한계를 넘어선 순간이며, 벼랑 끝에서의 결단과도 같았다. 이 고백은 자포자기가 아니라, 오히려 자신의 힘을 완전히 내려놓고 하나님께 온전히 맡기겠다는 "절대적 신뢰와 결단"의 표현이기 때문이다. 한 마디로, 야곱이 하나님에게 전적으로 의탁하는 그 순간을 포착한 것이다.

사랑하는 아내 라헬을 잃은 야곱은 라헬의 아들 요셉도 잃었다. 그러기에 그는 남은 아들 베냐민을 더욱 소중히 여겼다. 그의 사랑이 얼마나 깊었는지는 "아버지의 생명과 아이의 생명이 서로 하나로 묶여 있[다]"(창 44:30)라고 할 정도였다. 그러나 이제 목숨보다 더 소중한 베냐민을 잃게 되면 잃겠다는 고백은 그가 베냐민을 자신의 것이 아니라 하나님의 것으로 이양하겠다는 의미를 담고 있다.

오늘날에도 많은 사람이 예수님을 믿으면서도, 인생의 간난신고를 겪고 나서야 자녀를 하나님께 내어놓는다. 자녀를 '내 자식'으로만 여기면, 자녀로 인해 받는 고통은 끝이 없다. 그러나 그들이 '하나님의 자식'이 되면, 하나님은 그들을 책임지시고, 우리 삶의 영광과 기쁨의 면류관으로 돌려주실 것이다.

사랑의교회 토비새에서 루마니아의 일라이자 모라 목사님은 공산주의 치하에 있던 루마니아에서의 경험을 들려주었다. 그의 아버지는 비밀경찰의 감시를 피하려고 화장실에서 소그룹 성경 공부를 진행했다. 도청당할까 봐 수돗물을 틀고 변기를 내리면서 모임을 가졌다고 한다. 이런 신앙심을 가진 부모의 영향으로, 자신은 학창 시절 학교에서 조롱을 당하고 얻어맞기도 했지만, 그럼에도 하나님이 그의 삶에 어떻게 개입해주셨는지를 생상하게 간증했다. 부모의 신앙이 자식에게도 영향을 미치며, 고통도 결국은 좋은 열매로 승화되는 것을 보여주었다.

야곱의 신앙 여정에서 가장 중요한 순간은 자기 자녀를 하나님께 전적으로 맡기는 그 고백의 순간이 아닐까! 이것은 야곱의 인생에서 가장 큰 결단이자, 자신의 모든 것을 버리는 피눈물 나는 결정이었다. 그야말로 마지막까지 그렇게 움켜쥐었던 것을 하나님께 내맡기는 야곱의 전적 위탁을 보여준다.

〈제자훈련 지도자 세미나〉(CAL 세미나)를 진행할 때마다, 가장 먼저 교회론을 강조한다. 교회론의 핵심은 성도가 세상으로부터 부름받은 특권에 안주하지 않고, 세상을 향해 보냄받은 제자의 삶을 살아가는 데 있다. 제자의 도는 이를 위한 신앙의 전략적 표준이다. 전략적 표준이 없다면, 신앙은 쉽게 흔들리고 본질에서 벗어날 수밖에 없다. 전략적 표준 중에서, 제자도의 첫 번째 표준이 전적 위탁이다.

(두 번째는 증인의 요소, 세 번째는 종의 요소이다.)

이런 관점에서 보면, 야곱은 드디어 예수님의 온전한 제자의 길에 진입한 것이다. "잃으면 잃으리로다"라는 고백이 없는 그리스도인의 신앙생활은 어쩌면 껍데기 신앙이요, 화장한 신앙일 수 있다. 큰 어려움을 겪어보면 신앙의 진정성이 드러난다. 큰 어려움 없이 그냥 잘 나가고, 자기 이름 지키고, 좋은 평판을 유지해온 사람들의 조언보다는 죽음을 통과하여 전적으로 위탁해본 사람들의 조언이 진짜 도움이 될 것이다.

야곱의 "잃으면 잃으리로다"의 고백은 야곱이 비로소 죽음을 통과했음을 보여준다. 일평생에 "잃으면 잃으리로다"라는 고백 한 번 없이 신앙생활을 했다면 어쩌면 아직도 피상적이고, 표피적인 신앙에 머물고 있는 상태인지도 모른다. 이것이 하나님이 요구하시는 정상적인 신앙이다. 이렇게 될 때 양을 위해 생명을 아끼지 않으시는 주님을 더 깊이 깨닫고, 주님의 심정에 더 가까이 다가갈 수 있게 된다.

십자가 사건이 무엇인가? 예수님은 십자가에서 "엘리 엘리 라마 사박다니, 나의 하나님, 나의 하나님, 어찌하여 나를 버리셨나이까"(막 15:34)라고 말씀하신 후에 "내 영혼을 아버지 손에 부탁하나이다"(눅 23:46)라고 하셨다. 이와 같이 야곱의 "잃으면 잃으리로다" 고백은 복음적 고백의 진수인 '예수님의 십자가 사건'과 일맥상통함을 보여준다.

스위스의 의사이자 신앙심이 깊었던 폴 투르니에는 기독교와 심리학을 복음적으로 통합하고 인격 의학(Medicine of the Person)을 주창하면서 세계 의학계와 상담학계에 큰 영향을 끼쳤다. 그는 목사의 아들로 어릴 때부터 기독교 신앙이 있었지만, 그의 삶을 회심만큼이나 완전히 바꿔놓은 사건이 있었다. "30년 전 어느 날 나는 새로운 발걸음을 내디뎠다. 그때까지 나의 신앙은 지적인 면이 강했다. 하나님과 그리스도, 인간의 영역에서 지적인 사고체계를 중요시했다."

그러던 투르니에가 "지성에서 영성"으로 전환하는 계기가 있었다. "나의 신앙에서 부족한 것은 내 의지를 포기하고 매일 실제 삶에서 하나님의 주권을 인정하는 일이었다. 나는 어느 날 제네바 근교의 숲으로 가서, 진심으로 나를 포기하는 기도를 드렸다. 그날 하나님과 맺은 포기의 약속은 내 인생의 수많은 굴곡의 역사 속에서 가장 큰 버팀목이 되었다."

투르니에의 신앙이 깊이 있고 완전히 새로워진 계기는 제네바 숲에서 자신을 포기하는 기도를 드렸을 때였다. 이것이야말로, 폴 투르니에의 '하나님에 대한 전적 위탁'이라고 할 수 있다. 투르니에는 "왜 많은 그리스도인이 단조로운 신앙, 생기 없는 신앙생활을 하는가? 왜 결혼생활이 권태에 빠져 있는가?"라는 질문을 던진 후에 "내가 가진 보물을 모두 내려놓고, 진정으로 하나님께 위탁하는 삶을 시작한다면, 모든 권태로부터 벗어나 생기 넘치는 신앙으로 거듭날 수 있다"라고 말했다.

우리가 가지고 있는 보물을 모두 내려놓아야 한다는 말은, 내가 중요하다고 여기고 움켜쥐고 있는 것을 내려놓고 하나님께 전적으로 위탁해야 한다는 의미다. 야곱이 베냐민을 내려놓은 것은 그동안 움켜쥐었던 마지막 한 방울도 내려놓는 것이었다.

삶이 단조롭고 답답하다면, 지금 우리에게는 폴 투르니에처럼 한적한 기도 장소를 찾아 자신을 내려놓고 전적으로 하나님께 위탁하는 결심의 기도가 필요한 순간이다. 자신이 중요하다고 여기고 움켜쥔 것을 내려놓고 하나님께 전적으로 위탁한다는 것은 하나님의 말씀에 언제나 '예'라고 대답한다는 의미다. 이것은 삶이 순탄할 때뿐 아니라, 어려움에 처했을 때에도 '예'라고 대답하는 것이다. 고린도후서 1장 18절과 19절의 진정한 의미이기도 하다.

> "하나님은 미쁘시니라 우리가 너희에게 한 말은 예 하고 아니라 함이 없노라 우리 곧 나와 실루아노와 디모데로 말미암아 너희 가운데 전파된 하나님의 아들 예수 그리스도는 예 하고 아니라 함이 되지 아니하셨으니 그에게는 예만 되었느니라."

전적 위탁을 통해 부어진 하나님의 놀라운 축복

자신의 생명과도 같은 '베냐민'을 내려놓은 야곱에게 어떤 변화가 일어났는가?

먼저, 그의 내면이 변화되었다. "전능하신 하나님께서 그 사람 앞에서 너희에게 은혜를 베푸사 그 사람으로 너희 다른 형제와 베냐민을 돌려보내게 하시기를 원하노라"(14절). 마침내 야곱은 하나님을 "전능하신 하나님"으로 고백하게 되었다. 야곱이 가나안으로 돌아와 벧엘에서 예배드렸을 때, 하나님께서 "나는 전능한 하나님이다"라고 알려주셨지만, 자신의 입술로 고백한 것은 이때가 처음이었다. 비로소 야곱이 진정으로 하나님을 전능하신 분으로 인정하게 된 것이다. 머리로 알던 하나님을 이제 마음으로 믿고 의지하게 된 것이다.

이러한 내면적 변화와 함께 따라온 것은 무엇일까? 애굽으로 갔다가 돌아온 아들들은 아버지 야곱에게 "요셉이 아직까지 살아서 애굽의 총리까지 되었다"라는 뜻밖의 소식을 전했다. 이 소식을 들은 야곱은 "믿지 못하여 어리둥절했다". 도무지 믿기지 않았으나, 요셉이 보내준 수레를 보고서야 기운을 차렸다. "요셉이 자기들에게 부탁한 모든 말로 그에게 말하매 그들의 아버지 야곱은 요셉이 자기를 태우려고 보낸 수레를 보고서야 기운이 소생한지라"(창 45:27).

"잃게 되면 잃으리로다"라고 야곱이 자식을 하나님께 완전히 맡겼더니, 잃었던 자식까지 찾게 된 것이다. 우리가 이런 결과만 바라고 전적 위탁을 하는 것은 아니지만, 하나님은 목자의 심정을 가지신 분이시기에 우리가 잘되는 것이 하나님의 소원 아니겠는가! 전적 위탁 후 야곱이 놀라운 축복을 경험한 후 전율하듯 외치는 그의 터질듯한 감정을 한번 느껴보라.

"족하도다 내 아들 요셉이 지금까지 살아 있으니 내가 죽기 전에 가서 그를 보리라"(창 45:28).

'**왜 하나님께서는 우리 인생을 향한 계획을 모두 알려주시지 않고, 하나님의 때에 조금씩 알려주시고 한 걸음 한 걸음 인도하실까?**' 이는 야곱의 험한 인생길 전체를 조망할 때 생기는 질문이다.

때때로 우리는 "하나님이여, 제 인생의 핸들이 되어주시고, 인생의 바다를 항해할 때 배의 키가 되어 주셔서 인도해주세요"라고 기도한다. 이 기도 자체에는 조금의 문제도 없다. 좋은 기도이고 우리는 늘 이렇게 기도해야 한다.

그러면 무엇이 배를 움직이는가? 배를 움직이는 동력은 하나님의 뜻에 기꺼이 순종하는 마음이다. 순종이 배를 움직이는 동력이다. 동력이 없는 배는 바다 위에서 아무 쓸모가 없다. 배의 키는 오직 배가 움직일 때만 그 기능을 발휘하기 때문이다. 그러므로 "제 인생을 인도해주세요"라는 기도만큼 중요한 것은 "말씀에 순종하겠습니다"라는 순종의 마음이다. "내 인생을 인도해주세요"라고 기도하기 전에 "나는 하나님의 말씀에 순종하고 있는가?"를 먼저 물어야 한다.

사도 바울이 아시아에 말씀을 전하려 했을 때, 하나님은 바울 일행의 방향을 돌려 마게도냐로 가도록 하셨다. 이처럼 하나님의 인도가 이해되지 않을 때가 있다. 처음부터 마게도냐로 가는 쉽고 빠른 뱃길을 가르쳐주시지 않고, 왜 그렇게 어려운 길을 가게 하신 것일까? 하나님의 인도는 한 번에 모든 것을 가르쳐주시지 않는다. 하나님은 바울에게 조금씩 그의 뜻을 드러내셨고, 바울의 걸음을 인도하셨다.

우리 인생에도 이러한 순간들이 있다. 지금 이렇게 될 상황이었으면, 그때 왜 그렇게 어려운 길을 가게 하시고 결국은 나를 돌려세워 지금의 자리에 오게 하셨을까? 이처럼 우리의 이해를 넘어서 우리 걸음을 인도하시는 이유는 무엇일까? 탈봇신학교 교수였던 닐 앤더슨은 그 이유를 이렇게 설명한다. "하나님은 어떤 분명한 목적을 위해 먼저 우리의 인생 항로를 정해놓으시고 난 다음에, 오직 우리가 준비되었을 때 우리 항로를 수정해주시기 때문이다."

세계적인 구단의 유니폼을 입었다고 해서 그 구단의 선수가 되는 것은 아니다. 그런데 현대 교회에서는 이런 방식으로 생각하는 사람들이 적지 않다. 교회에 출석하고, 적당히 헌금을 하면 하나님의 인도가 자연스레 따라올 것으로 착각한다. 결코 그렇지 않다. 선수가 되려면 훈련을 통해 기량과 기술을 습득하는 과정이 필요하다. 하나님께서 우리를 한 걸음씩 인도하시는 이유는 우리가 하나님의 인도를 받을 수 있는 준비가 되어 있는지 확인하는 과정이기 때문이다.

이러한 준비 없이 하나님의 인도하심을 구하는 것은 마치 훈련 없이 운동복만 입고서 선수처럼 필드에서 뛰려는 것과 같다. 신앙적인 관점에서 말한다면, 바울처럼 하나님의 뜻을 구하고 그 뜻에 순종하는 사람에게 하나님은 때로 배의 방향을 돌리기도 하시면서 한 걸음씩 인도하시는 것이다.

"지금 죽어도 족하다" 신앙의 출발점

하나님의 약속을 받고 애굽으로 내려간 야곱은 드디어 꿈에도 그리던 요셉을 만났다. 부자는 끌어안고 한참을 울었고 드디어 야곱이 입을 열었다. "내가 네 얼굴을 보았으니 지금 죽어도 족하도다"(창 46:30). "잃게 되면 잃으리로다"를 진심으로 고백하면, "지금 죽어도 족하도다" 신앙도 가능해진다. 이것이 성도가 인생을 살아가는 힘이다. 하나님께 자신을 맡기고 순종했을 때, 우리를 더 큰 복으로 인도하신다는 경험이 삶의 지침이 되어야 한다.

야곱이 마지막으로 기억하는 요셉은 17세 청소년이었지만, 이제 요셉은 39세의 중년이 되어 있었다. 자기 꿈을 자랑스럽게 이야기하며 집안에 분란을 일으켰던 철부지가 이제는 "하나님이 생명을 구원하시려고 나를 당신들보다 먼저 보내셨[다]"(창 45:5)라고 형제들을 위로하는 큰 그릇이 되었다.

"잃게 되면 잃으리로다"라는 고백을 야곱은 130세에 했지만, 요셉은 젊은 시절부터 그 신앙을 삶으로 보여주었다. 만약 술 맡은 관원이 옥에서 풀려나서 2년 동안 요셉을 잊어버리는 대신에 바로 도와줬다면, 요셉은 하급 관리는 될 수 있었겠지만, 애굽의 총리는 될 수 없었을 것이다. 술 맡은 관원이 기억해주지 않아도, 요셉은 자신의 삶을 하나님에게 전적으로 맡기고 "지금 죽어도 족하리로다"의 자리로 나아갔다.

만약 보디발 아내의 유혹에 "잃게 되면 잃으리로다"라는 심정으로 도망치지 않았다면, 계속해서 보디발의 집에서 가정 총무는 할 수 있었겠지만, 그다음 단계는 없었을 것이다. 자신을 팔아넘긴 형제들에 대해 "잃게 되면 잃으리로다"를 하지 않았더라면, 넉넉한 마음으로 타인의 부족함을 용서하고 받아들이는 인품은 가지지 못했을 것이다.

성경은 야곱이 생애를 마감하기 전에 행했던 가장 중요한 일을 기록한다. 그것은 자손들을 축복하며 기도하는 것이었다. 특별히 요셉에게는 "무성한 가지 곧 샘 곁의 무성한 가지라 그 가지가 담을 넘었도다"(창 49:22)라고 했다. 이 표현은 요셉이 받은 은혜가 이웃에게까지 넘치는 복을 의미한다. 하나님으로부터 받은 복이 요셉에게만 머무르지 않고, 가족과 이웃, 사회에까지 흘러들어 간다는 것이다. 요셉의 '순종의 삶, 위탁의 삶' 덕분에 그는 혼자 겨우 살아남는 데서 그친 것이 아니라, 가족, 민족 그리고 제국도 살릴 수 있었다. 과연 그의 가지는 담을 넘어 뻗어나간 것이다. 다음 세대들이 요셉처럼 '담장을 넘는 무성한 가지'가 될 수 있도록 축복하고 믿음을 계승하여, 아이들의 믿음이 성장할 수 있도록 길을 열어줘야 한다.

성경에 나오는 최고의 부모를 생각해보았는가?

성경 속에서 가장 훌륭한 부모는 누구라고 생각하는가? 구약성경에서는 오바댜를 꼽을 수 있다. 오바댜는 선지자 엘리야에게 "당신의 종은 어려서부터 여호와를 경외하는 자"(왕상 18:2)라고 말했다. 이러한 고백이나 이름의 뜻으로 미루어 보아, 오바댜의 신앙은 부모로부터 이어받은 것이 분명해 보인다. 오바댜라는 이름은 '여호와의 종'이라는 뜻이며, 아합왕과 이세벨이 여호와의 선지자들을 죽이며 피를 보는 일을 왕족의 유희처럼 삼던 그 시대에 지어준 이름이다.

철권을 휘두르는 왕과 왕비를 향해 비위를 맞추고 싶은 부모라면, 이런 이름을 아이에게 지어주지는 못했을 것이다. 아마 '바알의 종' 혹은 '그모스의 신하' 또는 이세벨이 선전했던 다른 거짓 신들의 이름 중에서 골랐을 것이다. 그러나 오바댜의 부모는 '여호와의 종'이라는 이름을 택했고, 오바댜는 불신의 시대, 핍박의 시대에도 그의 이름에 걸맞은 행동을 보였다.

사람들이 자녀를 갖고자 하는 동기를 보면, 가문의 대를 잇기 위해, 부모 자녀 간의 친밀감을 원해서, 나이 들어서 부양받기 위해서라고 말한다. 문제는 이 목적들이 바로 부모의 양육 방식을 결정짓는다는 것이다. 행복을 위해 자녀를 키우겠다면 거기에 맞추어 키우고, 성공을 위해서라면 또 그것에 부합하도록 키우게 되는 것이다.

하지만 그리스도인의 자녀 양육은 세상의 부모들과는 달라야만 한다. 우리의 다음 세대가 요셉처럼 담장을 넘는 무성한 가지가 되도록 축복하고 믿음의 계승을 이루려면 오바댜의 부모처럼 자녀를 하나님께서 쓰시는 사람으로 양육해야 한다. 하나님을 섬기는 한 사람이 얼마나 많은 사람을 구했는지를 생각해보자! "오바댜는 여호와를 지극히 경외하는 자라 이세벨이 여호와의 선지자들을 멸할 때에 오바댜가 선지자 백 명을 가지고 오십 명씩 굴에 숨기고 떡과 물을 먹였더라"(왕상 18:3-4).

최고의 부모가 되고 싶다면 자녀를 예수님께 데려가라

신약 성경에서 가장 훌륭한 부모는 누구라고 생각하는가? 흔히 여자가 낳은 자 중에 가장 큰 자인 세례 요한을 키운 사가랴와 엘리사벳을 생각할지 모른다. 하지만 이 두 사람은 하나님이 미리 직접 나타나셔서 말씀하셨던 특별한 경우이므로, 예외로 하자. 또한, 디모데에게 믿음을 계승한 외조모 로이스와 어머니 유니게를 떠올릴 수 있다. 이들도 우리가 마땅히 본받아야 할 인물들이다.

그런데 나는 조금 다른 측면에서 본다. 신앙적으로 바람직한 부모를 꼽으려면 누가복음 18장 15-16절에 나오는 부모를 떠올린다. 이 구절은 사람들이 어린 아기를 데리고 예수님께 나아오는 장면을 보여준다. 또한 예수님이 안수하고 기도해주심을 바라고 어린이들을 예수님께 데리고 오는 부모도 있었다(마 19:14). 예수님께서 머리에 손을 얹고 기도해주신 이 아이들이 장차 어떻게 자랐을지를 생각해 보라.

이런 점에서 나는, 그리스도인으로서 가장 훌륭한 부모를 꼽으라면, 자녀를 예수님께 데리고 가는 부모라고 말하고 싶다. 여러분은 자녀를 예수님께 데리고 가는가? 좋은 학원을 찾아 자녀를 데리고 가는 것은 당연하게 생각하면서, 예수님께 데리고 가는 일은 가볍게 생각하고 있지는 않은가? 최고의 부모가 되고 싶다면, 자녀를 예수님께로 데리고 가야 한다. 신앙의 전적 위탁은 예수님께 자녀를 데리고 나아가는 것에서 시작한다. 자녀와 함께 가정 예배를 드리는 것, 자녀와 함께 예수님의 이름으로 봉사하고 구제하는 것 모두가 자녀를 예수님께 데리고 가는 것이다.

그러나 실제로 "내가 자식을 잃게 되면 잃으리로다"라는 고백은 쉽지 않다. 요즘 시대는 자식을 우상처럼 떠받들기 때문이다. 그럼에도 창조주 하나님을 아버지로 부르는 그리스도인이라면 그들의 자녀 양육 방식은 세상과는 달라야 한다. 사실, 야곱이 생명처럼 여기던 베냐민을 살리는 길은 가슴속에 품고 보호하는 것이 아니라, 완전히 하나님께 드리고 '잃게 되면 잃으리로다'라고 할 때였음을 기억하라.

세상이 감당하지 못하는 사람들

오늘날의 세상은 변화의 속도가 빠르고, 현란한 유혹으로 우리의 시선을 끄는 동시에, 하나님만을 의지하고 하나님께 위탁하는 것을 어렵게 만들고 있다. 복음적인 사회 비평가이자 변증학자인 오스 기니스는 1930년대 독일의 그리스도인들이 국가 사회주의의 매혹과 강압에 어떻게 속절없이 굴복했는지를 분석했다. 그는 오늘날 수많은 그리스도인도 이 시대의 도전 앞에 그들처럼 맥없이 굴복하고 있다고 지적했다.

여러분은 하나님을 의탁하는 것을 조롱하고 비난하며 복음의 변질을 요구하는 이 세상에서 그리스도 편에 담대히 설 수 있는가? 오스 기니스는 현대성의 유혹 앞에 속절없이 무너져가는 우리에게 '불가능한 사람'(Impossible People)이 되라고 도전했다. 잃으면 잃으리라, 죽으면 죽으리라는 영적 기백을 가지고 세상이 조종할 수 없는 사람, 세속주의 위협이 통하지 않는 사람, 세상 쾌락이 유혹하지 못하는 그런 사람이 되라고 말했다.

야곱은 부모, 이삭과 리브가 사이에서 편애의 사랑을 입은 수혜자인 동시에 피해자였다. 그의 부모가 남긴 나쁜 유산이 야곱에게 자연스럽게 전해졌다. 야곱 또한 그가 보고 배운 그대로 요셉과 베냐민을 편애했다. 그 결과로 요셉과 베냐민 모두 죽음의 길을 걸었다. 그러나 야곱이 "내가 자식을 잃게 되면 잃으리로다"라며 자기 포기와 전적 위탁을 고백하자, 야곱의 잘못된 편애는 고쳐졌고, 요셉과 베냐민을 살리고 야곱도 사는, 구원 역사가 펼쳐졌던 것이다.

따라서 자녀를 진정으로 살리는 길은 하나님께 전적으로 위탁하는 데 있다. 자식을 온전히 주님께 맡겨야 자식도 살고, 부모도 살고, 한국 교회도 살고, 이 민족도 살 수 있다. 이것이 곧 부흥의 마음이다.

⤴

'잃게 되면 잃으리로다'의 고백으로 하나님께 자녀를 전적 위탁하는 자의 기도

야곱의 "잃게 되면 잃으리로다"의 전적 위탁이 우리에게 본이 되고 거울이 되게 하셔서, 내 인생의 베냐민을 과감하게 내어드리는 전적 위탁의 믿음보고를 하게 하옵소서. 그리하여 우리 자신도 살고 이웃도 살리는 온전한 제자의 걸음을 걷게 하옵소서.

04

삶의 구덩이가
은혜의 저장소가 되다

사무엘하 7:12-16, 시편 116:12-14

우리가 살고 있는 도시가 적군들에게 포위되어 공격을 받고 있다고 상상해보자. 내부에서는 어떤 사람이 적과 결탁해 성을 무너뜨리려는 음모를 꾸미고 있다. 그러나 이런 내외의 위협이 닥쳤을 때, 특별한 노래 하나만 부르면 적들이 혼란에 빠져 도망치는 상황이라면 어떻게 할 텐가? 누구든 그 노래를 전력으로 배우고 언제 어디서나 부르고 싶을 것이다. 아무리 작은 위협의 징조만 보여도 잠들기 전에, 일어나는 순간에, 일하는 동안에도 부를 것이다.

지금 사탄의 공격 앞에 있는 우리의 처지가 그러하다. 사탄은 밤낮으로 우는 사자처럼 울부짖으며 우리를 위협하고, 속에서는 죄의 본성에 길들여진 육신의 연약함이 사탄의 공격에 동조하고 있다. 이릴 때, 외부의 적으로부터 인생의 성을 지키고, 내부의 적인 옛 자아를 제압할 수 있는 신령한 노래가 당신에게는 있는가?

무디와 함께 30년 가까이 사역한 찬양 인도자 생키(Sankey)가 1891년에 지은 "주 믿는 사람 일어나"라는 찬송이 있다. 이 찬송이 사람들의 심령을 사탄으로부터 보호하는 신령한 노래가 되었다.

토플레디(Augustus Montague Toplady, 1740-1778)는 우리의 심령을 항상 은혜 속에 머물게 하는 찬송가 494장 〈만세반석 열리니〉의 작사자로 널리 알려져 있다(그는 373장 〈고요한 바다로〉의 작사자기도 하다). 그의 찬송 시 중 "이슬같이 내리는 그의 은혜, 영혼을 구원의 방벽으로 기쁘게 둘러치네"라는 시구가 있다.

새벽이 지나 아침이 되면, 사방의 풀들에는 이슬이 맺혀 있다. 이슬은 메마른 땅에 있는 식물에 생명을 주는 수분의 원천이다. 우리의 메마른 영혼에도 매일 아침, 은혜의 이슬이 맺힌다. 누군가에게만 특별히 주어지는 것이 아니라, 모든 이에게 내린다.

이 은혜의 이슬을 맛보며 감사하는 사람들에게는, 이 이슬 같은 은혜가 세상의 공격, 두려움, 심지어 비난과 모함으로부터 우리를 더욱 하나님을 향하게 한다. 이는 시편 28편 8절에서 말하는 "구원의 요새"처럼, 대적의 공격으로부터 우리를 보호하는 것이다.

세상의 공격이나 비난, 두려움이 없어진 것이 아니라, 이런 것들의 치열한 공격에도 불구하고, 우리에게 주어진 은혜가 크고 감사할 만큼 아름다워, 이런 것들이 우리의 영혼을 보호하는 구원의 방벽 사이로 들어올 수 없는 것이다. 구원의 방벽은, 새벽마다 내려주시는 이슬 같은 은혜를 받아들이며 감사하는 사람에게 주어지는 선물이다.

다윗의 삶은 그가 고백한 대로, 사망의 골짜기를 지나는 연속이었다. 오랜 세월 동안 사울에게 쫓겨 이웃 나라들을 전전하며 갖가지

수모를 겪었다. 더 이상 갈 곳이 없어 굴에서 지낼 수밖에 없는 고립무원의 신세였다. 그는 생명의 위협 속에서 항상 긴장하며 살아가야 했다. 두려움은 그의 막다른 삶의 일상이 되었다. 이럴 때마다 다윗은 구원을 노래했다(시 18:1-2). 그 결과, 그는 젖 뗀 아이의 평온함을 누렸다.

"실로 내가 내 영혼으로 고요하고 평온하게 하기를 젖 뗀 아이가 그의 어머니 품에 있음 같게 하였나니 내 영혼이 젖 뗀 아이와 같도다"
(시 131:2).

배고파 젖을 먹어야 하는 아기는 보채고 칭얼거리지만, 엄마의 젖을 풍족하게 먹은 '젖 뗀 아이'는 그냥 엄마 품안에서 세상 최고의 평온함을 누린다.

젖 뗀 아이의 평안으로 살아가는 비결

"…내가 네 몸에서 날 네 씨를 네 뒤에 세워 그의 나라를 견고하게 하리라"(삼하 7:12).

이것은 다윗의 나라가 견고할 뿐 아니라, 다음 세대에도 견고하게 하리라는 약속의 말씀이다. 더 놀라운 것은 16절이다. "네 집과 네 나라가 내 앞에서 영원히 보전되고 네 왕위가 영원히 견고하리라 하셨다 하라."
여기에는 완전한 승리의 선포와 은혜의 말씀, 그리고 영원한 약속이 담겨 있다. 하나님께서 다윗에게 이겨놓고 싸우는 길을 가도록 하시겠다는 약속이다. 이것이 얼마나 좋은지, 다윗은 인생의 포탄이 퍼부어지고 인생길을 가로막는 화살이 비처럼 쏟아지는 가운데서도, 평안과 담대함이 사라지지 않았다.

21세기를 살아가는 당신에게는 다윗처럼 "네 인생이 견고하고, 네 다음 인생이 한결같겠고, 네 나라가 영원히 세워지리라"라는, "이겨놓고 싸우게 하겠다"라고 하신 약속의 말씀이 있는가?

"하나님의 말씀"을 영어로 표기할 때, 'word of God'이라고 하지 않고 'Word of God'이라고 대문자로 쓴다. 이것은 다른 모든 책, 모든 글, 모든 언어를 초월하는 하나님의 권세와 능력을 나타낸다. 이 약속의 말씀은 지식도 초월하고, 지성도 초월한다. 이 약속의 말씀은 세상 언어로 쓰인 글씨가 아닌, 하나님의 숨결과 하나님의 의지가 담긴 살아있는 말씀이다.

우리가 하나님의 약속의 말씀을 가질 때, 불안정한 세상에서도 평생 흔들리지 않고 승리를 선포할 수 있다. 하나님의 약속의 말씀을 확고히 붙잡고 있는 사람은, 인생의 어떤 막다른 골목에서도 반드시 길이 열리게 되어 있다. 그런 사람은 수많은 공격과 화살 가운데서도 영적으로 보호받아 살아갈 수 있다.

하나님께서 내게 주신 약속의 말씀 중 하나는, 구약에서는 "너는 물 댄 동산 같겠고 물이 끊어지지 아니하는 샘 같을 것이라"(사 58:11)라는 구절이고, 신약에서는 "평강의 하나님이 친히 너희를 온전히 거룩하게 하시고 또 너희의 온 영과 혼과 몸이 우리 주 예수 그리스도께서 강림하실 때에 흠 없게 보전되기를 원하노라"(살전 5:23)이다. 나를 보호하고 지키며 살리시는 약속의 말씀이다.

약속의 말씀을 가슴에 품고 순종하지 못하는 이유

신앙생활에 어느 정도 익숙한 사람이라면, 설교나 다락방, 신앙적인 모임에서 '약속의 말씀'이라는 표현을 자주 듣는다. 하지만 의외로 많은 신앙인에게 "당신에게 약속의 말씀은 무엇인가?"라고 물으면, 주저하거나 쉽게 대답하지 못하는 경우가 있다. 왜 그럴까? A. W. 토저는 그 이유를 출애굽한 이스라엘 백성 가운데 오직 갈렙과 여호수아만이 약속의 땅에 입성한 사례에서 찾는다.

"이스라엘이 약속의 땅을 보고도 뒷걸음질 친 사건은 오늘날 우리에게도 일어날 수 있는 일이다. 우리는 전진해서 약속의 땅으로 들어가라는 하나님의 부르심을 들었다. 그러나 어떤 이들은 그분의 부르심에 반발하고 대적하면서 두려움과 선입견이 만들어낸 악한 보고서를 내놓는다. 그 이유는 그들은 하나님을 개인적으로 알지 못하는 자들이기 때문이다."

"그들이 하나님을 개인적으로 알지 못하기 때문이다"라는 토저의 말은 하나님의 약속의 말씀을 듣고도 그것을 가슴에 품고 순종하지 않는 이유를 너무도 분명하게 보여준다. 교회에 다니고 신앙생활을 한다고 하지만, 실제로 하나님을 아버지로 모시고 교제하지 못하기 때문에 약속의 말씀을 품지도 않고, 그것으로 기도하지도 않는 것이다.

이스라엘 민족은 젖과 꿀이 흐르는 가나안 땅이라는 하나님의 약속의 말씀을 듣고도 하나님과 동행하며, 그것을 붙들며 나가지 않았고, 그저 종교적인 형식이나 자기 필요에 따라서만 하나님께 나아갔기 때문에 하나님의 약속에 담긴 엄청난 축복을 누리지 못했다.

이 땅에서 성도가 약속의 말씀을 붙잡고 살아야 하는 이유는, 세상은 변화무쌍하고 심하게 흔들리지만 하나님의 말씀은 결코 흔들리지 않고 변치 않기 때문이다. 이것이 약속의 말씀을 품고 사는 자가 불안정한 세상에서도 흔들리지 않고 평안을 유지할 수 있는 이유이다. 히브리서 1장 10-20절은 "세상은 멸망하고 옷과 같이 낡아지지만 주는 영존할 것이며, 언제나 여전할 것이며, 그 연대가 다함이 없으실 것"이라고 말씀하신다. 하나님의 약속의 말씀은 하나님의 숨결이 담긴 영원불변의 말씀이다.

다윗에게 주어진 형통의 비결

약속의 말씀에 의지하는 사람은 믿음보고를 사모하는 삶을 살고, 사명을 목숨보다 귀하게 여기는 인생을 살아간다. 이런 사람에게 자연스럽게 흘러나오는 것이 세상에 없는 감사이다. 하나님께서는 다윗에게 모든 전쟁의 상황에서 벗어나게 하셔서 "여호와께서 주위의 모든 원수를 무찌르사 왕으로 궁에 평안히 살게 [하셨다]"(삼하 7:1). 다윗이 받은 복은 빛처럼 세상에 드러났다.

나단이 왕에게 이르되, "여호와께서 왕과 함께하신다"라고 했다. 하나님께서 인정하시고 주변 사람들이 볼 때도 인정할 만한 사실이었다. 그에게는 누구도 범접할 수 없는 기품이 있었고, 누구도 따라갈 수 없는 영적 깊이를 가지고 있었다. 환경과 주변도 평안해졌다.

다윗은 그동안의 모든 수모와 고통, 아픔의 골짜기를 지나고 인생의 전성기를 맞이하게 되었다. 단단하고 건강한 신체, 예리한 지성, 경배와 순종, 참 예배자로 더 뜨거워진 영혼의 소유자가 되었다. 무엇보다 시련을 통해 참으로 성숙해진 그는 백성의 신뢰와 칭송을 한 몸에 받는 왕이 되었다. 그는 세상적으로 성공하고 행복하며, 즐길 수 있는 인생을 살았다.

인생이 순조롭게 흘러가는 때가 정신을 똑바로 차려야 하는 중요한 시점이다. 어려움에 직면하면 '이 폭풍우를 어떻게 통과해야 할까? 어떻게 가정을 지키지?'라는 문제에 집중하게 되어 삶이 단순해지며 시험에 빠져들 여지가 없어진다. 그러나 모든 것이 순조롭게 흘러가는 때에 오히려 사람의 진면목이 드러난다. 이때의 생각이 바로 신앙 성숙도의 측정 도구이자 저울이 된다.

다윗은 삶이 잘 흘러가는 시기에도 하나님께 전적 위탁하는 예배자의 자세를 지켜나갔다. 그는 "내게 주신 모든 은혜를 내가 여호와께 무엇으로 보답할까?"를 끊임없이 고민했다.

현재의 삶이 힘들고, 아픔이 가득하고, 자녀들이나 가정적인 문제로 곤란하다면 어떻게 해결하겠는가? 삶의 폭풍과 극도의 어려움을 어떻게 극복하겠는가? 방법은 하나, 삶이 어려울 때나 순탄할 때나, 다윗이 지킨 마음의 자세인 "내게 주신 모든 은혜를 무엇으로 보답할까?"를 계속 유지하는 것이다. 은혜에 대한 감사가 삶의 내우외환에서 우리를 보호하는 비결이다. 우리가 드려야 하는 감사는 누추한 말과 상황을 압도하는 힘이다.

"누추함과 어리석은 말이나 희롱의 말이 마땅치 아니하니 오히려 감사하는 말을 하라"(엡 5:4). 누추한 말이나 희롱의 말을 하지 않는 비결은 무엇일까? 남을 비판하고, 헐뜯고, 쓴 마음을 내뱉고, 거짓말하고, 불평불만하고, 자학하고, 부정적인 말을 하지 않도록 나를 지키는 것은 무엇일까? 그 열쇠는 "오히려 감사하는 말"을 하는 것이다.

우리의 입을 감사의 말로 채울 때, 다른 허탄한 말이 비집고 들어올 틈이 없어진다. 감사는 어둠의 말을 쫓아내는 빛의 능력이 있다. 사람들이 모여 더러운 말이나 남을 비난하는 말을 할 때, 어떤 한 사람이 지혜롭게 "나는 이렇게 감사하고, 저렇게 감사하다"라고 감사의 고백을 시작하면, 무슨 일이 벌어지는가? 당연히 부정적인 말, 더러운 말은 기운을 잃고 약해지다가 결국 사라진다. 이것이 감사로 우리 영혼을 지키는 방법이다.

그리스도인이 자기 신앙의 기품을 단장하고 고결한 차원으로 올라가는 길은 '내게 주신 모든 은혜'에 진정으로 눈을 뜨는 것이다. 이 모든 은혜에는 우리를 하나님에게 더 가까이 이끄는 '쓴 것'도 포함된다. '단 것'만이 은혜가 아니라, 단 것을 느끼게 하는 '쓴 것'도 은혜임을 깨닫는 것이다.

찰스 스윈돌은 이러한 모든 은혜에 대해 "실패할 때 인내해주시고, 인생의 혼란과 깨어짐을 알아주시고, 지체할 때 기다려주시고, 그릇된 방향으로 나갈 때 붙잡아주시고, 필요할 때 징계해주셔서 감사하다"라고 말했다. 이처럼 모든 은혜에 눈이 열리면 반드시 감사가 따르게 된다.

감사: 바울의 영혼을 지켜준 가장 강력한 비밀 병기

다니엘은 수많은 정적에 둘러싸여 있었지만, "주께 감사하고 주께 찬양하는"(단 2:23) 감사와 찬양의 삶으로 자신을 지켰다. 자신을 죽이려는 정적들의 음모에도 다니엘은 요동하지 않았다. 다니엘 6장 10절 말씀처럼 "…전에 하던 대로 하루 세 번씩 무릎을 꿇고 기도하며 그의 하나님께 감사"할 따름이었다. 세상이 그를 아무리 흔들려고 해도 흔들리지 않게 하는 영혼의 닻이 바로 감사였다.

"당신을 만나니 하나님께 너무 감사하다." 이런 말을 하는 데 많은 재물이나 높은 학식이 필요한 것이 아니다. 오늘 내 마음을 지키면 된다. 승리 선포와 감사 선포는 우리의 영혼을 안팎의 공격으로부터 지키고 보호할 것이다. 사탄을 이기는 물샐틈없는 전략이 만만의 감사이다.

바울에게 감사는 하나님 앞에서 그의 형언키 어려운 고난과 환난을 이기는 길이었다. 바울은 이를 깨달았기에, 골로새서 3장 15-17절에서 "… 너희는 감사하는 자가 되라 … 감사의 마음으로 하나님을 찬양하고 … 하나님 아버지께 감사하라"라고 거듭 강조했다.

바울은 감사의 사람이었다. 신약성경에 나오는 감사 표현 중에 약 70

퍼센트가 바울 서신에 집중되어 있다. 바울 서신이 신약성경의 3분의 1 정도인 것을 감안하면, 바울이 얼마나 감사에 집중했는지 알 수 있다. 그의 감사는 어떤 상황에서도 자기 영혼을 지킬 수 있었던 가장 중요한 비밀 병기였다. 바울의 감사는 하나님 앞에서 고난과 환난을 이기는 길이었다. 바울에게 감사는 기도였고, 신앙이었고, 교회였다.

또한, 감사는 개인뿐만 아니라 공동체를 보호하는 가장 강력한 보호막이기도 하다. 바울은 극한의 환난에 직면한 데살로니가 교회에게 가장 많은 감사를 표현했다. "범사에 감사하라"(살전 5:18)는 권면은 환난을 이기는 길이 감사임을 명백히 보여준다.

삶의 구덩이가 은혜의 저장소가 되다

지금 나를 꼼짝달싹 못하게 하는 구덩이가 곧 은혜의 저장소가 될 수 있다. "너희를 파낸 우묵한 구덩이를 생각하여 보라"(사 51:1). 이 말은 구덩이에서 나를 건져준 후에, 그 구덩이를 다시 한번 생각하고 하나님의 구원을 기억하라는 말씀이다. '아, 나는 더 이상 벗어날 수 없구나'라며 한탄하게 만든 그 구덩이가, 지나고 나면 하나님의 은혜를 체험하는 장소가 됨을 말하는 것이다.

요셉이 그랬다. 형제들이 자신을 구덩이에 던져 노예로 팔아 애굽으로 끌려갔지만, 지나고 보니 애굽으로 먼저 온 것이 구원의 선발대가 된 것이었다. 애굽에서 죽을 고생을 했지만, 마침내 가족을 애굽으로 이주시키는 은혜의 길을 만들게 된 것을 깨닫고 감사했을 것이다. 다윗도 이를 깨닫고, "나를 기가 막힐 웅덩이와 수렁에서 끌어올리시고"(시 40:2)라고 고백했다.

지금 구덩이에 갇혀 있는가? 그 구덩이가 하나님의 은혜를 경험하는 장소가 될 것을 믿고 감사하라. 이것이 시인이 말한 "내게 주신 모든 은혜를 무엇으로 감사할까?"의 진짜 의미이다. 깊은 구덩이에 빠진 순간이 오히려 고개를 들어 하늘의 별을 보는 시간이 되는 것이다.

'모든 은혜'는 실패하고 깨어질 때 용기를 주시고, 지체될 때는 기다려주시며, 그릇된 방향으로 나갈 때는 붙잡아주시고, 필요할 때는 징계도 해주시니, 이것이 모든 은혜이다. 이처럼 모든 은혜에 눈이 열리면 자연스럽게 감사가 따라오고 뿜어져 나오게 되어 있다.

복음 전도가 최고의 마음 지킴이다

우리는 받은 은혜에 눈을 뜨면 감사하는 삶을 살 수 있다는 사실에는 동의하지만, 그런 감사의 삶을 어떻게 지속할 수 있을지에 대해서는 소홀히 한다. 외부의 적과 내부의 적의 공격으로부터 이길 수 있는 첫 번째 기둥이 '승리 선포'와 '감사 선포'라면, 이를 지속하게 하는 기둥은 약속의 말씀을 다음 세대에 계승하고 이웃에게 복음을 선포하는 것이다.

이 복음을 나누는 것이 우리 속에서 감사가 넘쳐흐르게 하는 최고의 마음 지킴이가 된다. 이사야 59장 21절 말씀이다. "여호와께서 이르시되 내가 그들과 세운 나의 언약이 이러하니 곧 네 위에 있는 나의 영과 네 입에 둔 나의 말이 이제부터 영원하도록 네 입에서와 네 후손의 입에서와 네 후손의 후손의 입에서 떠나지 아니하리라."

복음이라는 단어에 너무나 익숙해서, 우리는 이제 충분하다고 생각한다. 우리는 어떻게 십자가 사랑의 깊이와 넓이와 높이(엡 3:17-19)를 모두 깨달을 수 있을까?

복음이라고 할 때, 단순히 예수를 믿고 구원받는 것만 생각하면 안 된다. 맥스 루케이도는 이렇게 표현했다. "수천 번이나 무지개를 보았다고 해도, 무지개가 보여주는 광경의 장엄함을 다 알 수는 없다. 정원 가까이 살면서도 꽃의 아름다움에 취해보지 못할 수도 있다. 한 여인과 평생을 함께 살면서도 그녀의 영혼 깊숙한 곳을 들여다보지 못할 수도 있다." 어쩌면 오늘날 교회 내에서 통용되고 있는 복음에 대한 우리의 태도가 이런 모습일 수 있다. 복음을 말하지만 실상 복음의 진짜 은혜를 맛보지 못하고, 마치 익숙한 멜로디로만 듣는 습관적 교인이 자신일 수 있는 것이다.

이 세상의 모든 종교는 인간이 신을 찾지만, 오직 기독교에서만 신이 인간을 찾는다. 그래서 다른 종교는 '추리 의존적 사색'을 하지만, 기독교는 '계시 의존적 사색'을 한다. 이러한 계시 의존적 사색에서 복음을 얘기할 때, 하나님이 인간을 찾아오셨다는 것의 핵심은 성육신이다. 성육신은 하나님이 인간을 찾아오셨다는 사실을 추상적인 개념이 아니라, 구체적인 실체로 보여준다. 성육신의 목적에 대해서는 니케아 신조에서 "우리와 우리의 구원을 위하여 하늘에서 내려오시고 성령으로 성육신 되셨다"라고 명확하게 말하고 있다.

그러나 어떤 사람들은 하나님이 인간을 찾아오셨다는 것이 놀라운 소식이긴 하지만, 그것은 2000년 전에 일어난 일이라며 "오늘을 사는 나와 무슨 상관이 있는가? 나에게 어떤 영향을 미치는가?"라는 의문을 제기한다. 이 질문은 C. S. 루이스도 가졌던 것이며, 오늘날에도 여전히 나오는 의문이다. 이는 성육신의 신비를 단지 신학적 교리로만 이해하려 할 때 나타나는 현상이다.

하나님이 인간을 찾아오신 사건이 오늘을 사는 우리와 어떤 상관이 있을까?

성육신이 갖는 중요한 의미 중 하나는 하나님이 멀리서 지켜보는 수동적인 관찰자가 아니라, 실제로 우리 곁에 임재하시며 우리를 돌보신다는 것이다. 우리 인생이 어려워지고 힘들어도 하나님이 우리와 함께 계신다는 것을 의미한다. 이 사실을 깨달은 사람은 신앙생활이 맹숭맹숭할 수 없다. 살아계신 하나님과 교제하는 삶은 성육신의 구원의 모험처럼 흥미진진하고 창조적일 수밖에 없다.

살아계신 하나님께서 우리를 찾아오신 놀라운 복음을 경험한 사람들의 반응은 어떠했을까? 도마는 "나의 주 나의 하나님"이라고 소리쳤고, 막달라 마리아는 "내가 주님을 보았다"라고 고백했으며, 요한은 "우리가 그의 영광을 보았다"라고 선포했다. 엠마오로 가던 두 제자는 "우리의 마음이 뜨거워졌다"라고 기뻐했고, 최고의 고백은 베드로일 것인데, "우리는 그의 크신 위엄을 본 자라"라고 했다.

하나님이 나를 찾아오신 것에 대해 당신은 도마, 막달라 마리아, 요한, 엠마오로 가던 제자, 베드로처럼 하나님의 영광과 위엄 그리고 뜨거움을 고백하고 기뻐하고 있는가?

예수 그리스도의 성육신은 우리에게 귀중한 선물이다. 우리는 주님의 임재와 보살핌에 대한 감격을 잊지 말고, 이 복음의 기쁨을 가족과 이웃, 동료들에게 나누어야 한다. 약속의 말씀을 붙잡고 승리 선포를 하며, 성육신하신 주님께서 지금까지 나를 인도하셨음에 '감사 선포'를 하면, 안팎의 모든 적을 이겨내며 백전백승할 수 있다.

그러나 우리가 감사의 찬양과 생명의 복음을 전하는 사명의 노래를 부르지 않으면, 우리 영혼의 안전, 우리의 든든한 성벽이 무너질 것이다. 우리 속에 살면서 적과 내통하던 옛 자아가 다시 활개를 칠지도 모른다.

사탄은 죽어 있는 성도를 공격하지 않는다. 우리가 이런 감사를 하겠다고 마음을 먹자마자, 사탄은 우리가 감사와 기도에 집중하지 못하도록 총공격을 전개할 것이다. 사탄은 우리의 수고에 흠집 내고, 우리의 헌신을 좀 먹게 하고, 마음을 낙심하게 하고, 열심히 하려는 믿음을 흔드는 것에 혈안이 되어 있다. 그러므로 "나와 함께 깨어 있으라"라는 예수님의 말씀을 품고 "적군을 향해 달리며 내 하나님을 의지하고 인생의 모든 담을 뛰어넘어야" 할 것이다(시 18:29).

어떤 상황에서도 만만의 감사를 선포하는 자의 기도

자비로우신 하나님 아버지, 어려움의 폭풍과 화살비가 쏟아지는 내우외환(內憂外患)의 인생길에서, 외부에 적에 대해서는 약속의 말씀 붙잡고 '승리 선포'함으로 모든 공격을 거뜬히 물리치게 하시고, 내부의 적에 대해서는 모든 것이 은혜라는 물샐틈없는 '감사 선포'로 누추한 말과 쓴 말, 더러운 말들을 깨끗이 물리치게 하여 주옵소서. 생명의 복음을 전함으로 감사가 삶으로 체화되게 하시고, 삶으로 뿜어져 나오는 감사의 주인공이 되게 하옵소서.

05

무엇이 부흥을
가능하게 하는가?

사도행전 4:7-20

성경에서 부흥의 백미를 말한다면 사도
행전 4장을 꼽을 수 있다. 사도들의 설교에 장정만 5천 명이 예수님
을 믿었으니, 남녀노소를 더하면 믿는 자가 만 명에서 이만 명은 족
히 되었을 것이다. 교회사에서 손에 꼽을 수 있는 큰 부흥이었다.

그러나 부흥 이후에 벌어진 일들은 우리에게 부흥의 본질과 의미
를 다시 생각하게 한다. 부흥 이후에 어떤 일이 벌어졌는가? 이때
의 예루살렘 교회는 큰 부흥과 함께 외부적 핍박과 내부적 분열의
어려움에 직면했다. 예루살렘의 종교 지도자들은 사도들을 잡아 감
옥에 가두었다. 이렇게 강력한 성령의 역사와 능력이 나타나고, 기
적과 치유가 일어나는 부흥에 혼비백산할 만큼 놀란 것은 사탄이었
다. 사탄의 반격으로 큰 박해가 시작된 것이다. 그래서 우리는 부흥

을 위해 기도할 때, 그리고 부흥이 일어날 때 영적인 경각심을 가지고 긴장해야 한다. 그렇다면 이 모든 박해나 분열을 극복하고 부흥을 이어가는 길은 없을까?

예수님 이름의 능력이 부흥을 가능하게 한다

당시 종교 지도자들은 예루살렘 공회 앞에 사도들을 세우고 물었다. "사도들을 가운데 세우고 묻되 너희가 무슨 권세와 누구의 이름으로 이 일을 행하였느냐"(7절). 베드로는 당당히 대답했다. "너희와 모든 이스라엘 백성들은 알라 너희가 십자가에 못 박고 하나님이 죽은 자 가운데서 살리신 나사렛 예수 그리스도의 이름으로 이 사람이 건강하게 되어 너희 앞에 섰느니라"(10절). 베드로의 대답의 핵심은 바로 예수님의 이름에 있었다.

초대교회 성도들에게는 예수님의 이름이 절대적이었다. 그들이 모일 때마다 예수님의 이름이 모든 대화와 삶의 주제였다. 성도들은 모일 때마다 예수님의 이름을 찬양했고, 사람들을 만날 때마다 그 이름을 증거했으며 심지어 핍박받을 때도 예수님의 이름으로 기도하며 싸웠다. 병자들을 앞에 놓고도 예수님의 이름으로 그들을 일으켰고 귀신과 악령의 역사 앞에서도 예수님의 이름으로 대적했다. 초대교회 성도들은 한 마디로 예수님 이름을 빼고는 할 말이 없는 사람들이었다. 예수님의 이름이 그들의 전부였다.

바울은 빌립보서 2장 9-10절에서 예수님의 이름이 갖는 권세를 더욱 분명하게 말했다. "이러므로 하나님이 그를 지극히 높여 모든 이름 위에 뛰어난 이름을 주사 하늘에 있는 자들과 땅에 있는 자들과 땅 아래에 있는 자들로 모든 무릎을 예수의 이름에 꿇게 하시고."

이 놀라운 예수님의 이름 앞에 하늘에 있는 자들과 땅에 있는 자들, 그리고 땅 아래 있는 자들이 모두 무릎을 꿇었다. 또한, 모든 입으로 예수 그리스도를 주라 시인함으로써 하나님 아버지께 영광을 돌렸다.

하늘에 있는 자가 누구일까? 천군천사와 이미 구원받은 자들, 천국에 있는 모든 심령들이다. 그들은 예수님의 이름 앞에 무릎을 꿇었다. 땅에 있는 자는 무엇을 의미할까? 현존하는 모든 인류가 예수님의 이름 앞에서 무릎을 꿇고 경배하게 했다. 그렇다면 땅 아래 있는 자는 누구일까? 사탄, 마귀, 악령 그리고 그들의 손 아래로 들어 갔던 수많은 사람까지 모두 예수님의 이름 앞에서 무릎을 꿇고 예수님을 주라 시인했다. 그러니 예수님의 이름이 얼마나 높은 이름이며 얼마나 존귀한 이름인가!

따라서 예수님의 이름 앞에서 누구든지 무릎을 꿇고, 그의 이름을 높이며, 그에게 영광을 돌릴 때 은혜의 문이 열리게 된다. 부부간의 갈등이나 가족 간의 갈등, 병고나 재정적인 문제 등 어려운 상황에 처했더라도, 예수님 앞에서 무릎을 꿇는다면, 우리의 생각을 뛰어넘는 결과가 있을 것이다.

성경은 이름을 매우 중요하게 여긴다. 아브람을 아브라함으로, 야곱을 이스라엘로, 시몬을 베드로로 바꾸어 부름으로써 본질적인 변화가 일어났음을 상징했다.

하나님께서 부르시는 당신의 이름은 무엇인가?

우리가 부르는 그 이름, 예수는 마리아가 아기를 잉태하기 전에 천사가 지시한 것으로, 하늘에서 주어진 이름이다(마 1:21). 이 땅에서의 자녀의 이름은 부모가 짓는다. 예수 그리스도는 하늘에서 오셨기 때문에 하나님 아들의 이름은 하늘에 계신 아버지가 지으시는 것이 마땅하다. 예수님의 이름이 하늘에서 주어졌다는 것은 하나님 아버지께서 친히 아들의 이름을 지어주셨다는 의미이다.

당신의 영적인 이름은 무엇인가? 현재 세상에서 어떤 모습으로 살고 있는가? 야곱처럼 실패자로 살고 있을지라도, 하나님의 손에 붙들리면 이름이 바뀔 수 있다. 하나님께서 당신에게 어떤 이름을 지어주시기 원하는가? 하나님께 당신이 어떤 사람인지 기도로 말씀드려보라. 그리고 그분을 믿고, 그분의 말씀에 복종하며, 무엇보다 기묘자요 모사요 전능자요, 영존하시는 아버지요, 평강의 왕이신 예수님께 삶의 주권을 드려라. 그렇게 할 때 우리는 예수님의 이름에 나타난 권세와 영광과 존귀가 임하는 삶을 살 수 있다. 좋다는 이름을 짓기 위해 세상의 작명소를 찾기보다 예수님의 이름으로 당신의 이름을 감싸는 것이 훨씬 더 중요하다.

이처럼 놀라운 예수님의 이름의 존귀함과 권세를 가장 정확하게 아는 자는 누구였을까? 바로 사탄이다. 사탄은 어떻게 하든지 예수님의 이름을 말하지 못하도록 박해했고, 예수님의 이름이 전파되는 것을 견디지 못했다. 예수님의 이름이 전파될수록 하나님 나라가 더욱 확장되고, 사탄의 나라는 위축되기 때문이다. 사탄은 대제사장들과 서기관들의 질투와 두려움을 이용하여, 예수님의 이름으로 병자들이 치유되는 일과 예수님을 믿는 일을 막아보려 했다. 사탄은 그들을 조종하여 더 이상 예수님의 이름으로 능력을 발휘하지 못하게 핍박하게 했던 것이다(17절).

그러나 사도들은 "우리는 보고 들은 것을 말하지 아니할 수 없다"(20절)라고 선포했다. 결국 베드로와 요한이 예수님 이름의 승리를 선포한 것이다. 이것이 부흥의 본질이다. 부흥은 예수님의 이름이 드러나고 영광을 받는 것이다.

태어나기 700년 전에 지어진 예수님의 이름

태어나기도 전에, 그것도 700여 년 전에 이름이 미리 지어진 분이 바로 예수님이다. 선지자 이사야는 예수님의 오심을 예언하면서 그의 이름에 주목했다. "…그 어깨에는 정사를 메었고, 그의 이름은 기묘자라, 모사라, 전능하신 하나님이라, 영존하시는 아버지라, 평강의 왕이라"(사 9:6).

그 어깨에 정사를 메었다는 말은 그가 우리의 통치자라는 의미이다. 예수님은 이 땅의 통치자로 오셨다는 뜻이다. 통치자로 오신 그의 이름은 기묘자요, 모사요, 전능하신 하나님이요, 영존하시는 아버지요, 평강의 왕이시다. 이것은 지금도 예수님이 우리의 삶을 통치하시며, 우리의 삶을 경이롭게 인도하시는 기묘자와 모사(Wonderful Counselor), 우리의 삶의 요구를 능히 처리하실 수 있는 전능하신 하나님(Mighty God), 우리의 삶을 영원의 차원으로 바꿔주시는 영존하시는 아버지(Eternal Father), 이 땅에서의 삶의 모든 불안과 두려움을 제거하시는 평강의 왕(Prince of Peace)이 되신다는 의미이기도 하다.

우리가 왜 예수님의 이름에 주목하고, 그의 이름을 살펴보아야 할까?

워렌 위어스비는 우리가 예수님의 이름을 붙들고, 연구해야 하는 이유를 다음과 같이 설명했다. "왜 우리는 예수님의 놀라운 이름들을 주목하고 연구해야 하는가? 그분의 각 이름이 그가 베푸는 축복이기 때문이다." 우리가 예수님의 이름을 이해하고 더 잘 알아갈수록, 그분이 우리를 위해 하신 일과 지금 우리를 위해 하실 수 있는 일을 더 잘 이해할 수 있다. 그리고 그 이름에 담긴 축복을 누릴 수 있게 된다.

예수님의 이름을 부끄러워하는 이유

예수님을 처음 믿을 때부터, 예수님의 이름에 대해 확실한 태도를 갖도록 강조하는 이유가 있다. 예수님의 이름을 어떻게 대하느냐가 신앙의 첫 단추를 결정하기 때문이다. 처음 믿게 될 때부터 예수님

이름의 능력을 제대로 깨닫고 체험한다면, 평생의 신앙을 바르게 세우는 초석이 제대로 놓이게 된다.

예수님을 믿는 사람들 가운데에서도, 그 이름을 쑥스럽게 여기는 사람들이 적지 않다. 식사 기도하는 것조차 망설이는 사람들이 있다. 예수님의 이름에 대해 잘 모르거나, 지식으로만 알거나, 그 이름을 통한 능력을 체험하지 못했기 때문이다. 경험하지 못하면 자신 있게 말할 수 없고, 말할 수 없으면 두려워하게 마련이다. 요한복음 14장 14절 말씀을 삶으로 경험하는 것이 참으로 중요한 이유다. "내 이름으로 무엇이든지 내게 구하면 내가 행하리라."

왜 예수님을 부끄러워할까?

여러 가지 변명이 있을 수 있다. 어떤 이는 교회와 교인들이 세상에 좋은 모습을 보이지 못하기 때문이라고 말한다. 그러나 이것은 표면적인 변명에 불과하다. 교회 안에 있는 많은 사람이 예수님과 복음을 부끄러워하는 근본적인 이유는 예수님의 이름이 주시는 복을 경험하지 못했고, 예수님을 나사렛 예수로만 여기기 때문이다.

예수님 당시에도 유대인들은 예수님을 '나사렛' 예수로 폄하했다. 나다나엘을 찾아온 빌립이 예수님을 "나사렛 예수"라고 소개했을 때, "나사렛에서 무슨 선한 것이 날 수 있느냐"라고 비웃었다. 당시에 나사렛은 여러 가지 이유로 멸시받고 배척당했다. 나사렛은 우리가 흔히 달동네, 빈민촌이라 부르는 동네였다.

그러므로 그리스도인이 예수님을 부끄러워하는 것은, 나다나엘이 예수님을 나사렛 출신으로만 보았던 것처럼, 의식적이지는 않더라도, 예수님을 그렇게 생각하기 때문이다. 오늘날 예수님을 나사렛 출신으로 이해한다는 것은 어떤 의미일까? 복음을 아는 것을 지적이지 않고, 철학적이지 않으며, 과학적이지 않고, 세상 물정을 잘 모른다는 뜻으로 생각하는 것이다. 그래서 복음을 부끄러워하고, 예수님을 믿는 것을 부끄러워한다.

예수님의 이름의 권세와 존귀함에 눈을 뜰 때

우리가 예수님의 이름을 부끄러워하지 않으려면 경멸당하고 배척받은 "나사렛 예수"에 대한 인식을 바꾸어야 한다. 예수님께서 친히 그 이름에 대한 세상적인 인식을 바꾸셨다는 사실에 눈을 떠야 한다. 세상은 나사렛이라는 이름을 경멸했지만, 예수님은 사람들이 경멸한 그 이름을 하늘에까지 높이셨다. 예수님이 부활 후에 사람들이 무덤을 찾아왔을 때 "너희가 나사렛 예수를 찾는구나"(막 16:6)라고 천사들이 말했다. 예수님은 한 걸음 더 나아가, 자신을 핍박하던 다소의 사울에게 "나는 나사렛 예수라"(행 22:8)라고 하셨다. 그는 나사렛이라는 이름을 취하여 그것을 하늘에까지 높이셨다.

창세기부터 요한계시록까지 말씀을 주의 깊게 살피면 예수 그리스도의 이름이 우리 삶의 능력이고, 그가 메시아이며 구원자라는 진리가 분명하고 단순하게 다가온다. 이는 예수님의 이름을 밝히 살필수록 우리가 순전한 믿음, 순도 높은 믿음, 능력 있는 믿음을 가지게 됨을 의미한다.

말씀을 바르게 연구하면 생각과 믿음이 순전해지지만, 말씀을 공부하면서 마음이 복잡해지고 생각이 분산된다면 방향이 잘못된 것이다. 왜 이런 일이 일어날까? 종말의 때에 예수님의 다시 오심이 가까울수록 어떻게든 성도들이 예수님 이름의 권세와 존귀함에 눈을 뜨지 못하도록 사탄의 발작하는 방해가 심해지기 때문이다.

2천 년 전에도 예수님과 복음을 부끄러워하는 사람이 있었다. "누구든지 나와 내 말을 부끄러워하면 인자도 자기와 아버지와 거룩한 천사들의 영광으로 올 때에 그 사람을 부끄러워하리라"(눅 9:26). 예수님 역시 자신을 따르는 사람들 중에 자신을 부끄러워하는 이들이 있음을 아셨다.

당시에 로마인들은 예수님을 로마 식민지의 시골 사람으로, 가난한 여인의 집에서 자라, 결국 강도들과 같이 처형된 죄수 정도로 여겼다. 헬라 사람들은 복음을 유치하고 어리석고 미련한 것이라 경멸했다. 복음을 부끄러워하지 않는다(롬 1:16)는 바울의 선포에는 당시 이러한 사회 문화적인 배경이 있다.

사랑의교회 토요비전새벽부흥회(토비새)에 참석한 미국의 마이크 펜스 전 부통령은 자신을 소개할 때, 자신은 첫째로 기독교인, 둘째로 보수주의자, 셋째로 공화당 사람이라고 순서대로 나열하며, 자신이 기독교인 것을 정치가인 것보다 더 중요하게 여겼다. 이것이 바로 예수님의 이름을 부끄러워하지 않는 것이다.

회사, 학교, 비즈니스 장소에서 예수님의 이름 그리고 자신이 기독교인인 것을 부끄러워하지 말아야 한다. 우리 자녀들이 학교에서 기독교인 것을 부끄러워하지 않도록 가르쳐야 한다. 믿지 않는 아이들이 성경을 신화라고 조롱할 때, 오히려 "과학을 적당히 알면 무신론자가 될 수 있겠지만, 제대로 깊이 연구한다면 창조주 하나님을 확실히 믿게 된다"라고 당당하게 대응할 수 있도록 해야 한다.

예수님의 이름은 조선의 역사를 바꿔 놓았다

예수님의 이름이 한국에 들어온 이후, 우리나라에서 수많은 변화가 일어났다. 수천 년간 유지되던 민족 종교를 100년 만에 바꾼 나라는 대한민국밖에 없다. 예수님의 이름이 이 땅에 들어왔을 때, 여러 가지 변화가 일어났다. 예수님의 이름을 제외하고 우리나라의 근대 역사를 해석할 수 없을 정도이다. 한글 성경이 보급되면서 한글이 제 위치를 찾았고, 예수님의 가르침에 따라 근대 교육이 실천되었다. 또한 수많은 병원이 세워졌고, 여성 인권 신장에도 큰 영향을 미쳤다. 그 이름이 우리나라의 역사를 바꿔놓은 것이다. 수천 년 동안 양반의 나라, 사대부의 나라였는데 예수님의 이름이 들어와서 민의 나라, 백성의 나라가 되었다.

메리 스크랜튼(Mary Scranton, 1832-1909)은 1886년 이화학당을 설립했다. 당시 이화학당 학생들은 대부분 버려진 아이들과 첩들이었다. 그래서 사람들은 이화학당을 불신했다. 그러나 스크랜튼은 "예수님의 이름으로" 기초과목, 고등과목을 한글과 영어로 가르치며 그분의 이름을 자랑스럽게 여기는 훌륭한 한국인이 되기를 바랐다. 그리고 마침내 이화학당은 이화여자대학교의 전신이 되었다. 스크랜튼은 예수님의 이름으로 조선 여성들을 구원하다가 76세 나이에 별세하여 양화진에 안장되었다.

1890년 후반, 강화도 북단의 홍의마을에 복음이 들어왔다. 마을 주민 전체가 예수님을 믿었고, 처음 믿은 사람들이 세례를 받고 이름도 바꾸었다. 그들은 새로 태어난 아기에게 이름을 지어주듯, 거듭난 성도들이 새 이름을 갖는 것을 옳게 여겼다. 그래서 성은 바꿀 수 없지만, 돌림자 전통으로 개명을 했다. 한날한시에 세례를 받고 한 형제가 된 것을 인정하며, 한 일(一)자 돌림으로 믿을 '신'(信), 사랑 '애'(愛), 능력 '능'(能), 은혜 '은'(恩), 은혜 '혜'(惠), 충성 '충'(忠), 거룩한 '성'(聖), 바랄 '희'(希), 받들 '봉'(奉) 등 신앙의 의미를 가진 단어를 뽑아 능일, 혜일, 충일, 봉일… 이런 이름으로 바꾸었다. 심지어 홍의마을 사람들은 족보에도 세례받은 후의 이름을 올렸다. 이들의 신앙 자세는 오늘날 우리보다 더 열정적이고 순수했다. 정말 처음부터 제대로 믿은 것이다.

성경에 나오는 예수님의 이름을 얼마나 알고 있는가?
예수님 이름의 능력이 회복되기 위해서는 먼저 그 이름을 가슴에 새기는 것부터 시작해야 한다. 성경에는 270개가 넘는 예수님의 이름들이 기록되어 있다.

우리가 알고 있는 것은 구세주, 그리스도, 선한 목자, 구원의 주, 만왕의 왕 정도에 불과하다. 혹은 그리스도 예수 우리 주(고전 1:9), 생명의 빛(요 8:12), 알파와 오메가(계 1:8), 영광의 소망(골 1:27), 보배로운 산 돌(벧전 2:6), 생명의 말씀(요일 1:1)은 알고 있는가? 한 걸음 더 나아가 죄와 더러움을 씻는 샘(슥 13:1), 영혼의 감독(벧전 2:25), 몸의 구주(엡 5:23), 더 좋은 언약의 보증(히 7:22), 하늘에서 내려온 떡(요 6:41), 언약의 사자(말 3:1), 산 자와 죽은 자의 재판장(행 10:42)은 어떠한가?

진정으로 예수님 이름의 능력을 내 속에서, 그리고 가정과 공동체에서 회복하고 싶은가? 그렇다면 성경에 나오는 예수님의 이름을 연구하고 묵상하고 깨닫는 것이 필요하다. 성경을 읽으면서 예수님의 이름에 주목하고, 예수님을 부르는 이름이 나올 때마다 잠시 호흡을 멈추고 묵상하는 습관을 갖기를 바란다. 예수님의 이름이 머리와 가슴에 채워질수록 여러분 속에서 그 이름의 능력이 회복되고, 능력으로 역사할 것이다.

예수님 이름의 능력은 어떤 핍박도 뛰어넘게 한다

왜 제자들이 핍박을 받았는가? 예수님의 이름을 선포했기 때문이다. 오늘날 예수님의 이름을 선포하는 사람들에 대한 박해는 조금 더 교묘한 형태로 나타난다. 우리나라에서 그리스도인들이 받는 박해는 초대교회처럼 직접적인 것은 아니지만, 반기독교 정서, 반기독교적 문화, 반기독교적 정치 같은 것에 압박을 받는다. 일부 대학교수들이 강단이나 글을 통해 잘못된 정보로 교회를 공격하는 경우도 있다. SNS는 물론이고 주변에서 예수님 이름을 모욕한다면 어떻게 반응해야 하는가?

2천 년 전에도 예수님을 "나사렛 사람", "목수"라고 비하했다. AD 4세기 기독교가 국교로 공인될 때까지, 초기 기독교 역사의 페이지는 신앙을 지키기 위해 흘린 순교의 피로 흥건하게 고일 정도로 큰 핍박을 받았다. 네로 황제부터 디오클레티아누스 황제까지 '10대 박해'가 있었다. 요즘도 서양에서는 화가 나거나 일이 안 풀리면 예수님 이름이 들어간 욕을 한다. 이럴 때 어떻게 해야 하나? 맞서 싸워야 할까?

헨리 나우웬이 어느 수도원에 있을 때의 일이다. 수도원에 욕을 잘하는 일꾼이 있었다. 그는 일이 뜻대로 되지 않자, 예수님 이름이 들어간 욕을 하면서 망령되게 행했다. 그것을 듣던 안토니 수도사가 "형제님, 형제님은 예수님 이름을 욕되게 하지만, 여기 있는 분들은 예수님을 사랑합니다." 그 말을 듣고 화났던 사람이 조용해졌다. 단순한 행동이 영향력을 끼친 것이다. 이것은 SNS나 삶의 현장에서 예수님 이름이 모욕을 받을 때 우리가 어떻게 해야 할지, 어떻게 이름을 높일지 나름의 실마리를 보여준다. 그때 우리가 해야 할 일은 우리가 예수님을 얼마나 사랑하는지를 보여주는 것이다.

예수님의 이름은 능력 자체이다. 이 능력은 박해와 핍박 가운데서 더 강력하게 역사한다. 암행어사가 왕의 명령을 받아서 지방 순시를 하다가 한 사또를 만나 그의 부패를 지적하면, 사또는 자기 권력으로 그를 죽이려 한다. 그때 암행어사는 마패를 보이며 암행어사 출두를 외친다. "암행어사 출두요!" 마패 자체에는 능력이 없다. 그런데 "암행어사 출두요!" 하는 순간 왕의 이름에 담긴 권위가 부여되는 것이다. 우리가 무슨 능력이 있어서 담대할 수 있는가? 하늘과 땅에 있는 모든 권세를 가지신 예수의 이름으로 나아갈 때 역사가 일어나는 것이다.

유통기한이 지난 은혜로는 능력이 임하지 않는다

예수님의 이름이 우리 안에서 실제적인 능력을 발휘하려면, 그에 합당한 우리의 태도가 따라야 한다. 아무리 영양분이 많더라도 소비기한이 지난 우유는 먹을 수 없듯, 예수님의 이름이 지금 나의 삶에 신선한 능력으로 부어져야 하는 것이다.

그러므로 우리는 이렇게 기도해야 한다. "주여, 가정이 예수님의 이름으로 회복되고, 남편과 아내가 예수님의 이름으로 회복되고, 자녀가 예수님의 이름으로 회복되고, 내가 속한 공동체가 예수 이름으로 회복하고, 한국 교회가 예수님의 능력, 영광과 권위가 회복되고, 예수님 이름을 훼손하는 모든 세력의 손을 묶어 주옵소서."

교회와 공동체, 가정과 한국 교회에 예수 이름의 능력이 회복되는 것을 우리는 어떻게 알 수 있을까? 성경은 빌립보서 2장 5-11절에서 어떤 공동체나 개인에게서 예수 이름의 능력이 회복된다는 사실을 보여주고 있다.

> "이러므로 하나님이 그를 지극히 높여 모든 이름 위에 뛰어난 이름을 주사 하늘에 있는 자들과 땅에 있는 자들과 땅 아래에 있는 자들로 모든 무릎을 예수의 이름에 꿇게 하시고 모든 입으로 예수 그리스도를 주라 시인하여 하나님 아버지께 영광을 돌리게 하셨느니라"
>
> (빌 2:9-11).

삶의 모든 영역에서 예수님 이름의 능력이 회복되었다는 것은 모든 사람이 예수님 앞에 무릎을 꿇고, 모든 입이 그리스도로 말미암아 하나님께 영광을 돌리는 것을 의미한다. 이 두 가지가 일어나면 예수님 이름의 능력이 회복된 것이다.

나와 내 가정에서 예수 이름의 능력이 회복되고 있는지를 확인하는 시금석이 있다. 부부간의 갈등, 가족의 갈등 혹은 병고나 재정적인 문제로 가정이 어려울 때, 인생의 어떤 사면초가의 상황에서도 예수님의 능력의 이름을 붙들고 그분 앞에 나아가 무릎을 꿇는가? 예수님의 말씀 앞에 부복하는지, 예수님의 이름이 나를 지키는 강한 성루가 되고 있는지를 자문해보라.

> "지금까지는 너희가 내 이름으로 아무것도 구하지 아니하였으나 구하라 그리하면 받으리니 너희 기쁨이 충만하리라"(요 16:24).

예수님의 이름이 사명을 능력으로 이루는 영적인 마패가 되어야 한다.

예수님의 이름을 높이고, 예수님 이름의 권세로 사는 자의 기도

세상에서 당장 힘이 되는 돈의 능력과 인맥의 힘은 의지하면서도 예수님 이름의 능력을 잃어버리고 살아온 것을 회개합니다. 사탄도 복종하는 예수님 이름 앞에 매일 나의 무릎을 꿇게 하옵소서.
예수님의 이름을 조롱하고 비하하는 망령된 세속 문화 속에서도 왕이신 예수님 이름의 권위와 능력을 영적 마패로 보여줄 수 있는 믿음의 결기와 기백을 회복하게 하옵소서. 예수님 이름의 능력으로 이 민족과 열방 위에 영적 부흥이 파도처럼 밀려오게 하여주옵소서.

06

아론의 길,
모세의 길

출애굽기 32:15-32

하나님의 나라는 '적당히'가 아닌 '온전히' 헌신하는 사람들에 의해 세워진다. 그리고 하나님은 이들에게 세상에 없는 은혜의 대로를 여신다. 나는 이것을 '은혜의 무한지평'이라고 표현하고 싶다. 이것이 바로 부흥의 본질이다. 사면초가의 꽉 막힌 상황에서도 하늘의 길을 열어주심으로, 인생에 은혜의 대로를 여는 것이 부흥이다.

목회자는 기회가 닿는 대로 성도에게 부흥을 말하고, 그들을 부흥 경험으로 이끌어야 한다. 성도의 부흥을 가장 싫어하는 존재가 마귀이기 때문이다. 부흥의 본질이 하나님과의 만남을 통해 메마른 가슴에 영적인 물꼬를 여는 것이며, 차가운 영혼에 불꽃을 튀게 하는 영적 스파크이기 때문이다. 하나님이 주시는 부흥은 마귀에 대한 선제공격이다. 이것은 수동적인 신앙, 수비적인 신앙이 아니라 마귀와 싸워 견고한 진을 파하는 능력을 받는 것이다.

숭실대 기독교박물관에는 안중근 의사가 감옥에서 사형당하기 직전에 쓴 글이 있다. "人無遠慮 難成大業"(인무원려, 난성대업). 사람이 멀리 생각하지 않으면 큰일을 이루기 어렵다는 뜻이다. 우리가 소망하는 부흥은 믿음의 원대한 생각으로 이웃을 살리고 민족을 살리는, 하나님 나라의 은혜의 무한지평을 여는 부흥이다.

본문은 절망적 상황에서 하나님 나라의 비전을 가지고 자신을 낮춤으로 민족을 살리는 부흥의 실체를 보여준다.

모세가 하나님의 말씀을 받으러 시내산에 올라간 지 한 달이 지났다. 산 아래 있는 이스라엘 백성들은 "모세가 산에서 내려옴이 더딤을 보고"(출 32:1) 심중에 두려움의 구름이 끼기 시작했다. 그들을 인도했던 모세가 눈에 보이지 않을수록 광야 생활의 어려움이 점점 더 커져갔고, 불안은 끓는 물처럼 그들의 영혼을 들끓게 했다.

'혹시 모세가 죽은 것은 아닐까? 모세에게 사고가 일어난 것은 아닐까?' 모세를 찾으려 해도, 산 위는 구름과 불로 둘러싸여 있었고, 하나님의 엄위하심 때문에 올라갈 수도 없었다. 모세의 시종 여호수아도 산기슭에만 있었지, 산 위에는 올라갈 수 없었다. 모세가 하나님과 대면하고, 하나님께서 주신 말씀을 받는 데는 장장 40일이 걸렸다. 그동안 시내산 아래에서는 무슨 일이 일어났을까?

영적인 생활의 공백이 삶에 몰고오는 파장

사탄은 애굽의 고통스러운 과거를 거짓으로 분칠하여 이스라엘 백성의 영혼의 밥상에 먹음직스럽게 올려놓았다. 애굽에서 하늘에 닿았던 신음과 부르짖음(출 3:7)은 오히려 육신의 정욕을 자극하는 애굽의 춤과 노래가 되어 그들의 영혼을 광란으로 몰아넣었다. 이스라엘 백성은 애굽에서 탐했던 옛 습관으로 돌아간 것이다.

그들은 모세의 형 아론을 찾아 "우리를 위하여 우리를 인도할 신을 만들라"(출 32:1)라고 요구했다. 아론은 그들에게 아내와 자녀들이 귀에 달고 있는 금고리를 빼서 가져오라고 했고, 그들이 가져온 금고리로 조각상을 새겨 송아지 형상을 만들었다. 이를 본 이스라엘 백성은 "이는 너희를 애굽 땅에서 인도하여 낸 너희의 신"이라고 즐거워하며 금송아지 앞에 제단을 쌓고 "먹고 마시고 뛰놀았다". 이제 모세의 부재로 그들을 둘러싸고 있던 두려움과 불안은 사라진 듯 보였다.

그들이 금송아지를 만든 이유는 4백 년 동안 애굽 사람들이 소를 신성시하는 모습을 보았기 때문이다. 그래서 하나님 대신 금송아지를 섬기게 되었다. 그들은 얼마 전 "나 외에 다른 신을 섬기지 말라"는 십계명을 받고, "한 소리로 응답하여 이르되 여호와께서 말씀하신 모든 것을 우리가 준행하리이다"(출 24:3)라고 맹세하고 언약을 맺은 언약 백성이었다.

영적인 생활의 공백이 우리 삶에 어떤 파장을 몰고 오는지를 고민할 필요가 있다. 40일 동안 주일 예배를 드리지 않는다면 어떤 변화가 일어날까? 40일 동안 소그룹 모임을 빠지면 어떤 일이 벌어질까? 40일 동안 영적인 허리띠를 느슨하게 한다면 어떤 결과를 맞게 될까? 삶에 영적 잡초가 우후죽순 자라는 것이다.

우리 역시 영적으로 바로 서 있지 않으면, 이스라엘 백성처럼 눈에 보이는 우상을 만들지는 않을지 모르지만, 마음에는 하나님이 아닌 다른 것이 반드시 자리 잡기 시작한다. 이렇게 되면 영적인 분별력은 사라지고, 영혼의 경계심이 허물어지면서 영적 침체에 빠지게 된다. 이것은 코로나 기간에 많은 사람이 경험했을 것이다. 그래서 코로나 이후에는 마음속에 '금송아지' 한 마리씩 가지고 있는 사람이 많아졌다. 하나님을 믿는다고 하면서도 실상은 이스라엘 백성들처럼 금송아지 한 마리를 마음속에 지니고 있다. 이는 마치 주일예배를 드리고, 월요일에 점집에 가는 것과 같다. 그럼에도 이스라엘 백성들은 자신은 하나님을 버린 적이 없다고 생각했다. 단지, 하나님도 섬기고 이방 신도 함께 섬겼을 뿐이다. 그러나 하나님은 "너희가 나를 버렸다"라고 책망하셨다. 하나님을 버린 적이 없다고 하지만, 사실은 다른 것이 심중에 더 크게 들어와 있었던 것이다.

내 속에 금송아지가 있다는 증거는 무엇일까? 그것은 하나님 말씀이 아니라 사람들의 말에 부화뇌동하는 것이다. 하나님 음성을 기다리기보다 사람의 조언을 더 신뢰하는 것이다.

"누구든지 여호와의 편에 있는 자는 내게 나오라"

하나님은 이스라엘 백성의 방자함에 분노하셨고, 그 분노를 모세와의 대화를 통해 전하셨다. 모세에게 이스라엘을 멸하고, 그를 통해 새로운 큰 나라를 세우겠다는 충격적인 말씀을 하셨다(출 32:7-10). 이 말씀을 들은 모세는 마음이 찢어지고 얼굴은 잿빛이 될 정도로 깊은 충격을 받았을 것이다.

애굽에서 나와 홍해를 건너고, 하늘에서 내리는 만나와 반석에서 솟아나는 물을 마시는 기적을 경험했던 것이 불과 얼마 전의 일이었다. 아말렉과의 싸움에서 하나님의 임재와 도우심을 경험한 것도 그리 먼 시간이 아니었다. 이 모두는 애굽을 떠난 지 석 달이 채 되지 않는 시간에 일어난 일이었다.

하나님께서 이스라엘과 영원한 언약을 삼을 것이라고 하신 말씀이 땅에 떨어지기도 전이었다(출 31:16). 그랬으니 하나님의 입에서 이스라엘을 멸하시겠다는 청천벽력의 소리를 들은 모세의 심정이 어떠했을지 우리로서는 짐작조차 하기 어렵다.

모세는 이스라엘을 향한 진노를 거두시기를 하나님의 약속의 말씀에 근거하여 간구했다(출 32:13). 이것이 진정한 지도자의 모습이다. 문제가 생겼을 때 세상을 찾고, 사람을 찾고, 무슨 대처법을 찾는 것이 아니라 하나님의 말씀을 찾아서 하나님께 엎드리는 것이 교회의 지도자요, 가정을 하나님의 집으로 세우는 가장의 모습이다.

마침내 모세는 두 증거판을 가지고 산에서 내려왔다. 산기슭에서 모세를 기다리던 여호수아는 모세에게 "진중에서 싸우는 소리가 나나이다"(17절)라고 보고했다. 그 말을 듣고 모세는 "진에 가까이 이르러 그 송아지와 그 춤추는 것들을 보고 크게 노하여 손에서 그 판들을 산 아래로 던져 깨뜨[렸다]"(19절). 그러고는 "그들이 만든 송아지를 가져다가 불살라 부수어 가루를 만들어 물에 뿌려 이스라엘 자손에게 마시게 [했다]"(20절). 아마도 모세는 시내산 위에 있을 때, 범죄한 이스라엘에 대한 하나님의 큰 진노를 보았기에 상황의 심각성을 어느 정도 짐작했을 것이다. 그러나 눈앞에 벌어진 이스라엘의 행태는 모세의 예상을 훨씬 뛰어넘은 것이었다. 오죽하면 모세가 보고 크게 노해서 손에 들고 있던 돌판을 던져 깨뜨렸겠는가(19절)!

모세는 아론에게 이스라엘의 흉악한 범죄에 대해 추궁했고, 아론은 모든 책임을 이스라엘 백성에게 돌리며 이 모든 일이 "백성의 악함"(22절) 때문이라고 했다. 더 나아가 아론은 금붙이를 불에 던졌더니 이 송아지가 나왔다(24절)는 기이한 대답을 했다.

거룩한 분노에 사로잡힌 상태에서 모세는 "누구든지 여호와의 편에 있는 자는 내게로 나아오라"(26절)라고 외쳤다. 그러자 레위 자손들이 모세에게로 나아왔고, 우상을 만들고 하나님을 대적하는 일에 적극적으로 가담했던 3천 명가량이 죽임을 당했다. 여호와의 편에 서서 헌신했던 레위 족속은 하나님의 복을 받았다. "…오늘 여호와께 헌신하게 되었느니라 그가 오늘 너희에게 복을 내리시리라"(29절). 실제로 레위 족속은 제사장 가문이 되어, 재판하고, 율법을 가르치고, 예배를 집례하는 특별한 복을 받았다(신 33:8-11).

세속적 복음주의의 안타까운 몰골

우리는 여기서 무엇을 배울 수 있을까? 부흥을 위해서는 어떤 점을 주목해야 할까? 이스라엘 백성이 우상을 만들어 춤추는 모습은, 겉으로는 교회에 출석하면서도 실질적으로는 세상과 타협하고 세상 리듬에 맞춰 춤추는 세속적 신앙인들의 안타까운 모습을 그대로 보여주고 있다.

왜 많은 신자들이 하나님 말씀에 따르는 것이 옳다는 것을 알면서도 말씀에 순종하지 않고 세상과 타협하는가? 세속적 복음주의에 빠져 있기 때문이다. 세속적 복음주의란 겉으로는 복음의 옷을 입은 듯 보이지만, 그 내부는 세속성으로 가득한 것을 말한다. 예를 들어, 삶의 기준이 하나님의 말씀이라고 말하면서도 실제로는 돈이 결정적인 역할을 하고, 하나님과 함께하는 것이 중요하다고 말하면서도 실제로는 사람들과의 관계에 더 많은 시간과 에너지를 쏟아붓고, 영적인 기쁨보다는 세상의 즐거움에 더 많이 빠지는 것이 세속적 복음주의의 몰골이다.

세속적 복음주의자는 한마디로, 자신의 지위, 명예, 권력, 관계를 유지하기 위해 세상 기준에 맞추어 사는 사람이다. 그러나 우리의 주 예수님은 세상을 구원하시기 위해 세상 기준에 맞추지 않으셨다.

세상과 타협하는 이들의 신앙을 한마디로 표현하자면, 하늘의 보좌에 계신 하나님을 경배하지 않고 그 보좌의 그림자를 경배하는 것과 같다.

세상과 타협하는, 세상의 비위를 맞추는 신자들의 특징은 무엇인가?

첫째, 영적인 무기력이다. 이들은 현재의 신앙이 아닌 과거의 신앙에 의존하며 살아간다. A. W. 토저는 이를 "어제의 힘으로 살아가는 사람들"이라고 표현했다.

둘째, 영적 모험심이 없다. 이들에게는 종교생활은 있지만, 전투적 있는 신앙생활은 없다.

셋째, 영적 권태감이다. 하나님과의 동행에서 나오는 기쁨이나 죄를 피하려는 긴장감은 그들의 신앙생활에서 찾아볼 수 없다.

넷째, 영적인 성공에 무관심하다. 세상에서의 성공에는 큰 관심을 기울이지만, 사명을 이루는 데 필요한 영적인 성공에는 그다지 관심이 없다.

다섯째, 거룩한 습관이 없다. 이들에게는 세상적인 호흡은 있지만, 영혼을 살리는 영적인 호흡은 오래전에 끊어졌다. 말씀을 읽는 일, 기도하고 찬송하는 일상의 거룩한 습관은 점점 희미해져, 세상 사람들은 이들이 신자인지조차 알아보지 못한다.

세상과의 타협이 신앙인에게 두려움과 공포를 주는 이유는, 시간이 흐르면서 죄의 온도에 둔감해져, 결국 냄비 속 개구리처럼 죄의 온탕에서 영혼이 죽게 되기 때문이다. 그래서 성경은 세상과의 타협을 강력히 경고하고 있다. "그리스도와 벨리알이 어찌 조화되며 믿는 자와 믿지 않는 자가 어찌 상관하며 하나님의 성전과 우상이 어찌 일치가 되리요 우리는 살아 계신 하나님의 성전이라 이와 같이 하나님께서 이르시되 내가 그들 가운데 거하며 두루 행하여 나는 그들의 하나님이 되고 그들은 나의 백성이 되리라"(고후 6:15-16).

죄에 맞서지 못하는 아론의 연약함을 제거하라

아론은 백성들이 "우상을 만들자"라고 요구할 때, 단호하게 거부하지 못했다. 백성이 어떻게 이런 무서운 죄에 빠져들었는지 모세가 아론에게 추궁했을 때, 아론은 이런저런 변명으로 자신을 합리화했다. 심지어 금붙이를 불에 던지니 금송아지가 그냥 나왔다고 거짓말도 했다. 즉, 자신이 우상을 만든 게 아니라는 것이다. 백성이 우상 숭배에 빠진 것은 자기 책임이 아니라는 주장이었다.

> "아론이 그들에게 이르되 너희의 아내와 자녀의 귀에서 금고리를 빼어 내게로 가져오라"(출 32:2).

> "아론이 그들의 손에서 금고리를 받아 부어서 조각칼로 새겨 송아지 형상을 만드니"(출 32:4).

아론의 가장 큰 문제는 책임을 다른 데로 떠넘기려는 태도였다. 신약에서 빌라도의 모습을 보는 것 같다. 빌라도는 예수님에게 사형을 선고할 죄목이 없음을 알면서도, "십자가에 못 박으라"라는 군중에게 그 책임을 돌렸다. 그는 "나는 이 피와는 관계가 없다"라며 손을 씻었다. 그러나 사도신경은 "빌라도에게 고난을 받으사"라고 기록함으로 책임 회피를 하지 못하게 명시했다.

그렇다면 오늘날 우리의 문제는 무엇일까? 이 시대의 가장 큰 문제는 교묘한 자기 합리화를 통한 책임 회피에 있다. 사회를 불안하게 만드는 진영 논리는 모든 문제를 다른 진영 탓으로 돌린다. 책임 회피가 만연한 이 사회, 남 탓하고 좌표 찍기 좋아하는 사회 풍토를 바로잡는 길은, 예수님처럼 죄를 자신의 문제로 인식하고 해결하려는 의지 외에는 없다. 우리 그리스도인은 다른 사람의 죄를 자신의 문제로 인식하고 해결하려는 영적 DNA를 갖고 있다. 이것이 없다면, 부흥은 어렵다. 다니엘 역시 민족을 위해 기도할 때, 자신이 직접 범죄하지 않았음에도 "우리가 범죄했다"라며, 범죄한 자들과 자신을 동일시했다.

책임 회피는 인간에게 가장 고질적인 병폐

책임 전가는 인간의 본성에 깊숙이 자리 잡고 있다. 하나님께서 금한 선악과를 먹은 아담을 부르셨을 때, 아담은 하와에게, 하와는 뱀에게 책임을 전가하는 장면이 나온다.

"하나님이 주셔서 나와 함께 있게 하신 여자 그가… 내게 주므로 내가 먹었나이다… 뱀이 나를 꾀므로 내가 먹었나이다"(창 3:12-13). 아담은 자신의 범죄를 하나님 탓, 하와 탓으로 돌렸고, 하와는 뱀에게 책임을 돌렸다. 성경이 이 장면을 상세하게 기록한 이유가 단지 아담, 하와, 뱀의 범죄와 관련된 심판만을 전하려는 것일까? 죄가 어떻게 심화되고 확산하는지를 보여주기 위한 교훈이 담겨 있지 않을까?

책임 회피는 예수님도 중요하게 여기셨던 주제였다. 마가복음 7장 6-13절에는 예수님께서 부모에 대한 경제적 책임을 회피하고, 또 다른 사람들에게도 회피할 수 있는 통로를 열어준 바리새인들을 강력하게 책망하시는 장면이 나온다. 더 나아가 마태복음 25장 32절 이하에서, 하나님은 자신의 책임을 다하지 않은 염소 무리에 대해 "저주를 받은 자들아"(41절)라고 꾸짖으시며, "마귀와 그 사자들을 위하여 예비된 영원한 불에 들어가라"(41절)라고 심판하셨다.

이러한 점에서 F. B. 마이어의 "책임을 회피하지 않고 담대히 진리 편에 서서 행하는 자가 하나님의 백성이다"라는 말에 귀를 기울여야 한다. 참된 그리스도인이 늘어날수록 책임을 회피하지 않고 담대히 진리 편에서는 사람들이 늘어날 것이고, 이런 사람들로 인해 책임 회피 악습이 사라질 것이다. 이것이 기독교가 든든히 세워질수록 우리 사회의 책임 회피 문제가 해결될 수 있는 근본적인 이유이다. 우리가 책임 회피의 변명을 할 수 없는 이유는, 하나님께서 인간에게 선택의 자유를 주셨기 때문이다.

그렇다면 '책임 회피'를 극복하는 방법은 무엇일까? 그 방법은 바로 모세처럼 되는 것이다.

자신을 제물로 드리고자 했던 모세의 기도

책임 회피를 극복하는 특별한 방법은 있지 않다. 오직 하나님의 은혜를 경험하는 것에서 나온다.

> "내가 참으로 주의 목전에 은총을 입었사오면 원하건대 주의 길을 내게 보이사 내게 주를 알리시고 나로 주의 목전에 은총을 입게 하시며 이 족속을 주의 백성으로 여기소서"(출 32:13).

하나님은 모세에게 말씀하셨다. "그런즉 내가 하는 대로 두라 내가 그들에게 진노하여 그들을 진멸하고 너를 큰 나라가 되게 하리라"(출 32:10). 보통 사람이라면, "하나님, 맞습니다. 그들은 심히 부패한 인간들이기에 구제불능입니다. 그렇게 처리하시고 새롭게 역사를 펼치는 것이 좋겠습니다"라고 반응하기 쉬울 텐데, 모세는 달랐다. 그는 하나님의 애끓는 마음을 깨달았다.

"내가 하는 대로 두라", "나를 말릴 생각은 하지 말라"는 하나님의 말씀이 사실은 "저들을 어떻게 살릴 수 있을까"라는 안타까운 목자 심정의 표현임을 알았다. 백성을 멸하시겠다는 하나님의 말씀 속에 '모세야, 제발 내가 하려는 이 일을 말려라'라는 심정이 있었음을 알았다. 그래서 모세는 "… 주의 맹렬한 노를 그치시고 뜻을 돌이키사 주의 백성에게 이 화를 내리지 마옵소서"(12절)라며 간구했다. 심지어, "… 그들의 죄를 사하시옵소서 그렇지 아니하시오면 원하건대 주께서 기록하신 책에서 내 이름을 지워버려 주옵소서"(32절)라고 부르짖으며, 자신의 이름을 걸고 백성을 살려달라고 기도했다.

이처럼, 민족의 위기를 앞에 두고, 책임 회피가 아니라, 민족을 위한 은혜의 기도가 필요하다. 간절한 목자의 심정을 회복해야만 책임 회피를 극복할 수 있다.

특히 주목할 것은 30절이다. "이튿날 모세가 백성에게 이르되 너희가 큰 죄를 범하였도다 내가 이제 여호와께로 올라가노니 혹 너희를 위하여 속죄가 될까 하노라." 모세가 말한 "속죄가 되겠다"라는 말은 무슨 의미인가? 그는 (소와 염소의 피로 희생 제물을 올리는 것이 아니라, 또 금과 은으로 제물을 올리는 것이 아니라,) 자기 자신을 희생으로 바치겠다는 것이다. 한마디로 자기 몸에 각을 뜨고, 피를 흘리고, 불태우겠다는 마음을 갖는 것이다. "내 이름을 생명책에서 지워버려도 좋으니, 이 백성을 살려달라"라고 기도하는 것이다. 그래서 모세를 일컬어 예수님의 모형이라고 하는 것이다. 백성을 위해 자신을 드리는 모세의 기도에서 십자가의 그림자를 본다.

사도 바울도 그렇게 했다. "나의 형제 곧 골육의 친척을 위하여 내 자신이 저주를 받아 그리스도에게서 끊어질지라도 원하는 바로라"(롬 9:3). 남 탓과 책임 회피가 만연한 시대에서, 우리도 한 번쯤은 모세처럼, '나를 제물로 바치겠다'라는 일사각오의 정신으로 하나님께 매달려야 하지 않겠는가!

책임 회피의 본성을 끊어내는 일사각오의 마음

주기철 목사님은 〈일사각오〉(一死覺悟)라는 설교를 통해서, 기독교인이 살아가는 데 있어 중요한 세 가지 원칙이 있으며, 신앙인은 이 세 가지를 위해 살고 죽어야 한다는 강력한 메시지를 전하였다.

"첫째, 예수님을 따라 일사각오를 해야 한다. 예수님을 버리고 살 것인가, 예수님을 따라 죽을 것인가? 예수님을 버리고 사는 것은 정말 죽는 것이요, 예수님을 따라 사는 것이야말로 정말 사는 것이다.

둘째, 이웃을 위해 일사각오를 해야 한다. 이 땅에서 예수님의 일생은 전적으로 희생의 삶이요, 섬김의 삶이었다.

셋째, 부활의 진리를 위해 일사각오를 해야 한다. 부활의 복음을 위하여 신앙의 배수진을 치고 기꺼이 생명을 내어놓아야 한다."

오늘날에도 주기철 목사님의 일사각오의 정신, 복음을 위하여 생명을 내어놓는 기독교의 진리는 조금도 변하지 않았다. 특히 이웃을 위해 일사각오를 가져야 한다는 외침은 믿음을 통해 우리 사회의 갈등을 해결하는 길을 밝히 보여준다. 형제와 이웃을 위해 일사각오의 마음으로 자신을 내려놓고 섬김으로써, 우리 사회의 갈등을 해결하는 신앙적인 길을 제시한다.

어려운 문제에 부딪혔을 때, '남 탓'만 해서는 절대로 해결되지 않는다. 모세처럼, "나를 주님께 바칩니다"라고 해야 하는 것이다. 우리의 죄 문제가 십자가의 죽음으로 해결된 것처럼, 우리 사회의 남 탓 역시 '피의 복음'을 통해서만 해결될 수 있다.

오늘날 우리 사회의 갈등은 점점 더 심해지고 있다. 진영 논리와 이념 갈등의 깊은 골은 성별과 세대와 빈부의 갈등에 기름을 붓고 있다. 마귀는 너무나 교묘해서 반기독교적인 미디어와 무신론적 문화의 고삐를 잡고, 사회 문제를 증폭시키며 사람들을 이간질하고 갈등을 확산시키는 데 온 힘을 쓰고 있다. 이런 어려운 시기에, 우리 사회의 깊은 갈등은 상식적인 접근만으로는 해결하기 어렵다. 사람들마다 여러 해법을 제시하고 있지만, 근원적인 해결책은 아직 보이지 않는다. 고착화된 갈등을 해결하는 길은 기독교인의 순교적이며 결사적인 자기희생으로만 가능하다. 민족의 제단 위에 자신을 희생제물로 드리는 일사각오 외에는 남 탓하고 책임을 회피하는 우리 사회의 문제를 돌파하는 다른 길이 없다.

우리가 진정으로 희생제물이 되려면 예수님의 보혈에 자신을 위탁해야만 길이 열린다. 하나님께서는 이 모든 것을 아시고, "모세야, 너는 희생 제물이 될 수 없고, 바울아, 너도 희생 제물이 될 수 없다"라고 하셨다. 오직 어린 양이신 예수님만이 이스라엘과 세상 전체의 죄를 사하시는 속죄제물이 되신다.

당신은 누구 편에 서 있는가? 아론인가, 모세인가? 사람들 편인가, 하나님 편인가? 이런 마음을 가지고, 피의 복음을 가지고, 시대의 책임을 지는 부흥 전사가 되겠다는 결단을 내려야 한다. 내 형편과 상황을 보면 말도 안 되지만, 이런 마음을 가지고 진지하게 나아갈 때, 우리 삶에 무한지평이 열리고, 우리를 가로막는 산 같은 장애물들을 무한돌파할 수 있다. 단순히 적당히 하는 것으로는 부족한 이 시대에, 예수님의 피에 의존한 일사각오의 마음이 우리 인생을 살릴 것이다.

사명과 비전을 함께 붙잡는 성도의 책임의식

기독교 리더들이 가진 책임의식은 단순히 자신을 위한 것이 아니라, 하나님께서 맡기신 소명에 대한 충실함에서 비롯된다. 이것이 바로 책임의식과 소명의식이 함께하는 이유다. 소명의식이 없는 책임의식은 결국 자신을 위한 것이지만, 소명의식이 있는 책임의식은 하나님을 향한다. 크리스천 리더나 전문인이 자기 일을 충실히 수행하는 이유는 단순히 그럴 만한 능력이 있어서가 아니다. 그들이 하는 모든 일은 궁극적으로 하나님께서 맡기신 것이기 때문이다. 이것이 바로 그들의 소명의식이다.

성경에서는 그리스도인의 책임의식을 어떻게 표현하고 있는가? 그리스도인의 책임의식은 일의 완수 뿐만 아니라 내적인 성취도 포함한다. 일반적으로 책임의식이라고 하면 어떤 일을 책임지고 끝까지 해내는 것을 의미하는데, 그리스도인에게는 일의 완수는 물론 내적인 성취도 중요하다.

첫째, 세상과 타협하지 않는 성경적 기준을 추구하는 것, 둘째, 사명의 비전을 끝까지 손상시키지 않고 붙잡는 것이 포함된다. 그러나 이것은 생각보다 쉽지 않다. 지극한 외로움 속에서도, 모든 사람이 자신을 외면할 때에도 신앙적 기준과 사명의 비전을 붙잡는 것이 기독교 지도자가 가져야 할 진정한 책임의식이다.

예를 들어, 바울은 생이 끝날 무렵 아시아에 있는 모든 사람으로부터 버림을 당했다고 했다(딤후 1:15). 그러나 그는 다른 사람을 탓하지 않았다. 그런 상황에서도 자신이 맡은 사명의 책임을 조금도 느슨하게 하지 않았다. 이것이 바로 오늘날 우리가 품어야 할 기독교 지도자의 책임의식이다. 모든 사람이 나를 외면할 때도 묵묵히 받은 사명을 끝까지 이루는 것이 그리스도인 지도자, 그리스도인 부모, 그리스도인 사업가, 그리스도인 교사, 그리스도인 정치인, 그리스도인 노동자가 가져야 할 책임의식이다.

우리 모두가 다른 사람을 탓하지 않고, 피의 속죄제물이 되는 그리스도인 지도자, 그리스도인 부모, 그리스도인 사업가, 그리스도인 교사, 그리스도인 정치인, 그리스도인 노동자로서, 모세처럼 목자의 심정을 가지고, 피의 속죄 제단에 나아가기를 바란다. 특히 이 마음을 젊은 날부터 가지고 있다면, 이 마음을 우리 자녀 세대에게 심는다면, 부흥의 길이 다시 열릴 것이다.

❦

어떤 경우에도 일사각오의 마음으로 하나님 편에 서기를 소원하는 자의 기도

자비로우신 하나님 아버지, 신앙생활의 연조가 깊어지면서 부지불식간에 우리 마음속에 들어온 금송아지가 있다면, 이 시간 하늘로부터 불을 내려주사, 우리 안의 혼합주의 양상을 깨끗이 태워버려 주옵소서. 아론처럼 '인본주의적인 입'으로, 자기 합리화를 하고, 남 탓을 하고, 책임 회피하는 나약한 그리스도인이 아니라 모세처럼 '신본주의적인 마음'을 가지고, '내가 이 시대의 속죄물이 되겠다'라는 무한 헌신을 하는 예수님 닮은 '부흥 전사들'이 되게 하옵소서.

II 부

부흥을 위한

Revival Attitude

태도

07

신앙의
차렷 자세

잠언 3:1-6

       과거를 돌아보면, 모두가 '실패의 상징물'을 가지고 있다. 예수님을 실망시킨 순간을 상기시키는 물건이나 사건들이 하나쯤은 있을 것이다. 우리의 어리석은 행동이나 부주의한 말 때문에 생긴, 기억하고 싶지 않은 순간들 말이다.

  베드로에게는 추위를 녹이려고 쬐었던 '모닥불'이 그런 상징물이었다. 그는 모닥불을 볼 때마다, 예수님을 세 번이나 부인하고 실망시킨 순간이 떠올랐을 것이다. 그러나 주님은 '실패의 모닥불'을 '회복의 모닥불'로 변하게 하셨다. 요한복음 21장에서는, 부활한 예수님이 호숫가에 모닥불을 피우시고 베드로에게 "와서 조반을 먹으라"(요 21:12)라고 초청하셨다. 아마도 이 순간, 베드로는 대제사장의 집 뜰 모닥불 앞에서 예수님을 부인했던 트라우마가 사라지는 은혜를 경험했을 것이다.

그렇다. 베드로의 '실패의 모닥불'이 '회복의 모닥불'이 되었기 때문에, 베드로는 다시 시작하는 힘을 갖게 된 것이다.

그리스도인은 언제든지 다시 시작할 수 있다

주님은 우리의 과거가 어떠하든, 어떤 상황에서든 그것을 처리하신다. 그것이 죄 문제라면 요한일서 1장 7절 말씀처럼 "우리를 모든 죄에서 깨끗하게 하시는" 주님의 보혈로 해결된다. 만약 물질의 문제라면 역대상 29장 12절 말씀처럼 "부와 귀가 주로 말미암고 또 주는 만물의 주재가 되시기" 때문에 주님께 구하면 해결해주신다. 병의 문제라면 마태복음 9장 35절 말씀처럼 "모든 병과 모든 약한 것을 고치시는" 주님의 손에 맡기면 되고, 인간관계 문제라면 빈부귀천 남녀노소 누구와도 최고의 관계를 가지신 예수님께서 우리의 모든 얽힌 관계를 풀어주실 것이다.

"십자가에 달리신 그리스도가 나를 지적하시며 그분 발 앞에 엎드려 모든 것을 다시 시작하라고 하신다"라는 알리스터 맥그래스의 말처럼, 중요한 것은 예수님의 발아래 엎드리는 것이다. 삶이 아무리 어렵더라도 예수님의 발 앞에 엎드리는 것, 이것이 인생길에서 우리가 어떤 상황을 맞닥뜨리든 지켜야 할 신앙의 차렷 자세요, 굳게 붙잡아야 할 신앙의 법칙이다.

군대에서 제식훈련을 할 때 기본이 항상 차렷 자세다. '뒤로 돌아!' 하고 바로 '우향우'를 하는 법은 없다. 항상 차렷부터 시작한 후에 '우향우' 한다. 경례할 때도 마찬가지로 차렷부터 시작한다. 이는 '신앙의 차렷 자세'와 통한다. 신앙의 차렷 자세란, 언제든지 다시 신앙으로 일어설 수 있는 기반이 되는 자세를 의미한다. 이렇게 신앙의 차렷 자세가 잡히면, 언제든지 다시 시작할 수 있는 은혜를 받게 된다. 인생의 난제 앞에서, 신앙의 차렷 자세를 유지하면 다시 일어설 수 있다.

그렇다면 언제든지 다시 시작할 수 있게 하는 신앙의 차렷 자세는 무엇인가? 1절에는 "내 아들아 나의 법을 잊어버리지 말고…"라고 하신다. 하나님의 법, 하나님의 법칙을 잊지 않는 것이 신앙의 차렷 자세를 하는 첫걸음이다.

세상을 살아가는 데도 나름의 법칙과 원리가 있다. 건강을 유지하려면 건강의 법칙을 따라야 한다. 균형 잡힌 영양을 섭취하고 적당한 수면을 취하고 운동을 해야 한다. 적당한 긴장을 유지하며 몸을 챙겨야 건강을 유지할 수 있다. 이것이 건강의 법칙이다. 물고기는 물속에서 사는 법칙이 있고, 하늘을 나는 새는 하늘에서 살아가게 하는 법칙이 있다. 나무는 땅 아래로 뿌리를 내리는 법칙이 있다. 물고기가 물이 싫다고 뛰쳐나오면 안 되고, 새가 하늘에서 갑자기 물속으로 다이빙하면 안 된다. 나무뿌리가 땅속이 답답하다고 땅 위로 나오면 안 된다. 이런 기본적인 법칙을 지키는 차렷 자세를 가질 때 "장수하여 많은 해를 누리게 하며 평강을 더하게 하리라"(2절)라는 은혜를 받게 된다.

신앙의 첫 번째 차렷 자세: 모든 일에 하나님께 여쭤보라

인생길에서 부흥을 체험하게 하는 지혜의 말씀이 있다. "너는 범사에 그를 인정하라 그리하면 네 길을 지도하시리라"(6절). 이 말씀은 우리 삶의 방향이 흔들릴 때, 동서남북을 가르쳐주는 북극성과도 같다. 이 말씀을 따르면, 삶의 궤도에서 탈선하지 않고, 시행착오를 줄

일 수 있다. 이 법칙을 깊이 이해하고 자기 것으로 체화한다면, 우주선이 대기권을 돌파하는 것처럼 많은 난관을 돌파할 수 있다. 인공위성이 우주 궤도에 진입하려면 총알보다 빠른 속도로 대기권을 지나야 한다. 이는 하나님이 창조하신 운동 법칙을 과학자들이 밝혀내 정밀하게 적용하여 이루어진 일이다.

우리를 다시 시작할 수 있게 하는 신앙 법칙도 마찬가지다. 하나님께서 우리 모두를 위해 미리 준비해두신 것을 발견하고 깨닫고 적용하고 실천한다면, 삶의 어려운 대기권들, 환경들을 뚫고 새로운 차원으로 비상할 수 있다.

"너는 범사에 그를 인정하라 그리하면 네 길을 지도하시리라." 본문 6절 말씀은 내가 대학부 시절부터 "인도의 확신"(assurance of guidance) 으로 외운 구절이다. 많은 젊은이가 이 말씀을 삶의 좌우명으로 삼았다. 이 말씀에는 어떤 인생이라도 다시 일으키고 비상하게 하는 엄청난 능력이 담겨 있다. 인생의 대기권에 떠도는 수많은 문제를 인공위성처럼 돌파할 수 있는 하늘의 비밀이 담겨 있는 것이다.

"하나님을 인정한다"라는 것은 무슨 뜻일까? 일상에서 무슨 일이 생길 때마다 하나님께 여쭤보고 물어보라는 것이다. 인생길을 걷다 보면 갑자기 예상치 못한 일이 생기거나 새로운 환경에 처할 수 있는데, 그럴 때마다 하나님께 계속 "하나님, 이거 어떻게 하면 좋습니까?" 여쭤보라는 것이다. 사람에게 먼저 묻지 말고 하나님께 먼저 여쭈라는 뜻이다.

왜 사울의 인생은 실패하고 다윗의 인생은 성공했는가? 결정적인 순간에 사울은 하나님께 묻지 않았다. 그가 하나님께 묻지 않아서 생긴 비극은 말로 다 할 수 없다. 하나님께 묻지 않는 것은 때로는 되돌릴 수 없는 후회를 가져온다. "사울이 죽은 것은 … 여호와께 묻지 아니하였으므로 여호와께서 그를 죽이시고…"(대상 10:13-14). 사울은 인생의 중요한 순간에 큰 문제 앞에서 하나님께 묻지 않았기 때문에 인생이 끝나버렸다.

죄성을 가진 모든 인생에게는 하나님께 묻지 않는 강퍅한 DNA가 있다

존 버니언이 쓴 《거룩한 전쟁》(*The Holy War*)에서 사탄은 하나님을 대적하는 법을 알려준다. 그러면서 특정한 흉배를 입으라고 말한다. "이것은 쇠로 만든 흉배인데 바로 강퍅한 마음이다. 계속 입고 있으면 긍휼이 너를 이길 수 없을 것이고 심판도 너를 두렵게 하지 못할 것이다." 오늘도 마귀는 사람들의 귓가에 "마음을 강퍅하게 하라"라고 속삭이고 있다. 강퍅한 마음은 하나님을 대적하는 마음, 하나님을 거역하는 마음, 하나님을 인정하지 않는 마음이다. 강퍅이 하나님을 인정하지 않는다는 사실을 가장 생생하게 보여준 사람이 출애굽기 5장에 나오는 바로이다.

"바로가 이르되 여호와가 누구이기에 내가 그의 목소리를 듣고 이
스라엘을 보내겠느냐 나는 여호와를 알지 못하니 이스라엘을 보내
지 아니하리라"(출 5:2).

우리는 바로가 수천 년 전에만 존재했다고 생각한다. 그리고 이집트에 재앙을 몰고 온 바로의 강퍅함이 심히 어리석다고 여긴다. 그러나 오늘날에도 "나는 하나님을 알지 못한다"라고 하는 21세기 바로들이 많다. 이런 점에서 신앙인이 하나님께 묻지 않는 것은 21세기판 바로의 자리에 서는 것이다.

반면에, 다윗이 인생에서 성공한 것은 하나님께 여쭤봤기 때문이다. 도덕적으로 보면, 다윗이 사울보다 더 우월하다고 볼 수 없다. 그런데 왜 사울은 죽이시고, 다윗은 살리셨는가? 다윗은 결정적인 순간에 하나님께 여쭤봤기 때문이다. 이것이 다윗이 가진 '차렷 자

세'였다.

> "사람들이 다윗에게 전하여 이르되 보소서 블레셋 사람이 그일라를 쳐서 그 타작마당을 탈취하더이다 하니 이에 다윗이 여호와께 묻자와 이르되 내가 가서 이 블레셋 사람들을 치리이까 여호와께서 다윗에게 이르시되 가서 블레셋 사람들을 치고 그일라를 구원하라 하시니"(삼상 23:1-2).

이때 다윗은 사울왕에게 도망치면서, 목숨이 위태로운 상황이었다. 그런데도 자기 백성이 블레셋에게 고통당하는 것을 듣고 그냥 있을 수 없었다. 그래서 다윗은 하나님께 여쭈었다. "여호와께 묻자와 이르되." 하나님께서 블레셋을 치라고 답하셨지만, 다윗의 군사들은 반대했다. 그럴 때 다윗은 그럼 힘들겠다 하며 포기하지 않고 다시 여쭈었다. "다윗이 여호와께 다시 묻자온대"(삼상 23:4). 이렇게 위기 상황에서도 '다시' 묻는 마음, '다시' 순종하는 마음이 우리가 가져야 할 더 높은 차원의 차렷 자세라고 할 수 있다.

하나님의 마음에 합한 사람(행 13:22, 개역한글)과 그렇지 않은 사람의 차이는 무엇일까? 하나님께 자주 묻는 인생이 하나님의 마음에 합한 사람이다. 반대로, 하나님께 묻지 않고 독단적으로 처리하는 인생은 "자기 명철을 의지하는"(5b절) 사람, 즉 사울과 같은 인생이 된다.

하나님께 계속 물어보는 것, 이것이 하나님과 자녀 사이에 아주 중요한 법칙이다. 지금까지 재정적인 문제가 생겼을 때나 인간관계 문제가 생겼을 때 사람에게 물었다면, 이제는 하나님께 물어보자! 옛 신앙의 어른들이 자주 말했던 "하나님께 손 비비면 사람에게 아쉬운 소리 안 한다"라는 말은 조금도 틀린 이야기가 아니다.

그래서 사도 바울은 놀라운 말씀을 한다. "쉬지 말고 기도하라"(살전 5:17). 쉬지 말고 기도하라는 말이 무슨 뜻인가? 여기에는 큰 은혜와 깨달음이 있다. 우리가 어떻게 쉬지 않고 기도할 수 있을까? 계속 기도만 할 수 있을까? 쉬지 말고 기도하라는 말씀의 다른 버전은 삶의 기로에서 "하나님께 물어봤어? 다시 물어봤어? 또다시 물어봤어?"이다.

신앙의 두 번째 차렷 자세: 하나님과 가까워지라

"하나님을 인정하라"라는 말은 6절에서 특히 주목해야 할 부분이다. '인정하라'는 단어는 원어상 "하나님을 더 깊이 알아라, 하나님과 더 친밀해지라, 하나님과 가까워지라"는 의미를 담고 있다. 이는 오랫동안 함께 생활한 부부가 말없이 서로의 마음을 이해하는 것과 유사하다. 때때로 '나는 이렇게 생각하는데, 아내도 그러겠지' 또는 '나는 이런 찬양을 부르고 싶은데, 아내도 같은 마음이겠지'라고 생각할 수 있다. 30~40년 가까이 지내보면 자연스럽게 생기는 현상인데, 하나님과 친밀한 관계를 맺은 사람에게도 이런 일이 일어난다. 내가 원하는 것이 하나님의 원하심이 되고, 하나님의 원하심이 나의 원함이 되는 영적인 선순환이 일어나는 것이다.

그리스도인의 인생 목적은 직분이나 위치가 아니라, 하나님과 더욱 친밀해지는 것이다. 세상의 모든 종교는 이 세상에서 더 나은 삶을 추구하는 것을 목표로 삼는다. 그러나 우리 신앙인은 주님과의 더 나은 관계가 목표이다. 예수님을 믿은 이후로 나와 하나님과의 관계가 얼마나 전진했는가?

그럼 어떻게 하면 내가 하나님과 친밀한 관계를 맺고 있는지 알 수 있을까?

A. W. 토저는 이를 이해하는 데 잠언 4장 18절이 도움이 된다고 소개한다. "의인의 길은 돋는 햇살 같아서 크게 빛나 한낮의 광명에 이르거니와." 그는 이 구절을 통해 하나님과의 친밀한 관계는 한 순간이나 특정 시점에 이루어지는 것이 아니라, 평생 지속되어야 한다고 말한다.

"이것은 그리스도인들이 하나님과 맺는 관계가 어떤 것인지를 보여주는 영감 넘치는 말씀이다. 이 말씀에서 잠언 기자는 우리가 그리스도인이 되는 것을 태양이 뜨는 것에 비유했다. 그리스도인이 된 사람은 여명이 밝아져 정오의 해가 되듯이 영적으로 계속 성장해야 한다. 그러나 회심 때 태양이 떠오른 이후 앞으로 1센티미터도 전진하지 못하는 사람이 있다. 심지어 퇴보한 사람도 있다. 이것은 정말 슬픈 일이다."

여러분은 어떤가? 예수님을 믿은 이후로 하나님과의 관계에서 얼마나 전진하였는가?

"목회자로서 가장 마음 아픈 것이 무엇이냐?"라는 질문을 받을 때면 나는 항상 "성장하지 않는 성도를 보는 것"이라고 답한다. 온전함의 고봉으로 점점 올라가야 할 성도들이 산 중턱에 머물러 있는 것을 볼 때 마음이 아프다. 예수님과의 깊은 관계에서 나오는 기쁨, 행복, 든든함을 느껴야 할 시기임에도 불구하고, 아직도 젖을 먹고 있는 사람들이 있다는 것에 마음이 아프다(고전 3:1-2).

사도 바울은 예수님을 더 알고, 그와 친밀해지는 것이 얼마나 중요한지를 강조했다. 그는 그리스도를 알기 위해 "내게 유익하던 것을 … 배설물로" 여겼다고 했다(빌 3:7-8). 이 말씀을 한 번 더 주의 깊게 들여다봐야 한다. 사도 바울은 필요 없는 것을 배설물로 여긴 것이 아니라, 자신을 즐겁게 하고 '유익하게 하는 것'을 배설물로 여긴 것이다. 그는 하나님과의 관계를 가로막는 어떤 것도 용납하지 않았다.

A. W. 토저는 신앙인에게 가장 중요한 것은 하나님과의 관계라는 사실을 참으로 실감나게 강조했다.

"내가 역동적이고 인격적인 관계 속에서 하나님을 알아가는 것을 방해하는 사람이 있다면 그는 나의 원수이다. 나와 하나님 사이를 갈라놓는다면 그것이 무엇이든 나의 원수이다. 나의 야망이 내 원수가 될 수 있고, 나의 성공이 내 원수가 될 수 있다. 심지어 과거의 실패가 아직 나를 짓누르고 있다면 그것들이 내 원수이다."

하나님과 친밀해져서 하나님을 더 깊이 알아가는 사람이 되면, 하나님께서는 우리 인생에 놀라운 일을 베풀어주신다. 아브라함의 아들 이삭은 우물물을 팠다. 그 당시 중동의 사막과 광야에서 우물물은 생명의 근원이었다. 그런데 팔레스타인 사람들이 이삭이 파놓은 우물을 다 빼앗아 가버렸다. 그럴 때 이삭은 어떻게 했는가? 인간적으로 볼 때는 큰 손해를 봤으니 분을 내는 게 당연했지만, 그는 싸우지 않고 우물들을 그냥 줘버렸다. 그 대신 이삭은 '나는 하나님을 의뢰하는 사람이야. 나는 하나님과 친한 사람이야. 이 사람들이 내 우물물을 빼앗아가면 대신 하나님이 내 길을 열어주실 거야'라고 생각했다. 성경에서는 이것을 "이제는 여호와께서 우리를 위하여 넓게 하셨으니"(창 26:22)라고 표현했다.

이삭은 아버지 아브라함을 보고 배웠고, 야곱도 아버지 이삭을 보고 살았기 때문에 나중에는 라반과 싸우지 않고 하나님이 길을 여실 것이라고 믿고 양보했다. 이런 하나님을 인정하는 결정을 내릴 때, 나중에 이삭을 괴롭히던 사람들이 찾아와서 "여호와께서 너와 함께 계심을 우리가 분명히 보았으므로"(창 26:28)라고 말하면서 화친 조약을 맺자고 고개를 숙이게 되었다.

매일매일 하나님께 물어보고, 하나님과 가까워지면 무슨 일이 벌어지는가? 6절 하반절에, "네 길을 지도하신다"라고 했다. 여기서 '길'은 단수가 아니라 복수이다. 우리의 인생길은 때때로 막힐 수도 있고 깊게 패였을 수도 있다. 어떤 때는 골짜기를 통과해야 할 때도 있고, 때론 내리막을 가야 할 때도 있다. 이 모든 일들 속에서도, 계속해서 하나님에게 물어보고, 쉬지 않고 기도하듯이 하나님과 가까워지면, 하나님은 "네 길을 지도하신다"라고 약속하셨다.

"네 길을 지도하신다"라는 말씀의 핵심은 하나님께서 우리 인생의 장애물을 치워주시고 길을 열어주신다는 것이다. 우리 앞에 장애물이 아무리 많아도, 하나님이 치우시면 그 길은 열리게 된다. 이때, 하나님은 마치 빛나는 등대처럼 우리의 앞길을 밝히시며, 불가사의한 일들을 베풀어주실 것이다.

하나님께서 우리에게 많은 길을 여신다는 것은 한쪽 문이 닫히면 다른 문을 열어주신다는 의미이다. 답답한 길은 숨통을 틔우시고 거친 길은 부드럽게 하시며, 위험한 길은 안전하게 하시고 외로운 길은 기쁘게 하시며, 굽은 길은 바르게 하신다.

우리가 하나님을 인정하는 것보다 더 중요한 것이 있다. 그것은 하나님께서 우리를 인정하시는 것이다. 우리의 삶은 내가 하나님을 인정하는 것을 통해서, 하나님께 인정받는 삶이 되어야 한다. '효'를 생각해보자. 흔히 '효'는 대체로 내가 부모님에게 잘해드리는 것으로 이해한다. 그래서 내가 원하는 것을 부모님에게 해드린다. 그러나 실제 '효'는 내가 원하는 것을 하는 게 아니라, 부모님이 원하시는 것을 하는 것이다. 마찬가지로, 내가 하나님을 인정하는 것도 중요하지만, 더 중요한 것은 하나님이 나를 인정하시는 것이다. 그래서 내가 하나님을 인정하는 것은 하나님께 인정받는 것이 되어야 한다.

"옳다 인정함을 받는 자는 자기를 칭찬하는 자가 아니요 오직 주께서 칭찬하는 자니라"(고후 10:18).

그렇다면 하나님은 누구를 칭찬하고 인정하시는가? 하나님을 경외하는 자(잠 31:30), 그리스도를 섬기는 자(롬 14:18), 성령과 지혜가 충만한 자(행 6:3), 복음을 전하는 자(고후 8:18), 부지런한 자(잠 31장), 지혜롭고 원수를 사랑하는 자(잠 12:8)를 인정하시고 칭찬하신다.

인생의 갈림길에 서면 어디로 가야 할지, 어디서 살아야 할지, 누구와 결혼해야 할지, 어떤 일을 선택해야 할지, 그리고 일터에서 어떤 것을 거절하고 어떤 것을 받아들여야 할지와 같이 많은 결정을 내려야 한다. 이런 수많은 결정이 우리 앞에 기다리고 있는데, 어떻게 하면 좋겠는가?

내가 어디서 살아야 할지, 어떤 결정을 내려야 할지, 그리고 어디로 나아가야 할지도 중요한 문제지만, 이보다 더 중요한 것이 있다. 바로 "내가 어떤 사람이 되는가"이다. 이는 범사에 주님을 인정하는 사람이 되고, 또한 주님께 인정받는 사람이 되라는 것이다.

일마다 때마다 주님께 물어보는 사람이 되는 것과 주님과 친밀해지는 사람이 되는 것이 신앙의 차렷 자세이다. 이러한 '신앙의 차렷 자세'가 몸에 배어 있으면, 내가 어디에 살든, 무슨 비즈니스를 하든, 누구와 결혼하든 그것은 큰 문제가 되지 않는다. 이런 자세로 살면, 나머지는 주님이 해결해주신다. 이것이 '주님께서 우리의 길을 인도해주신다'라는 말의 의미이다.

하나님께 물어보는 것을 신앙 유산으로 남겨라
하나님의 지혜를 구하고 그분의 인정을 받음으로써 우리의 인생이 펼쳐지는 것을 자녀들에게 보여주어야 한다. 주후 390년, 존 크리소스톰은 그리스도인 부모들에게 이렇게 권했다. "자녀들에게 풍요로움을 물려주고 싶다면, 하나님의 돌보심에 그들을 맡겨라." 자녀에게 진정한 부유함을 물려주고 싶다면, 그들을 하나님의 보호 아래 두는 것이 최고의 길이다. 신앙의 차렷 자세의 관점에서 말하면, 하나님께 묻고, 하나님께서 당신의 길을 인도하시는 것을 자녀들이 목도하게 하는 것이 그들에게 줄 수 있는 가장 값진 유산인 것이다.

부모가 인생의 어떤 어려움에도 불구하고 하나님에게 물어보는 모습을 통해 자녀는 부모의 헌신을 보며 배울 것이다. 이를 통해 부모는 자녀에게 헌신의 기쁨을 가르치고 있다. 그 결과, 자녀는 감사와 헌신의 기쁨을 배우며, 이를 통해 부유함을 어떻게 얻고 사용하는지를 어릴 때부터 익힌다. 하나님은 이러한 자녀에게 재물의 축복을 주실 것이다. 이것이 존 크리소스톰이 말한 부모의 헌신으로 후손이 복을 받는다는 말의 진의이다.

우리가 주님께 계속 물어보고 주님과의 관계를 우리 삶의 중심에 두면, 어떤 결정을 내리든 큰 문제가 되지 않는다. 반면 주님께 묻지 않고 주님과 친밀해지려 하지 않는다면, 어디에서 살든지 무엇을 하든지 문제가 될 수 있다.

우리가 지금 내린 결정이나 선택이 100년 후에는 무의미할 수 있다. 지금은 없어서는 안 될 것 같아 보이고, 그것이 아니면 인생이 끝날 것 같다 하더라도, 10년 후에는 그것이 그렇게 중요하지 않게 될 것이다. 지금 고민하고 마음이 아픈 일들이 내년이면 중요하지 않을 수 있다는 것을 기억하자. 오늘과 내일 사이에 고민하는 것도 6개월 후에는 아무것도 아닌 일이 많을 것이다.

우리 인생길에 왜 두려움이 없겠는가! 무슨 일이 일어날지, 어떤 결정을 내려야 할지, 어떻게 행동해야 할지 고민하겠지만, 하나님께서 우리에게 주시는 음성을 들어야 한다. "그게 아니야. 네가 할 일이 있어. 너의 삶의 최우선 순위는 범사에 나를 인정하는 것이야." 이것의 신약적 해석이 "먼저 그의 나라와 그의 의를 구하는 것"(마 6:33)이다.

"은혜 받는 데는 선수가 돼라"라고 자주 말씀드리지 않는가. 언제 어디서나 하나님께 물어보는 데 선수가 되어야 한다. 그래야 인생의 길이 열린다. 우문현답이라는 말이 있는데, 우리가 어리석은 질문을 해도 하나님은 항상 현명한 답변을 주시니 일마다 때마다 여쭤보라. 질문하는 데는 전문지식이나 경험이 필요 없다.

하나님께 물어보는 것이 실체가 있는 전적 위탁이다. 하나님과 더 친밀해지는 데에 선수가 돼라. 친밀함의 증거는 사소한 것도 편히 물어볼 수 있는 관계이다. 질문하면 친밀해지고, 친밀해지면 영적 고수가 되는 것이다

⸙

어떤 일에도 신앙의 차렷 자세로 하나님을 인정하는 자의 기도

자비로우신 하나님 아버지, 내 명철과 나 자신을 의지하지 않고, 자신을 부인하고 범사에 하나님을 인정함으로, 하나님께 묻고 또 묻고, 하나님과 더욱 가까워져서 실패의 모닥불도 회복의 모닥불로 바꾸어주시는 주님의 인도하심을 날마다 경험하게 하옵소서.
구름 같은 인생의 난제를 만나서 근심할 때, 넘어져도 십자가 앞에 엎어지고 넘어져서, 영적인 차렷 자세를 바로잡게 하시고, 무엇이든 하나님께 먼저 물어봄으로 주님의 맞춤형 인도를 경험하게 하옵소서.

08

45년을
한결같이

민수기 14:22-24, 여호수아 14:8-12

　　　　　그리스도인은 미래의 이력서를 쓰는 사람이다. 하나님이 주시는 꿈과 비전으로 살아가는 그리스도인에게는 미래를 현재로 당겨서 사는 특별한 은혜가 있기 때문이다. 미래 이력서를 지금 쓴다는 것은 단순한 신앙적인 수사(修辭)가 아니라, 사명자로 살아가는 모든 그리스도인이 만나야 할 삶의 실재이다. 본문은 우리에게 일평생 한결같이 믿음보고를 통해 미래의 이력서를 썼던 한 인물을 소개하고 있다.

　모세는 이스라엘 민족을 이끌고 출애굽하여 홍해를 건너고 광야를 지나는 도중에 여러 가지 장애물을 만났다. 아말렉 부족 같은 외부 장애물도 있었지만(출 17장), 더 큰 장애물은 이스라엘 백성의 불평과 불만이었다. 이들 중 가장 치명적인 장애물은 민수기 12장에서 모세의 누나 미리암과 형 아론이 모세를 시기하여 "하나님이 모세와만 말씀하셨느냐" 하며 반발했던 것이었다. 이것은 단지 모세의 권위에 도전한 것이 아니라, 모세를 세우신 하나님의 뜻에 반발한 것이었다. 그래서 하나님은 진노하셔서 미리암을 나병에 걸리게 하셨다(민 12:10).

이에 모세는 목자의 심정을 가지고 하나님께 깊은 중보기도를 올려드렸고, 그 기도로 인해 하나님은 미리암을 죽이지 않으시고 "7일 동안 격리시키라"라고 하셨다(민 12:15). 이 사건 때문에 약속의 땅으로 향하는 이스라엘 공동체 전체의 사명 행진이 일주일이나 지연되었다.

가장 가까운 가족들마저도 자신에게 반발하는 상황에서 모세는 아마도 허탈감과 좌절감에 빠져서, 몸에서 모든 힘이 빠져나가고 그저 주저앉고 싶었을 것이다. 이때 하나님께서 모세가 미래를 향하여 비전의 눈을 들고 나아갈 수 있도록 터닝포인트를 제공하셨다. 바로 정탐꾼 12명을 정해 미래에 정복할 땅을 정찰하라는 지시를 내리셨던 것이다.

12명 중에 유일하게 믿음의 보고를 한 사람이 여호수아와 갈렙이었다. 두 명 외에는 모두가 다 사실보고를 했다. 10명은 자신과 환경을 비교해서 자신들을 메뚜기로 보는 메뚜기 콤플렉스를 갖게 되었고, 여호수아와 갈렙은 하나님과 환경을 비교해서 "그들은 우리의 밥이다"라고 했다. 이것이 믿음보고 1.0이다.

인생은 과거보다 현재가 중요하다. 하지만 엄밀히 말하면 현재보다 미래가 더 중요하다. 미래가 없는 현재에 무슨 의미가 있을까? 그리스도인은 믿음으로 미래의 이력서를 써내려가며, 믿음의 보고

2.0을 계속 작성해나가야 한다.

믿음보고 2.0을 위한 믿음보고 1.0의 토대

7절을 보면 "내 나이 사십 세에 … 이 땅을 정탐하게 하였으므로"라는 말씀이 있다. 갈렙이 정탐꾼으로 채택되어 가나안 땅으로 들어갔을 때가 40세였다. 그는 40세에 하나님께서 약속하신 젖과 꿀이 흐르는 가나안 땅을 보고 가슴이 뛰었다. 그는 거룩한 설렘으로 하나님이 주실 약속을 붙잡는 믿음보고를 한 것이다.

하지만 인간적으로 보면, 갈렙은 믿음보고 하기에 쉽지 않은 배경을 가지고 있었다. 여호수아 14장 6절에는 "그니스 사람 여분네의 아들"이라는 표현이 있다. 그니스 사람은 창세기 15장에 보면 가나안 족속 중의 하나다. 그러니 갈렙의 선조는 가나안 족속, 즉 이방인이었다. 기생 라합처럼 나중에 이스라엘 민족에 편입된 것이다. 이스라엘 민족 성향의 특징 중의 하나가 순혈주의였고, 갈렙은 내세울 만한 혈통의 집안이 아니었다. 그러나 갈렙은 순혈주의와 차별주의를 뛰어넘었다. 이러한 갈렙의 모습은 배경, 스펙, 이런 것이 남들에 비해 부족하다는 사람들에게 신앙적 통찰과 축복의 길을 열어주고 있다.

그러면 갈렙은 어떻게 다수가 불평할 때, 믿음보고를 할 수 있었을까? 8절을 보면, "나는 내 하나님 여호와께"라고 말한다. 갈렙은 뼛속까지 '내 하나님 여호와'란 고백으로 채워져 있었다. 그럴 때 하나님은 "내 종 갈렙은"(민 14:24)이라고 답하셨다. 우리가 하나님을 인정하는 것도 중요하지만, 하나님께 인정받는 것이 더 중요하다. 갈렙은 하나님께 모세처럼 "나의 종"이라는 호칭을 받았다. 성경에서 하나님께서 "나의 종"이라고 불러주시는 사람은 욥, 모세, 갈렙, 여호수아, 다윗, 이사야, 다니엘 정도밖에 없다.

'종'에는 '노예'라는 의미도 있지만, 성경에서는 특별한 사역자들에게 하나님께서 붙여주시는 영광스러운 호칭이다. 사도 바울도 서신서에서 "예수 그리스도의 종, 나 바울은"이라고 썼다. 이는 '사도직의 특권'을 내포하고 있을 만큼, 하나님의 종이라는 것은 매우 영광스러운 것이다.

지난 수년간 '믿음보고'란 말은 사랑의교회 성도들의 독특한 트레이드 마크(Trade mark)가 되었다. 그래서 어려움에 처한 성도들은 '믿음보고 해야지'라고 반응하고, 어디서 '믿음보고'라는 말이 나오면 "사랑의교회 성도이신가?"라고 생각할 정도이다. 하지만 이것으로 끝나면 안 된다. 한 단계 더 올라가야 한다.

45년을 한결같이 더 높은 차원의 '믿음보고'를 했던 이유
갈렙은 40세에 믿음보고 했을 때 "…네 발로 밟는 땅은 영원히 너와 네 자손의 기업이 되리라"(9절)라는 약속의 말씀을 받았다. 그리고 이때 받은 약속을 붙잡고 좌고우면하지 않는 한결같은 사명의 사람이 되었다. 갈렙은 이 약속을 가슴에 품고 하룻밤도 꿈 없이 잠들지 않고, 하룻밤도 꿈 없이 깨지 않았다. 갈렙의 주변 사람들은 그가 이 사명을 품고 매일 활기차게 살아가는 모습을 똑똑히 보았을 것이다. 갈렙의 심장이 뛰었던 것은 사명과 그로 인한 미래가 분명히 보였기 때문이었다.

10절을 보면, 갈렙이 "여호와께서 말씀하신 대로 나를 생존하게 하셨다"라고 말했다. 이 말은 그가 아직 살아 있는 것이 하나님의 약속이 이루어졌음을 증명한다는 것이다. 출애굽한 1세대 이스라엘 백성은 광야에서 모두 죽었는데 그는 살아남았기 때문이었다.

38년 동안 장정 60만 명이 죽었다고 하면 1년에 평균 15,700명이 죽고, 하루에 43명의 장례를 치러야 한다. 갈렙은 수많은 장례를 지켜보며 여전히 죽지 않고 살아남은 자신을 보면서, 아침 해가 뜰 때마다 '아, 오늘도 하나님께서 약속을 이루셨구나'하고 감사했을 것이다. 본인뿐 아니라 주위 사람들과 자식들도 갈렙을 볼 때마다 '하나님의 신실하심'을 고백했을 것이다. 그의 존재 자체가 "하나님 약속의 증거"였으니 그의 삶은 참으로 귀했다.

이런 마음을 지녔으니 갈렙은 아플 시간도 없었을 것이다. 11절에 "내가 여전히 건강하니"에는 이러한 의미가 담겨 있다. 이는 "하나님의 약속을 받은 이후로 하나님이 주신 꿈을 가지고 포부의 수레를 주님께 메고 한결같이 달려 왔다"라는 고백이다.

갈렙에게 시험들이 없는 것도 아니었다. 갈렙은 여호수아와의 관계에서 얼마든지 흔들릴 수 있었다. 갈렙이 40세에 유다 지파의 지휘관 자격으로 가나안 땅을 정탐할 때(민 13:6) 여호수아는 에브라임 지파의 지휘관(민 13:8)으로 함께 갔다. 당시만 해도 갈렙과 여호수아는 비슷한 위치에 있었다. 어쩌면 갈렙이 여호수아보다 더 강인한 믿음을 가진 사람이었을지도 모른다. 여호수아와 갈렙이 "그들은 우리 밥이다"라고 했을 때, 하나님께서 특별히 갈렙의 이름만 거론하시며 "내 종 갈렙"이라고 칭찬하셨기 때문이다(민 14:24).

그러나 무슨 이유에서인지 이후에는 갈렙의 이름이 전혀 언급되지 않고 사라졌다. 여호수아의 이름은 계속 나오지만, 갈렙의 이름은 역사의 뒤안길로 사라진 것 같았다. 젊은 시절 자신과 비슷한 위치였던 여호수아가 모세를 이어 이스라엘의 최고 지도자가 되었어도 그를 질투하거나 하나님께 섭섭해하지 않고 진심으로 여호수아를 도왔다.

갈렙은 여호수아와 비교하지 않고, 자신에게 주어진 하나님의 '약속의 말씀'을 늘 묵상했다. 갈렙은 이스라엘 백성이 열 번이나 하나님을 배반하고 원망하며 불평할 때 동참하지 않았고, 모세를 대항하고 비난하는 무리에 낀 적도 없었으며, 애굽의 고기와 부추와 마늘을 사모하는 무리에 가담한 적도 없고, 금송아지를 섬기는 무리 속에도 있지 않았다. 그는 '주님께서 주신 약속'에만 집중했고, 그 약속으로 가슴이 뛰었다. 우리도 비슷하지 않은가? 하나님께서 주신 약속을 붙잡고 집중하여 한결같이 사명의 푯대를 향해 달려가는 사람에게 자신과 다른 사람을 비교하며 살 여유나 시간이 있겠는가?

어떻게 한결같은 신앙으로 살 수 있을까?

'한결같음'은 하나님의 속성이다. 예수 그리스도는 어제나 오늘이나 영원토록 동일하시며(히 13:8) 주는 한결같으시다(시 102:27). 우리를 향한 하나님의 사랑이 한결같고, 우리를 이끄시는 주님의 인도하심이 한결같으며, 우리의 연약함을 도우시는 성령님의 체휼하심도 언제나 같으시다.

그러므로 한결같으신 하나님을 따르는 우리의 신앙도 한결같아야 마땅하다. 이 험한 세상에서 어떻게 하나님을 향한 순도 높은 한결같음을 유지할 수 있을까? 의지적으로 애쓰는 것만으로는 버겁고 어렵다. 우리 속에 신앙의 한결같음을 이끄는 동력은 뜨거운 사랑에 있다. 야곱은 라반의 권모술수에도 라헬을 사랑하는 까닭에 칠 년을 며칠처럼 여겼다(창 29:20). 그러므로 하나님에 대한 우리의 마음이 흔들린다면 그것은 세상의 거친 풍파 때문이 아니라 하나님을 향한 사랑이 흔들리기 때문이라고 말할 수 있다.

믿음보고 2.0

갈렙의 이름이 잠시 무대에서 사라진 후, 오랜 시간이 흐른 끝에 이번 본문에서 그가 다시 등장한다. "오늘 내가 팔십오 세로되"(10절) 구절을 보며 그의 나이가 85세라는 사실을 알게 된다.

85세의 갈렙이 "모세가 나를 보내던 날과 같이 오늘도 내가 여전히 강건하니 내 힘이 그때나 지금이나 같아서"(11절)라고 했다는 것은, 그가 단순히 육체적인 힘만 보존한 것이 아니라 '전인격적인 건강'을 지켜왔다는 의미로 볼 수 있다. 그의 생각과 감정, 의지, 인간관계 그리고 행동까지 모든 인격적인 요소가 균형을 이루는 삶을 산 것이다.

45년 동안 한결같이 믿음보고를 써온 갈렙은 45주년을 맞이하며 충분히 쉴 수 있는 기회가 있었다. 사실 지난 45년 동안 믿음의 역사를 되새김하며 사는 것으로도 괜찮았다. 그러나 갈렙은 노후에 어떻게 쉴 것인가를 고민하기보다는, 다시 한번 사명에 몸을 던지기로 결정했다. 그는 45주년을 맞이하여, 한 단계 더 업그레이드된 믿음보고 2.0을 썼다.

"이 산지를 내게 주소서"라는 갈렙의 요청에는 믿음보고 2.0의 핵심이 담겨 있다. 갈렙이 요청한 '이 산지'는 윤기가 흐르는 비옥하고 좋은 땅이 아니라, 45년 전에 동료 정찰병들을 '메뚜기'로 만든, 거인 '아낙 사람들'이 아직 살고 있는 곳이었다.

지금 "이 산지를 지금 내게 주소서"라고 헤브론 땅을 요청하는 갈렙의 눈은 과거와 현재와 미래를 동시적으로 향하고 있었다. 헤브론은 하나님께서 아브라함에게 "눈을 들어 너 있는 곳에서 동서남북을 바라보라 보이는 땅을 내가 너와 네 자손에게 주리니 영영히 이르리라"(창 13:14-18)라고 말씀하신 바로 그 땅이었고, 아브라함과 이삭과 야곱이 거주했던 곳이었다. 하나님께서 아브라함에게 주시겠다고 하신 약속의 땅은 온 세상을 구원할 메시아가 태어날 땅이었다. 갈렙은 헤브론을 예루살렘, 베들레헴, 베다니, 갈보리, 감람원처럼 구원 역사의 산실이 될 곳으로, 믿음의 눈으로 바라본 것이다.

나이 들수록 더욱 은혜가 필요하다
나이가 들수록 믿음이 좋아져야 한다. 세상에는 정년이 있지만, 신앙에는 그런 것이 없다. 믿음은 나이가 들수록 더 깊어지고 갈렙처럼 영적으로 더 강해져야 하고 더 집중력이 있어야 한다. 이렇게 해야 육신적으로 약해지는 것을 상쇄할 수 있다. 나이가 들고 노쇠할수록 더욱 은혜를 받아야 한다. 나이가 들면 몸이 약해지지만, 그럴수록 영적으로 강해져야 영적인 근력을 가지고 갈렙처럼 끝까지 믿음의 경주를 할 수 있는 것이다.

갈렙의 이 요청은 우리 시대에 어떻게 적용될 수 있을까? 갈렙은 화석화된 관료주의의 인생을 살고 싶지 않았다. 45년이라는 세월이 흐르면, 대부분 조직은 화석화되곤 한다. 그런데 갈렙은 믿음보고 2.0을 통해, 아름다운 믿음 계승, 신앙의 유산을 남기기 위해 다시 한번 신앙의 전성기를 회복하려 했다.

한국 교회가 갈렙처럼 또다른 45주년을 향해 믿음보고 2.0을 작성한다면, 이 민족과 세계 교회 그리고 하나님 나라 확장을 위해 귀하게 사용될 것이다. 코로나를 거치면서 주일예배만 참석하면 신앙생활을 다 하는 것처럼 생각하는 사람들이 늘어나고 있다. 이런저런 이유로 현장 예배에 참석하지 않고 온라인 예배로 대신한다면, 어느 순간에 신앙의 근육이 다 빠져서 세속의 물결 속에서 제대로 서지 못할 만큼 약해질 수 있다.

갈렙은 남들이 불평불만할 때 오히려 믿음으로 충성되게 45년을 살았기에 믿음보고 2.0을 완성할 수 있었다. 어떤 기업가는 "말하는 법을 배우는 데는 2년이 걸렸지만, 말하지 않는 법을 익히는 데는 60년 걸렸다"라고 말했다. 이 말은 불평하지 않고, 자신을 과시하지 않고, 다른 사람을 비난하지 않고, 부정적인 말을 하지 않는 법을 배우는 데 걸린 시간을 의미할 것이다. 마찬가지로, 불평불만하지 않고 감사로 사는 것은 얼마나 걸릴까? 이것이 믿음보고 2.0의 증거 아닌가?

우리는 믿음보고 2.0을 쓰기 위해 갈렙처럼 45년이나 기다리지 않아도 된다. 지금이라도 결단하면 믿음보고 2.0의 미래 이력서를 써 내려갈 수 있다.

갈렙이 믿음보고 2.0을 쓸 때 했던 고백을 다시 마음에 새겨야 한다. "여호와께서 나와 함께하시면"이다. 하나님께서 '함께하시면' 공동체든, 개인이든 내리막길이 있을 수 없다. 이것은 우리 힘으로 하는 것이 아니다. 갈렙의 고백이 내 삶에 깊이 뿌리 박히면 우리의 한계가 있더라도 주님을 향한 시선은 흔들리지 않고, 남은 생애를 갈렙처럼 믿음으로 전진할 수 있을 것이다.

40세에 '믿음보고 1.0'을 한 갈렙이 85세에 '믿음보고 2.0'을 할 때도 여전히 능력의 하나님을 의지하여 "이 산지를 내게 주소서"라고 믿음으로 나아갔다. 이것이 갈렙의 '피니싱 웰'(finishing well)의 비결이다. 갈렙의 믿음보고의 삶은 오늘의 모든 신자에게, 지금의 나이와 형편이 어떠하든지 간에, "인생길에서 만나는 이 산지를 내게 주소서"라고 강력하게 믿음의 기도를 할 수 있도록 선각자의 길을 열어놓았다.

45년을 한결같이 믿음보고 2.0으로 미래 이력서를 쓰는 자의 기도

어제나 오늘이나 영원토록 변함없으신 하나님 아버지, 우리 입술에 있는 불평의 산지는 믿음으로 정복하게 하시고, 우리 마음에 있는 불평단지는 믿음으로 깨뜨리게 하옵소서. 아낙 사람들과 같은 높은 장벽이 우리 앞에 있더라도, 갈렙처럼 믿음으로 미래 이력서를 쓰는 사람이 되게 하시고, 인생길의 모든 장벽을 디딤돌로 삼는 믿음의 용장들이 되게 하옵소서.

그리하여 우리의 남은 인생이 다른 사람의 에너지를 빼앗는 인생이 아니라 에너지를 주는 인생이 되게 하시고, 어둠을 탓하는 인생이 아니라 어둠을 밝히는 인생 되게 하여주옵소서.

하룻밤도 하나님을 향한 꿈 없이 잠들지 않고, 꿈 없이 깨지 않는 하나님의 신실한 21세기 갈렙이 되게 하여주옵소서.

09

세속화의 목줄을
끊어내려면

호세아 7:8-10, 11:8-9

　　　　　말씀을 듣는 시간은 복잡했던 마음의 창
문을 닫고, 우리의 영혼이 오직 주님에게만 초점을 맞추는 시간이
다. 이는 말씀을 단지 육신의 귀로만 듣는 것이 아니라, 영의 귀로
듣는 것을 의미한다. 또한 말씀을 읽을 때도, 영의 눈이 반드시 열려
있어야 한다. "내 눈을 열어 주의 법이 놀라운 것을 보게 하소서"(시
119:18)라는 시인의 갈망이 말씀을 듣고 읽는 우리의 간절한 바람이
되어야 한다. 그럴 때 우리의 눈은 봄으로, 우리의 귀는 들음으로 복
을 받는(마 13:16) 은혜의 대로로 들어가는 것이다. 왜 이렇게 해야 할
까? 하나님의 말씀에 붙들리지 아니하면 우리가 무슨 수로 세속화
의 거친 급류를 거슬러 헤쳐 나갈 수 있을까!

　우리가 살아가는 이 시대는 인류 역사 속에서 가장 풍요로운 시

기이다. 그러나 천지사방의 부유함은 사탄이 부리는 좋은 도구로 전락했고, 사람들의 시선이 하나님을 향하지 못하게 하는 엄청난 세속화의 중력으로 작동하고 있다. 이 땅을 전부로 생각하는 불신자 가운데 몸이 건강하고 재물이 풍부하며, 사회적 지위를 가진 사람 가운데 윤리적인 순전함을 지키는 사람을 몇이나 찾아볼 수 있을까?

오늘날 모든 것이 첨단 기술로 포장되고 삶의 여유가 넘치는 만큼, 세속화는 블랙홀처럼 모든 것을 빨아들이고 무신론적으로 해체시키는 힘을 가지고 있다. 세속화는 기독교에 침투하여 교회와 신자들을 약화시키는 주범이다.

오늘 본문은 교회가 세속화를 극복하는 길을 보여준다. 교회 안팎에서 흔히 듣는 비판 중 하나가 "신앙과 삶이 분리돼 있다"라는 것이다. 교회 생활과 교회 밖의 생활이 서로 다른 이유는 무엇일까? 성도가 생활 현장에서 신앙과 삶이 다른 이중적인 모습을 보인다면, 그것은 세속화의 힘에 굴복하기 때문일 것이다. 분리된 신앙은 세속화의 또 다른 이름일 뿐이다. 어떻게 하면 교회가, 성도가 삶에서 신앙의 이중성을 극복할 수 있을까?

세속화의 무서움을 알면서도 세속화의 중력에서 벗어나지 못하는 이유는 무엇일까?

이 세상은 세속의 우상을 섬기지 않는 자들을 집어삼키려는 뜨거운 용광로를 준비해 놓고 있다. 이는 마치 다니엘 3장에서, 두라 평지에 금 신상을 세우고 거기에 절하지 않는 자를 삼키는 풀무불과 같다. 바벨론의 모든 사람이 맹렬히 타는 풀무불에 던져지는 것이 두려워 우상에 절했다. 지금도 세상은 자신에게 절하지 않는 자들을 세속의 뜨거운 풀무불에 던지겠다고 위협하고 있다. 때로는 매력적인 유혹으로, 때로는 엄청난 위협으로 말이다. 그래서 수천 년 전의 바벨론 사람들이 두라 평지의 황금 신상에 절하는 것처럼 오늘의 현대인들도 세속화에 굴복하고 있다.

세속화의 몰골은 우리가 쓰고 있는 가면을 벗겨내야 볼 수 있다

"… 주여 주여 우리가 주의 이름으로 선지자 노릇 하며 주의 이름으로 귀신을 쫓아내며 주의 이름으로 많은 권능을 행하지 아니하였나이까 하리니 그때에 내가 그들에게 밝히 말하되 내가 너희를 도무지 알지 못하니 불법을 행하는 자들아 내게서 떠나가라 하리라"(마 7:22-23).

이 구절은 우리식으로 말하면, 사람들이 신앙 연륜이 깊은 교회 중직자들을 보면서 '이 사람은 제대로 된 신앙인이야'라고 평가하거나, 혹은 스스로 '나는 하나님의 일을 위해 열심히 일하고 있지'라고 생각하는데, 주님은 "내가 너희를 도무지 알지 못한다. 불법을 행하는 자들아 내게서 떠나가라"라고 청천벽력의 말씀을 하시는 것이다. 우리 가슴을 섬뜩하게 하는 말씀이다. 지금 주님은 신앙의 이중성을 질타하시는 것이다. 보는 사람이 아무도 없을 때, 혼자 있을 때의 모습과 사람들 앞에서의 모습이 너무나 다르다는 것이다. 오늘날 교회 안에, 이런 이중성의 문제가 심각하지 않는가? 이중성에 대한 극복이 세속화 극복의 열쇠가 될 것이다.

식당에 가면 '따로국밥' 메뉴가 있는 것처럼, 교회에서의 믿음과 일상에서의 믿음이 다르다면, '따로국밥 신앙'이라고 할 수 있다. 교회에서는 열심히 신앙생활을 하지만, 사회생활과 생활인격에서 그리스도인의 향기가 나지 않는 것이다.

이처럼 교회생활과 사회생활이 따로 가는 이중적인 사람이 문제가 되는 이유가 무엇인가? 만일 이런 사람이 제자훈련이라는 하나의 과정을 마쳤다는 이유로 예수님의 제자가 되었다고 인정한다면 그것은 교회의 세속화를 촉진하며 화를 자초하는 일이기 때문이다.

어떤 면에서 인간의 이중성은 죄성을 가진 인간의 태생적인 문제일 수 있다. "오호라 나는 곤고한 사람이로다 이 사망의 몸에서 누가 나를 건져내랴"(롬 7:24)라는 사도 바울의 탄식은 죄성을 가진 인간으로서 몸과 마음이 따로 노는 자신의 이중적인 마음에 대한 절규라고 할 수 있다.

왜 그리스도인은 세속화의 거친 파도에 맞서 힘을 다해 자신을 지켜야 하는가?

세속화는 신앙인의 힘을 약화시킨다. 이는 삼손이 머리카락을 잃음으로써 힘의 근원을 잃은 것과 같다. 우리는 여인에게 자신의 머리카락을 맡긴 삼손을 보면서 참 어리석다고 손가락질한다. 그런데 세속화의 가위가 우리 머리카락을 자르는 것에 대해서는 무심하기 짝이 없다. 세속화는 그리스도인을 오합지졸로 만드는 가위와 같다. 기독교인의 수가 아무리 많다고 해도, 세속화되어 있다면 삶의 영역에서 아무런 영향을 미치지 못한다.

우리가 세속화를 어떻게 다뤄야 하는가는 마태복음 22장에서 잘 보여주고 있다. 본문에는 천국을 아들의 결혼식을 위해 잔치를 베푼 왕에 비유하는 이야기가 나온다. 왕은 종들을 보내 잔치에 사람들을 초청했다. 그런데 초청을 받은 사람들은 밭을 샀기 때문에, 사업을 해야 하기 때문에, 장가를 들었기 때문에 초청에 응할 수 없다고 말했다. 밭을 사고, 사업하고, 장가를 간 것이 문제가 아니다. 핵심은 세상 일에 마음에 빼앗겨 천국의 복음을 거절한 것에 있다. 세속화는 세상 일에 마음을 빼앗겨 복음을 외면하는 것이다.

자신이 지금 세속화 속에 있는지 아닌지를 어떻게 알 수 있을까? 지금 내 삶의 선택이 말씀의 자리, 복음의 자리, 친교의 자리 외에 다른 것을 택하고 있지는 않는지 살펴보라. 세상 일이 천국잔치를 거부하는 이유가 되고 있지는 않은가? 세상의 소리는 확성기를 댄 듯 들리고 하늘의 소리는 희미하게 들리거나, 세상은 태산처럼 커 보이지만 천국은 모래알처럼 작아 보인다면 지금 당신은 세속화라는 호랑이 등에 타고 있는 것이다.

하나님의 자녀가 세상과 동화되고 세속화될 때 어떤 위험이 있는가?

영적 간음으로 달려가는 달궈진 화덕 같은 사람들

세속화는 21세기를 살아가는 우리에게도, 약 2,700년 전에 살았던 호세아 시대의 이스라엘에게도 동일한 무게감으로 짓누르는 문제였다. 호세아서는 영적인 힘을 잃어버리고, 신앙과 삶 사이에 괴리가 생긴 이스라엘을 향한 하나님의 안타까운 심정을 뜨겁게 그려놓았다.

"에브라임이 여러 민족 가운데에 혼합되니"(호 7:8). 여기서 에브라임은 이스라엘의 또 다른 이름이며, 북 왕국의 열 지파 중 가장 강력한 지파로, 북 왕국 전체를 대표한다. 에브라임은 요셉의 아들로, 이집트에서 태양신을 숭배하는 제사장의 딸 아스낫의 아들로 태어난 혼혈아였다. 그러나 하나님의 은혜를 받아 장자권을 부여받은 것처럼 존재감을 가지게 되었다. 그런 축복을 받은 에브라임 후손들이 세상과 섞여 정체성을 잃어버린 것이다.

북 왕국은 세속화되어 섞여 있었지만, 정작 그들은 그 사실을 전혀 깨닫지 못했다. 그들은 부끄러워하고 죄송해야 할 상황에서 오히

려 교만했다. "이스라엘의 교만은 그 얼굴에 드러났다"(호 10:4). 호세아
가 활동한 시기인, 여로보암 2세 시절은 북이스라엘이 가장 번창하
고 강력하며, 경제적으로나 정치적으로 안정된 시기였다.

그러나 그들의 영적 타락이 얼마나 심각했던지, "그들은 다 간음
한 자라"(호 7:4a)라는 질타를 받는다. 또 그들의 이방 신들에 대한 숭
배는 얼마나 열렬했던지 "과자 만드는 자에 의해 달궈진 화덕과 같
도다 그가 반죽을 뭉침으로 발효되기까지만 불 일으키기를 그칠 뿐
이니라"(호 7:4)라고 했다. "달궈진 화덕 같다"라는 표현은 이방 신들
에 대한 그들의 마음이 뜨거워서 언제든지 영적 간음을 저지를 준
비가 되어 있다는 의미였다.

그들은 삶과 신앙이 별개였고, "달궈진 화덕"에 비유되었다. 마치,
주일에 말씀을 듣는 가운데 도전을 받아 모종의 변화를 결심하지만
막상 집에 가면 다시 같은 죄를 짓는 모습과 흡사하다.

성경에 나타난 이중적인 신자의 모습

성경은 신앙의 위선을 "스스로 깨끗한 자로 여기면서도 자기의 더
러운 것을 씻지 아니하는 자"(잠 30:12)라고 묘사한다. 이는 자신이 신
앙생활에서 문제가 없다고, 오히려 신앙생활을 잘하고 있다고 자신
만만해하지만, 하나님께서 보시기에는 온갖 더러움이 묻혀 있는 자
를 의미한다.

세속화에 빠지면 가장 크게 드러나는 현상은 영적인 분별력이 사
라진다는 것이다. "왕은 오만한 자들과 더불어 악수하는도다"(호 7:5)
라는 말은 왕이 분별력이 없어서 자신에게 해가 되는 사람들과 악
수하고, 그런 사람들을 채용한다는 것이다. 성경은 이런 악한 사
람들을 "그들이 가까이 올 때에 그들의 마음은 간교하여 화덕 같

[다]"(호 7:6a)라고 했다. 겉으로는 그렇지 않은 척하면서, 속마음은 화덕처럼 뜨겁게 이글거린다는 것이다. 실제로 북왕국 말기에는 정치적 이중성 때문에 궁중 안에서 네 번의 반역으로 왕조가 네 번 바뀌었고 음모와 반역, 배신이 만연했다.

국가적으로 이렇게 엄중한 상황인데도 그들의 타락성은 "그들 중에는 내게 부르짖는 자가 하나도 없도다"(7절)라고 할 만큼 심각했다. 나라가 완전히 세속화의 함정에 빠져버렸다.

하나님께서 에브라임처럼 은혜를 많이 주셨음에도, 세속화에 빠져 허우적거리며 세상과 차이도 없고, 물에 물 탄 듯 미지근한 신앙생활을 하는 사람들이 많았다. 하나님이 원하시는 참된 영적 성장과 성숙에는 관심이 없고 세상 재물에만 한눈팔려 탐욕을 극복하지 못하는 오늘날의 그리스도인들과 달구어진 화덕 같고 음란하여 하나님께 부르짖지 않는 호세아 당시의 에브라임과 무엇이 다를까?

하나님의 백성이 세속화되는 것은 "에브라임이 여러 민족 가운데에 혼합되니 그는 곧 뒤집지 않은 전병이로다"(8절)라는 말로 잘 표현되어 있다. "뒤집지 않은 전병"이라는 표현은 무엇을 의미하는 걸까? 이스라엘 백성은 주로 목축을 통해 생계를 유지했다. 이들은 이동하면서 양을 치므로, 식사를 위한 떡을 빠르게 구울 필요가 있었다. 떡은 대개 뜨거운 돌 위에서 구웠는데, 여기서 가장 중요한 것은 적절한 때에 떡을 뒤집는 것이다. 그렇지 않으면 한쪽은 타버리고 다른 한쪽은 설익게 된다. 이것이 "뒤집지 않은 전병"이다. 한쪽은 완전히 익었지만 다른 한쪽은 제대로 익지 않은 반쪽짜리 숙성, 즉 온전하지 못한 상태를 가리킨다. 야고보서에서는 이와 같은 상태를 "두 마음을 품은 자"라고 표현했다(약 1:8).

한마디로 이중적인 생활이다. 예배를 드릴 때는 신앙적인 모습을 보이지만, 나가서는 세상 사람과 다를 바 없다. 이것은 공적 예배와 생활 예배가 서로 다른 이중적인 모습을 보인다는 것이다. "이방인들이 그의 힘을 삼켰으나 알지 못하고 백발이 무성할지라도 알지 못하는도다"(호 7:9). 한때는 힘이 넘쳤지만 이제는 영적으로 퇴보하여 삶의 좋은 것들을 모두 빼앗기고, 보이지 않는 속사람은 힘을 잃은 상태를 말한다. 영적 패기가 사라지고, 젖줄이 끊어진 아이처럼 창백하며 가시밭에 떨어진 씨앗같이 진액이 빠져서 메마르고 누레진 것이다.

'뒤집지 않은 전병', 즉 한쪽만 익은 전병은 '절반의 그리스도인'이라고 할 수 있다. 우리 주변에 이런 그리스도인이 많다. 헌신하는 것 같은데 아나니아와 삽비라처럼 절반의 헌신만 드리고, 경건의 모양은 있으나 경건의 능력은 없는 절반의 신앙 인격을 가진 사람들이 많다.

그러나 하나님은 우리를 절반의 그리스도인으로 부르지 않으셨다. 하나님께서 우리에게 하신 것을 보라. 하나님께서는 우리에게 절반의 구원이 아니라 온전한 구원을 주셨다. 따라서 우리가 하나님께 드려야 하는 것도 절반의 헌신이 아니라, 온전한 헌신, 온전한 예배, 온전한 드림이어야 한다.

주님은 이중적인 신앙, 언행이 불일치하는 사람에 대해 분명하게 경고하셨다. 성경에서 말하는 이중적인 신앙은 "하나님과 사귐이 있다 하고 어둠에 행하는 자"(요일 1:6), "빛 가운데 있다 하면서 그 형제를 미워하는 자"(요일 2:9), "겉은 깨끗이 하나 속에는 탐욕과 악독이 가득한 자"(눅 11:39), 결정적으로 "하나님을 사랑하노라 하고 그 형제를 미워하는 자"(요일 4:20)를 가리킨다. 이들은 뒤집지 않은 전병이요, 세속화로 영적 백발이 얼룩얼룩해진 사람이다.

'뒤집지 않은 전병'은 단순히 추상적인 비유가 아니다. 이는 바로 우리 일상에서, 삶의 현장에서 볼 수 있는 고통스러운 현실이다. 겉으로는 모범적이며, 술과 담배를 하지 않고, 주일예배에도 충실히 참석한다. 하지만 집에서는 험한 말로 가족에게 상처를 주며, 자신의 분노를 제어하지 못해 폭발하고, 자신이 항상 옳다며 고집을 부리는 가장이 있다면, 이는 뒤집지 않은 전병의 신앙인일 수 있다.

어떤 권사님이 교회에서는 인자하고 친절한 모습이지만, 집에서는 며느리에게 예민하고 거칠다면, 이 역시 뒤집지 않은 전병일 수 있다. 마찬가지로, 며느리들이 친구들과는 좋은 관계를 유지하면서도 시어머니와의 관계에서는 험한 모습을 보인다면, 이 역시 뒤집지 않은 전병의 형태이다.

하지만 우리 중에서 이런 이중적인 모습에서 완전히 자유로운 사람이 얼마나 될까? 그러면 우리는 어찌하면 좋겠는가?

에브라임이여 내가 어찌 너를 놓겠느냐

주님의 애타는 심정 속으로 들어가야 한다. "에브라임이여 내가 어찌 너를 놓겠느냐 이스라엘이여 내가 어찌 너를 버리겠느냐 내가 어찌 너를 아드마 같이 놓겠느냐 어찌 너를 스보임 같이 두겠느냐 내 마음이 내 속에서 돌이키어 나의 긍휼이 온전히 불붙듯 하도다"(호 11:8). 여기서 '아드마와 스보임'은 소돔과 고모라가 멸망할 때 같이 불타버린 도성이다. 우리 내면의 세계가 영적인 진액이 빠져, 나도 모르는 사이에 영혼이 약해져서 헤매면 주님이 얼마나 마음 아프시겠는가! 하나님은 단지 질타하고 꾸중하시려는 것이 아니다. 우리 주님은 어찌하든지 우리가 깨어나고 회복하길 간절히 원하시는 것이다.

"너희를 대하여 오래 참으사 아무도 멸망하지 아니하고 다 회개하기에 이르기를 원하시느니라"(벧후 3:9b). 이런 주님의 심정을 모르고 적당히 신앙생활한다면, 뒤집지 않은 전병 신세가 되어 식탁 위에 올라가지 못하고, 맛을 잃은 소금처럼 버려지게 될 것이다. 주님의 안타까운 심정이 우리를 이 자리까지 이끌어주신 것이다. 예수님은 우리 가운데 영적으로 피폐해져서 무너져버리는 사람이 아무도 없기를 원하신다.

그렇다면 어떻게 이런 주님의 심정을 깨닫고 이해할 수 있을까? 오늘도 주님의 목자 심정은 우리가 자신을 되돌아보기를 원하신다. 그리스도인이라면 말씀의 거울을 가지고 자신을 돌아보아야 한다. 그렇지 않으면, 정확하게 신앙의 자기 주제파악이 안 된다.

주님이 품으신 목자의 심정을 이해한 사람은 자신을 말씀의 거울에 비추는 사람이다. 말씀의 거울에 자신을 비춘다는 것이 무슨 뜻일까? 이렇게 했을 때 어떤 변화가 생기는가?

어떤 사람이 당뇨와 고혈압이 걱정되어 병원에 갔다. 의사는 그에게 당장 체중조절을 하지 않으면 큰 위험이 있다고 말했다. 그래서 그는 다이어트 교실에 등록했다. 건강을 위해 체중조절을 하면서 몸매도 개선하고 싶었다. 트레이너는 제일 먼저 전신 거울에 그가 목표로 하는 몸의 실루엣을 그리게 했다. 그는 매주 거울 앞에 서서 목표의 실루엣과 현재 모습을 비교했다. 하루하루 거울에 그려진 목표와 비교하며 열심히 운동하고, 엄격한 식단 조절을 했다. 그러던 어느 날, 마침내 그의 몸이 거울에 그린 그림에 완벽하게 들어맞았다.

"말씀의 거울 앞에 자신을 비춘다"는 것은 '하나님께서 내게 원하시는 모습'을 말씀과 기도를 통해 이루어가는 것을 의미한다. 지금 말씀의 거울에 비친 당신의 모습은 어떤가? 세상 탐욕, 죄의 쾌락

혹은 증오의 마음 때문에, 하나님이 원하시는 영적인 몸매와는 거리가 먼 것은 아닌가?

그러나 원하는 몸을 만드는 것이 얼마나 어려운지 우리는 알고 있다. 우리 안에 콜타르처럼 끈끈히 붙어있는 세속화를 벗겨내기는 이만큼 어려운 일이다. 육신이 괴로울 때, 세상 탐욕이 끌어당길 때, 마음이 슬플 때, 우리는 하나님의 말씀에 자신을 비추어야 한다. 그래야 뒤집지 않는 전병의 몰골에서 벗어날 수 있다.

말씀의 거울에 자신을 비출 때 무슨 일이 일어나는가?

말씀은 우리의 몸과 마음을 치료하고(시 107:20), 세상의 중력에서 자유하게 하고(요 8:32), 이 땅을 하나님의 자녀로 살게 하는 지혜를 주고(딤후 3:15), 마음을 즐겁게 한다(렘 15:16). 육신이 괴로울 때 말씀을 읽고, 세상 탐욕이 우리를 끌어당길 때 말씀을 펴야 한다. 삶의 갈림길에 있을 때도 마음이 슬플 때도 하나님의 말씀에 자신을 비추어야 한다. 인생의 걸음마다, 삶의 기로에서도 말씀의 거울 앞에 자신을 비출 때, 우리는 비로소 하나님이 원하시는 영과 육의 아름다운 조화를 이루며, 세속화의 거친 물결을 거스르며 세상을 힘 있게 살아갈 수 있다.

세속화의 목줄을 끊어내려면

탐욕의 문을 열면, 거세게 몰아치는 세속화의 파도에 휩쓸려 갈 수밖에 없다. 십계명의 마지막은 네 이웃의 집을 탐내지 말라는 말씀이다. 탐심을 금하는 말씀은 십계명 전체에서도 흐르고 있다. 십계명의 나머지 아홉 계명을 어기는 가장 큰 원인도 탐욕, 탐심에 있다. 우상을 섬기는 것, 부모를 공경하지 않는 것, 간음하는 것, 도둑질하는 것도 모두 탐욕, 탐심에서 비롯된다. 그래서 성경은 "탐심은 우상숭배"(골 3:5)라고 말씀한다.

왜 탐심에 빠지지 말아야 할까? 탐심이 내 속에 깃들고 뿌리를 내리는 것을 어떻게 하든 막아야 하는 이유는 무엇인가? 우리가 부흥으로 가려면 영적으로 성장하고 영혼의 양식을 먹어야 하는데, 이를 가장 방해하는 것이 세속화요, 세속화의 가장 주범은 탐욕, 탐심이기 때문이다. 탐심은 만족을 모르는 아귀와 같다. "이 개들은 탐욕이 심하여 족한 줄을 알지 못하는 자들이요"(사 56:11). 탐욕에 빠지면 만족함이 없고, 영혼의 허기는 더욱 깊어질 뿐이다. 말씀으로 탐욕의 자리를 채우지 않으면 삶의 세속화는 더욱 가속화될 것이다.

어떻게 하면 내 마음이 세속화의 길에서 떠나고 탐욕에서 벗어날 수 있을까? 시편 119편 36절 말씀처럼 "내 마음을… 탐욕으로 향하지 말게 하소서"라고 기도해야 한다. 그리고 잠언 23장 20절의 "술을 즐겨하는 자들과 … 더불어 사귀지 말라"는 말씀처럼 세상을 탐하는 자들과 사귀지 말아야 한다. 동시에 기회가 닿는 대로 말씀을 가까이하고, 말씀을 읽으면서 말씀의 거울에 자신을 비춰야 한다. 성경은 우리를 깨끗하게 하고(요 15:3), 우리를 살게 하며(시 119:93), 신령한 젖으로서(벧전 2:2) 우리의 생명을 지키는 영의 양식이 될 것이다.

육체가 아무리 건강해도 그것만으로는 충분하지 않다. 정신, 영이 썩으면 인생은 고목처럼 넘어가게 된다. 영이 건강해지려면, 세상에 대한 탐욕을 물리쳐야 한다. 그러니 말씀의 거울 앞에 돌아오고 주님의 심정 앞에 돌아오라.

구체적으로 어떻게 하면 되는가? 우리는 예수님을 믿는다고 하면서도 성경을 너무 가까이하지 않는다. 미국인은 하루에 5시간 반, 한국인은 8시간 이상 스마트폰을 붙잡고 있다고 한다. 이렇게 성경을 읽지 않고, 성경 앞에 자신을 비춰보지 않으니 세속화될 수밖에 없는 것이다.

"오라 우리가 여호와께로 돌아가자"(호 6:1). 세속화를 극복하는 유일한 길은 하나님께 돌아가는 것이다. 다른 길이 있을 수 없다. 세속화의 배후인 사탄이 돈을 두려워할까? 재물을 두려워할까? 아니면 권세를 두려워할까?

사탄이 유일하게 두려워하는 것은 살아계신 하나님의 말씀뿐이다. 그러므로 하나님께서 우리를 낮게 하시고 싸매시며, 살리시고 일으키실 것을 믿으면서 말씀 앞으로 달려가야 한다. "우리가 여호와를 알자 힘써 여호와를 알자"(호 6:3). 말씀을 통해 우리가 힘써 하나님을 알아야 한다. 그러면 세속화되지 않고 온전하게 될 것이다.

"내가 그를 돌아보아 대답하기를 나는 푸른 잣나무 같으니 네가 나로 말미암아 열매를 얻으리라 하리라"(호 14:8b). 푸르다는 것은 "세속화되지 않았다"라는 말이다. 세속화된 이중 신앙이 아니라, 푸른 잣나무처럼 많은 열매를 맺어야 한다.

오늘날 우리의 삶은 일상의 모임, 취미, 세상일로 인해 바쁨의 연속이다. 그 와중에도 노화를 방지하고 젊음을 유지하기 위해 꽤 많은 것을 투자하지 않는가? 하지만 그렇게 살면 세속화의 이중성을 극복할 수 있는 여력이 없다. 세속화의 중력을 떨쳐내는 유일한 길은 말씀의 중력이다. 어떻게 하든지 말씀을 가까이하는 기회를 찾고, 또한 할 수 있는 대로 함께 말씀을 펼치는 기회를 찾아야 한다. 말씀의 확실한 검으로 우리의 영혼을 끌고 가는 세속화의 목줄을 끊어내야 한다.

뒤집지 않는 전병 같은 세속화된 신앙을 돌파하며 살기를 소원하는 자의 기도

자비로우신 하나님, 우리 가운데 세속화의 거친 파도 앞에 굴복하여 뒤집지 않은 전병처럼 신음하고 있는 교우가 있다면 말씀의 거울 앞에 자신을 비추며 여호와께 돌아오게 하옵소서. 그리하여 말씀의 능력으로 낫게 하시고, 싸매어 주시고, 살려주시고 일으켜 주옵소서.
주님 앞에 마음의 무릎을 꿇은 모든 성도, 푸른 잣나무처럼 풍성한 결실을 맺는 평생이 되게 하시고, 매일의 삶 속에서 '탈세속화, 출세속화'의 믿음보고서를 쓰는 인생 되게 하옵소서.

10

제사장 나라,
크리스천 샬롬 코리아나

출애굽기 19:3-6

교회 사역에서 최우선적으로 중요한 것이 무엇일까? 다양한 의견이 있겠지만, 교회 사역의 핵심은 생명의 역사이다. 어떤 사람이든 교회에 와서 예수님을 경험하면 삶이 변화하고, 생명의 힘이 역동하게 된다.

> "내가 애굽 사람에게 어떻게 행하였음과 내가 어떻게 독수리 날개로 너희를 업어 내게로 인도하였음을 너희가 보았느니라"(4절).

하나님의 역사는 삶으로 체험되는 것임을 알 수 있다. 하나님은 애굽에서 죽어가던 이스라엘 백성을 구원하시어 생명을 되찾게 하셨으며, 홍해 앞에서 진퇴양난일 때 독수리 날개로 업어 건너게 하시고, 광야 길에서 인도해주셨다. 성령님이 운행하시는 주님의 몸 된 교회에는 반드시 이런 놀라운 생명의 역사, 기적 같은 역사가 일어난다.

교회가 살고, 교회가 사회를 살리는 것은 교회가 얼마나 생명의 역사에 참여하고 있는지에 달려 있다. 교회가 사회봉사를 많이 하는 것도 중요하고, 복지의 사각지대에 있는 사람들을 직접 돌보는 것도 중요하다. 그러나 교회가 사회적으로 섬김과 봉사의 일을 아무리 많이 한다 해도, 교회에 들어오는 사람들의 삶에서 예수님을 통한 생명의 역사가 없다면, 주객이 전도된 것이다. 교회가 대사회적 책임을 다하는 것은 마땅하지만, 그것이 생명 사역보다 중요한 것은 아니다.

신앙이란 예수 그리스도의 생명이 내 삶 속에서 확장되는 것이다. 이것은 신학자나 목회자의 주장이 아니라 예수님께서 직접 말씀하신 것이다.

"내가 온 것은 양으로 생명을 얻게 하고 더 풍성히 얻게 하려는 것이라"(요 10:10).

헬라어로 '영원한 생명'은 '조에'(zoe/ζωή)이다. '생명'을 의미하는 다른 헬라어 단어는 '비오스'(bios/βίος)인데, 이 단어는 피조물의 생명, 육신적인, 생물학적인 생명을 의미한다. 그와 달리 '조에'는 하나님만이 가진 영원하고 본질적인 풍성한 생명을 의미한다.

생명 사역이 교회의 핵심 사역이라는 근거는 무엇인가? 바로 생명에 대한 하나님의 끊임없는 관심이다. 생명 사역은 신구약을 관통하는 하나님의 최고 관심사이다. 아담과 하와에게 주신 "생육하고 번성하라"(창 1:28) 명령부터, 예수님께서 이 땅에 오신 목적도 생명을 주시기 위해서였다(요 3:16). 예수님께서 제자들을 부르시고 처음으로 하신 말씀도 사람을 살리는 것이었다(마 4:19). 이처럼 신구약 성경 전체는 생명이 하나님의 가장 큰 관심사라는 것을 선명하게 보여준다.

따라서 교회의 존재 이유는 이 생명 사역에 있다. 교회의 모든 사역, 모든 프로그램은 생명의 역사를 담아야 한다. 이것이 지상교회를 주님의 몸 된 교회답게 하는 열쇠요, 비밀이다. 교회가 신비한 이유는 무엇일까? 교회를 통해 생명의 사역이 나타나고, 그의 몸 된 교회를 통해 생명의 복음이 선포되기 때문이다.

교회는 하나님의 생명 역사를 이루는 통로이자, 생명의 비밀이 드러나는 현장이다. 하나님의 역사, 성경의 역사, 주님의 교회가 모두 하나님의 생명을 이 땅에 전하고, 나누며, 세우는 영적인 토대와 주체라는 사실은 천사들도 알지 못한 하늘의 비밀이었다. "이는 이제 교회로 말미암아 하늘에 있는 통치자들과 권세들에게 하나님의 각종 지혜를 알게 하려 하심이라"(엡 3:10). .

하나님께서 교회를 통해 드러내시는 하늘의 비밀이 무엇인가?

"이는 이방인들이 복음으로 말미암아 그리스도 예수 안에서 함께 상속자가 되고 함께 지체가 되고 함께 약속에 참여하는 자가 되는 것"(6절)이다. 이것은 천사들조차 알지 못했던 하늘의 비밀, 즉 복음의 비밀이다. 그리고 이 복음의 핵심은 "이방인이 그리스도 예수 안에서 상속자가 되고, 지체가 되고, 약속에 참여하는 것"이다. 태생적으로 하나님 나라에 참여할 수 없었던 이방인이 하나님 나라의 백성이 되고, 하나님께서 약속하신 영원한 생명을 유업으로 얻게 되었다. 달리 표현하면, 만일 교회가 이방인을 구원하지 못하고, 이들에게 하나님 나라의 생명을 전하지 못한다면 교회의 존재 이유가 없음을 말하고 있다. 이는 교회의 가장 중요한 사역이 생명을 얻는 사역, 생명을 구하는 사역임을 말하는 것이다.

결국, 이방인들의 생명을 구하는 생명 사역이 교회의 가장 중요한 사역이며, 이 사역은 천사들조차 알지 못했던 하늘의 비밀이었다. 우리가 천사들도 알기를 흠모하였던 복음의 비밀, 교회의 생명 사역, 즉 생명을 나누고, 생명을 증거하고, 생명을 배가시키는 이 생명 사역에 교회가 참여할 수 있다는 사실이 얼마나 놀라운가!

축복의 근원, 제사장 나라

생명이 아무리 중요하다고 해도 하나님의 뜻과 무관한 생명이라면 영적 번지수가 틀린 것이다. 생명의 역사를 가진 예수 믿는 사람, 즉 눈에 보이는 교회나 무형교회인 우리 자신에게 제일 중요한 것은 내게 주신 하나님의 뜻을 발견하는 것이다. 좀 더 깊이 들어가면 하나님께서 내게 부여하신 사명을 깨닫는 것이다. 그렇다면 이 영광스러운 조에의 생명을 가진 하나님의 백성에게, 하나님은 어떤 뜻을 가지고 계시는가?

> "세계가 다 내게 속하였나니 너희가 내 말을 잘 듣고 내 언약을 지키면 너희는 모든 민족 중에서 내 소유가 되겠고"(5절).

하나님의 언약은 크게는 둘로 나뉜다. 조건적 언약(conditional covenant)과 무조건적 언약(unconditional covenant)이다. 무조건적인 언약은 창세기 12장 1-3절에 나오는 "복의 근원이 되라"는 언약이다. 축복의 대상이 아닌 축복의 근원이 되어, 하나님과 모든 족속 사이에 복의 통로가 되는 것이다. "땅의 모든 족속이 너로 말미암아 복을 얻을 것이라"라고 하셨다. 즉, 우리는 축복의 근원이며, 은혜의 통로이며, 축복의 대상은 땅의 모든 족속이다.

문제는 하나님께서 이렇게 말씀하셨음에도 사람들이 알아듣지 못했다는 것이다. 그래서 하나님은 출애굽을 통해 다시 한번 이를 확인해주셨다.

"너희가 내게 대하여 제사장 나라가 되며 거룩한 백성이 되리라"(6절).

하나님은 시내산에서 모세에게 이 말씀을 주시면서 이스라엘 백성에게 "너희는 제사장 나라가 되라"고 하셨다. 창세기에서 말씀하신 '복의 근원'이 출애굽기에서 재해석되었는데, 이는 "너희가 내게 대하여 제사장 나라가 되라"는 것이다. '제사장 나라'는 출애굽기 전체의 주제 말씀이다.

"너희가 내게 대하여 제사장 나라가 되며"(출 19:6). 이 말씀은 이스라엘의 '사명 선언문'이다. 사명 선언문은 한 개인이나 공동체의 세계관과 가치관, 미래에 대한 통찰이 집약된 것이다. 이 말씀 속에는 이스라엘 백성이 제사장 나라로서 모든 열방, 족속의 복의 통로가 되고, 또 되어야 한다는 신적 세계관과 가치관 그리고 미래에 대한 비전이 담겨 있다.

이 말씀은 하나님의 관심이 어디에 있는지를 보여준다. 하나님이 이스라엘을 제사장 나라로 삼으신 것은 이스라엘만을 위한 것이 아니다. 하나님은 제사장 나라인 이스라엘을 통해 세상 모든 나라까지 거룩한 나라가 될 수 있는 길을 여셨다. 하나님은 '제사장 나라'를 통해 세상 모든 민족, 나라, 사람들을 축복하고 소통하기를 원하셨기 때문이다. 이것이 하나님께서 이스라엘을 애굽에서 이끌어내시고, 온갖 어려움 속에서도 광야의 길을 지나게 하신 이유이다.

제사장은 누구를 위해 존재하는가? 첫째로 하나님을 위하고, 둘째로는 백성을 위한다. 제사장은 하나님과 백성 사이의 연결 고리이다. 21세기를 살아가는 우리가 진정으로 신경 써야 할 것은, 우리가 축복의 근원이며, 축복의 대상은 이 땅의 모든 족속이라는 사실이다. 더 깊이 들어가면, 모든 성도는 제사장처럼 하나님과 백성을 위해 생애를 불태워야 한다.

제사장 나라라는 것이 무슨 뜻인가? 이것은 세상의 제국과는 다르다. 오늘날 세상은 제국을 세우길 원한다. 제국은 자기 나라, 자기 민족만을 위한 나라다. 그러나 하나님은 이 땅에 만국을 위한 제사장 나라를 세우길 원하셨다. 만일 하나님께서 이스라엘을 통해 제국을 세우길 원하셨다면, 우리는 멸절되었을 것이다. 이것이 세상 나라와 하나님 나라의 결정적인 차이이다.

제사장 나라는 그리스도의 보혈에 기반한 거룩한 제국이다. 그런데 이 제국은 세상적인 풍요로움이 넘치는 나라는 아니다. 이 제사장 나라는 유월절 어린 양의 피로 시작된 나라다. 어린 양의 생명 피가 히브리 장자들의 생명을 지켜주었고, 여기에서 제사장 개념이 시작되었기 때문이다.

하나님은 지금도 왕 같은 제사장인 우리를 통해, 가족과 이웃, 사회에 용서와 화해, 평화(샬롬)와 구원의 복을 주시길 원하신다. 나라가 둘로 쪼개지고, 이념적으로 극단적으로 분열된 대한민국은 세상의 어떤 방식이나 처방책을 쓰더라도 해결의 실마리를 찾기 어렵다. 이를 해결하려면 우리가 제사장 나라로서, 왕 같은 제사장의 역할을 해야 한다. 제사장 역할이란 무엇일까? 구약에서는 제사장이 준비된 제물을 드렸지만, 신약에서는 예수님 자신이 제물이 되셨다. 그러므로 오늘날에는 예수님을 따르는 우리 자신을 희생제물로 드려 용서와 화해, 나눔, 평화, 구원의 복을 세상에 전하는 것만이 이 민족이 사는 길이다. 지금 당신이 어떤 자리에 서 있는가? 제사장으로서 용서와 화해, 나눔, 평화, 구원의 자리에 서 있는가? 이러한 삶은 어떻게 가능할까?

> "또 충성된 증인으로 죽은 자들 가운데에서 먼저 나시고 땅의 임금들의 머리가 되신 예수 그리스도로 말미암아 은혜와 평강이 너희에게 있기를 원하노라 우리를 사랑하사 그의 피로 우리 죄에서 우리를 해방하시고 그의 아버지 하나님을 위하여 우리를 나라와 제사장으로 삼으신 그에게 영광과 능력이 세세토록 있기를 원하노라 아멘"(계 1:5-6).

우리 자신의 힘으로 된 것이 아니다. 하나님께서 우리를 나라와 제사장으로 삼아주셨다. 우리가 쟁취하여 된 것이 아니다. 고난을 통하여 우리 민족을 제사장 나라로 만들어주셨다. 여기에 감사의 눈이 열리고, 감사의 삶이 따르면 은혜와 평강이 따라온다(계 1:5). '은혜와 평강'이 우리의 영적인 에너지와 힘의 근원이 되면, 자동적으로 제사장 나라에 대한 사명을 매일 매주, 매달, 매해 점점 이루어갈 수 있는 힘이 생긴다.

크리스천 샬롬 코리아나

얼마 전, 워싱턴 D. C.와 뉴욕을 찾았을 때 놀라운 경험을 했다. 두 도시가 이전과는 다르게 느껴진 것이다. 워싱턴 D. C.는 여전히 세계 정치의 중심이지만 그렇게 크다는 생각이 들지 않았고, 뉴욕은 세계 최고의 경제 도시이지만 뭔가 불편하게 느껴졌다. 이것은 두 도시가 변해서가 아니라, 나의 시각과 생각이 바뀌어서 그런 것이다. 우리나라가 그만큼 성장했기 때문이다. 서울은 산과 강 그리고 오랜 역사까지 지닌 독특한 도시로, 다른 도시들에 비해 독보적인 면이 있다. 서울은 어느새 글로벌 스탠다드로 자리잡았다. 경제적으로는 한강의 기적을 이루었고, 2차세계대전 이후로 원조를 받는 나라에서 처음으로 원조하는 나라가 되었다. 문화적으로는 한류(Korean Wave)가 세계의 트렌드를 주도하고 있다.

이렇게 강점도 있지만, 안타깝게도 한국은 세계적으로 유례가 없는 저출생율을 경신 중이고, 정치 이념적으로는 극단적인 분열을 겪고 있다. 정치적 입장이 다르면 얼굴도 보려고 하지 않는다. 정치적 견해가 다르면 부모 자식이 얼굴을 붉히고 다투거나, 심지어 결혼을 앞둔 커플이 파혼하기까지 한다. 그래서 지역 갈등, 남녀 갈등, 세대 갈등보다 정치 이념 갈등이 더 심각해졌다.

한류를 기반으로, 한국과 서울의 역동성이 '세계의 스탠다드'로 올라서고 있지만, 동시에 저출생율과 높은 자살률 그리고 극단적인 이념 양극화로 한국의 미래는 암울해 보이기까지 한다. 이에 대한 해결책은 없을까? 새로운 차원의 특별한 비전, 놀라운 길, 새 길이 필요하다.

제3의 길, 새로운 길을 열기 위해, 우리는 먼저 우리 민족의 근대 역사를 다시 생각해봐야 한다. 18세기 말에서 19세기로 이어지는 열강의 침략 속에 국가 근간이 뿌리째 흔들렸고, 일제의 지배로 미래를 완전히 상실했던 한국을 다시 일어서게 한 것은 기독교였다. 조선시대 구한말 관료들의 보신주의로 나라가 쇠락으로 들어섰고, 일본의 식민지 통치로 민족의 숨통은 끊어지기 직전이었다. 그때 하나님께서 역사의 새로운 길, 역사의 양극 사이에 생명의 복음을 넣어주셨고, 기독교 민족 사학을 세우심으로 새로운 길을 열어주셨다.

민족 종교를 바꾼 기독교

세계사에서 우리나라처럼 기독교가 독특한 역할을 한 나라는 없을 것이다. 유불선(儒佛仙)의 나라에 기독교가 들어온 지 반세기도 되지 않아 독립운동의 주체가 되었다. 한국은 수천 년 동안의 민족 종교의 흐름을 백 년만에 바꾼 나라이다. 결국, 어떻게 보면, 완벽하지는 않지만 "크리스천 샬롬 코리아나"를 이루었다.

지금 서울의 역동성을 글로벌 스탠다드화하고, 동시에 정치이념에 의해 극단적으로 분열된 이 민족을 미래로 나아가게 하는 길은, '21세기 크리스천 뉴 샬롬 코리아나'를 이루는 데 있다고 생각한다. 대한민국에는 기독교적 신앙에 의한 제사장 나라의 기반이 있다. 아시아에서 유일하게 신민 사상의 근대 역사로부터 탈출한 나라가 대한민국이다. 아직 중국은 과거사로부터 벗어나지 못했고, 인도는 계급의 굴레에 속박되어 있으며, 일본은 선진국의 옷을 입고 있지만 속살은 여전히 황국신민의식 가운데 살아간다. 사실 중국이나 일본, 한국에는 성경에 나오는 '자유'라는 단어를 번역할 개념이 없었다. 기독교가 참 자유를 통하여 반상제가 뼛속까지 뿌리내린 이 나라에 백성이 주인이 되는 민(民)의 나라, 올바른 자유민주주의가 꽃을 피웠다.

오스 기니스 교수를 비롯한 세계적인 기독학자들은 앞으로 한국 교회가 전 세계 교회의 리더 역할을 할 것으로 기대하고 있다. 우리는 지금 어느 때보다 글로벌 스탠다드의 시각이 필요하다. 글로벌 스탠다드로 올라가려면 먼저 자신의 껍질을 깨는 것부터 시작해야 한다. 이를 위해, 이사야 19장 24-25절 말씀에 눈이 열려야 한다.

"그날에 이스라엘이 애굽 및 앗수르와 더불어 셋이 세계 중에 복이 되리니 이는 만군의 여호와께서 복 주시며 이르시되 내 백성 애굽이여, 내 손으로 지은 앗수르여, 나의 기업 이스라엘이여, 복이 있을지어다 하실 것임이라."

이스라엘 역사에서 애굽은 이스라엘 백성을 노예로 삼았고, 앗수르는 북이스라엘을 멸절시킨 원수와 같은 나라다. 그런데 하나님께서는 애굽과 앗수르가 이스라엘과 더불어 세계 중의 복이 될 것임을 말씀하셨다. 이것은 인간의 상식이나 성정으로는 이해하기 어려운 일이다. 이것은 생명을 살리는 하나님의 관점, 모든 차별과 장벽을 넘어서는 전 지구적인 복음의 시각을 가져야만 주어지는 기독교만의 독특한 은혜와 능력이다.

이러한 경천동지의 거룩한 DNA를 글로벌 스탠다드로 만들어, 국제적으로는 2033년 예수님 승천 2,000년을 기념하고, 국내적으로는 정부수립 100주년이 되는 2048년의 미래를 준비해서 우리 다음 세대들이 명실상부 세계를 이끌어갈 수 있도록 길을 만들어야 한다. 이것이 크리스천 샬롬 코리아나이다. 이것을 통해, 서울의 역동성으로 세상을 진일보시키고, 동시에 이 땅을 쪼개고 있는 극단적 분열을 해결할 수 있을 것이다.

누군가는 이렇게 말할지 모른다. 역사적으로 지금처럼 무신론적 사조가 기승을 부리고, 반기독교 정서와 문화가 활개를 치는 때가 또 있었는가? 한국뿐 아니라, 기독교의 발상지로 여겨지는 유럽과 미국에서 이미 기독교 정신이 더 이상 주류가 되지 못하는 상황에서 오히려 미래에 기독교의 생존을 걱정해야 하는 이때, 과연 크리스천 샬롬 코리아나가 가능하겠는가?

그러나 하나님께서 이스라엘 민족에게 세상 나라가 아닌 '제사장 나라'의 사명을 주신 것을 기억하라. 제사장 나라는 세상의 제국주의와는 전혀 다르다. 제사장 나라는 어린 양의 피로 세워진 거룩한 나라이다. 하나님의 공의와 질서, 복음의 생명이 약동하는 나라이다. 크리스천 샬롬 코리아나는 생명을 살리는 제사장 나라 세계관으로, 복음의 가치가 강처럼 흐르며 하나님의 공의와 질서가 문화와 사회를 주도하는 세상이다. 크리스천 샬롬 코리아나는 교회의 주된 생명 사역이 제사장적 가치관으로 사회 문화 전 영역에 확장된 것이다. 한국이 제사장 나라가 된다면, 극단적 이념의 고착화로 나라가 쪼개어지고 있는 한국 사회의 고통과 상처를 용서와 화해와 나눔과 평화의 제사장적 가치로 치유하는 역사가 펼쳐질 것이다.

크리스천 샬롬 코리아나, 제사장 나라가 하나님의 뜻이 분명하다 해도 이것이 우리 각자에게는 무슨 의미가 있을까?

첫째로, 과거 현재형이 된다. 과거의 축복을 오늘 우리의 것으로 누리게 된다. 추억 정도가 아니라, 현재 우리가 누리는 재부흥과 연결되는 것이다. 과거에 이스라엘이 받은 축복을 우리가 받는 것이다. 홍해와 같은 인생의 진퇴양난의 상황을 건너게 하시고, 광야 같은 메마른 땅이 샘물이 되는 축복을 누리며, 오르난의 타작마당이 예루살렘 성전이 되어 이곳에 천하 만민이 나아오는 축복을 우리가 받아 누리게 될 것이다.

그럼에도 어떤 이들에게는 '크리스천 샬롬 코리아나, 제사장 나라' 라는 말들이 여전히 나와는 그렇게 관계가 없는 커다란 담론으로 들릴지 모른다. 본문을 다시 읽어보자. 5절 말씀대로 "세계는 다 하나님께 속한 것"이다. 하나님께 속한 이 세계는 하나님 백성인 우리에게도 속한 것이다. 이 말씀이 다 과거 현재형이 되게 하신다.

그러면 우리는 어떻게 하면 되는가? 4절에서 하나님은 이스라엘 백성과 언약을 맺기 전, 그들을 열 가지 재앙을 통해 애굽에서 구원하시고, 홍해를 건너 광야에서 그들을 돌보신 것을 말씀하셨다. 이에 첫째로, 우리는 지금까지 하나님께서 나를 돌보신 사실에 감사하며, 우리의 미래도 하나님께 맡기고 의지해야 한다. 하나님께 맡기고 의지한다는 것은 하나님 말씀에 자신을 비추고 "내 말을 잘 듣고 내 언약을 지키는"(출 19:5) 것이다.

둘째로, 사명 선언문을 쓰는 것이다. 이 땅에서 내가 하나님 나라 제사장으로서 가정과 이웃에 대해 용서와 화해의 삶, 특히 새로운 차원의 길을 열겠다는 '사명 선언문'을 쓰며 살아가는 것이다.

'제사장 나라'가 이스라엘의 사명 선언문이라면, '크리스천 샬롬 코리아나'는 한국을 사는 성도에게 주시는 사명 선언문이라고 할 수 있다. 이것은 나 한 사람을 통해서 생명을 살리는 교회의 사명, 복음의 비밀이 실현될 수 있도록 가정에서, 직장에서, 사회에서 '제사장적 의무를 다하겠다는 사명 선언'이다.

이 일은 내가 이 땅에 살면서, 하나님 나라의 제사장으로서 가정과 이웃에 대해 용서와 화해의 삶을 살 것을 결심하고 실천하는 것이다. 크리스천 샬롬 코리아나는 내가 이중성에서 벗어나 신앙과 삶을 일치시키는 데서 시작된다.

그 결과로 거룩한 공진(共振)이 일어날 것이다. 우리 모두가 다 하나님의 생명의 역사(役事)로 삶의 현장이 흔들리는 지진과 파문을 경험할 것이다. 나 한 사람이 말씀과 성령, 사명에 충만해져서, 거룩한 발걸음을 내디디면, 나 한 사람으로 끝나지 않고, 거룩한 공진, 거룩한 발걸음의 요동이 일어난다.

돌을 호수에 던지면 잔잔하게 동심원의 파문이 일어난다. 나 한 사람의 돌은 작은 파문이지만, 여러 사람이 함께 사명 선언문을 역사의 호수에 던지면, 그 동심원의 파문은 더 큰 파문으로 물결을 크게 파도치게 할 수 있는 것이다.

그러니 '나 한 사람이 그렇게 한다고 뭐가 바뀌겠나?'라고 생각하지 말라. 말씀, 성령, 사명의 리듬에 맞춰 신앙의 스텝을 밟으면, 거룩한 공진과 파장이 일어나 가정과 이웃과 사회의 기축을 흔들 수 있다. 이런 파장과 공진이 일어나면, 진동에너지가 발생해서 울림이 더 커질 것이다.

비록 처음에는 한두 사람의 움직임으로 작은 파문이 일겠지만, 여러 사람이 함께할 때, 이러한 행동들이 말씀, 성령, 사명의 주파수와 발을 맞추면, 거룩한 공진이 중첩되어 더 큰 파문의 공진이 되고, 철벽처럼 넘을 수 없는 가족 간의 관계에도 변화가 일어나고, 직장과 사회의 지축을 흔들 수 있는 것이다.

과거 현재성, 사명 선언문, 거룩한 공진으로 발걸음을 내디디면, 크리스천 샬롬 코리아나를 이루고, 우리 사회의 세속적인 지축을 흔들고, 나아가 세상을 복음으로 변화시킬 수 있게 될 것이다.

제사장 나라의 사명을 삶의 현장에서 실천하기를 소원하는 자의 기도

선한 목자 되시는 하나님 아버지, 주님 앞에 보잘것없고 초라한 우리를 전적인 하나님의 은혜로, 그리스도의 보혈과 연결된 거룩한 백성으로 삼아주심에 감사합니다. 인생의 걸음마다, 삶의 현장마다, 우리 개인과 공동체와 한국 교회가 생명의 능력으로 가득 찬 제사장 나라, 크리스천 샬롬 코리아나를 이루어 세계 복음주의의 쇠퇴를 막게 하옵소서.

생명의 능력으로 세속의 홍해를 갈라지게 하시고, 인본주의의 지축이 흔들리게 하옵소서. 우리가 말씀과 성령과 사명에 충만한 발걸음을 내디디며 생애를 불태울 때마다, 가면 갈수록 세상에 거룩한 공진이 일어나게 하옵소서.

11

영적 기백(氣魄)

열왕기상 18:20-29

우리는 지금 어쩌면 폭풍 속을 지나는 베드로와 같은 상황에 있는지도 모른다. 눈앞의 거친 바람을 바라보면 두려워 물속에 빠질 수밖에 없다. 이처럼 때로 우리를 덮치는 집채만 한 폭풍우를 헤쳐 나가기 위해 필요한 것이 '영적 기백'이다. 영적 기백은 인생의 폭풍우 속에서도 믿는 자를 앞으로 나아가게 하는 신앙의 엔진이다. 그리스도인이 온전한 신앙의 길을 가기 위해 우리의 심장에 장착해야 하는 것이 영적 기백이다. 영적 기백을 소유하면 나이가 들어도, 환경이 바뀌더라도, 지역이나 시대, 리더십이 변해도 이러한 안팎의 장애물을 뚫고 신앙의 전진을 이룰 수 있다.

그렇다면 왜 그리스도인에게 영적 기백과 담력이 필요한 것일까? 우리가 예수님을 믿는 순간, 모든 그리스도인은 불가피하게 영적 전쟁터에 발을 들여놓게 되기 때문이다. 마귀는 우는 사자처럼 우리를 향해 매일 달려드는데, 어떻게 우리가 패배자처럼 가만히 있을 수 있겠는가!

누가 이스라엘을 괴롭히는 자인가?

다윗이 통일 이스라엘을 다스린 지(BC 1010-970) 100년이 지났다. 솔로몬 이후 이스라엘이 남북으로 나뉘었는데, 본문은 북이스라엘의 이야기를 다루고 있다. 아합왕은 하나님을 버리고 바알을 섬겼다. 아합의 부인은 악명 높은 이세벨이었다. 이 시기에 하나님은 엘리야를 선지자로 사용하셨다.

아합의 잘못으로 북이스라엘에 3년 동안 가뭄과 기근이 들어 백성이 신음하고 있었다. 사방에는 동물들의 사체가 널려 죽음의 악취가 진동하고 있었다. 본문에 나오는 갈멜산 대결은 북이스라엘 백성의 고통이 가장 극심한 상황에서 벌어진 것이다.

만약 누군가 갈멜산 대결을 촬영한다면, 참으로 드라마틱한 영상이 될 것이다. 신들의 대결을 구경하기 위해 수많은 사람이 갈멜산으로 모여든다. 한쪽에는 화려한 예복을 입은 바알 선지자들이 서있다. 그들은 태양신을 숭배했기에 태양의 빛을 반사하는 금속 목걸이를 착용했다. 그리고 화려한 복장의 아합왕이 왕실 친위대와 함께 지켜보고 있다. 반대편에는 광야 출신 엘리야가 초라한 옷을 입고 막대기를 들고 서 있다. 한쪽은 찬란하여 위세가 대단해 보이고 다른 한쪽은 초라하고 불쌍해 보인다. 그러나 엘리야는 조금도 위축되지 않고 담대한 기운이 넘친다.

아합이 엘리야를 향해 "… 이스라엘을 괴롭게 하는 자여 너냐"(17절)라고 소리쳤다. 이에 엘리야는 담담하게 반격했다. "내가 이스라엘을 괴롭게 한 것이 아니라 당신과 당신의 아버지의 집이 괴롭게 하였으니 이는 여호와의 명령을 버렸고 당신이 바알들을 따랐음이라"(18절).

아합왕이 엘리야를 향해 삿대질하며 "이스라엘을 괴롭히는 자야! 네가 왔느냐?"라고 빈정거리자, 엘리야는 오히려 단호한 기백을 가지고 "이스라엘을 괴롭힌 것은 내가 아니라 당신과 당신의 아버지요"라며 조금도 주춤하지 않았다. 왕 앞에서도 엘리야의 기세는 꺾이지 않았다. 그의 가슴에는 영적 기백이 살아 숨 쉬고 있었다.

엘리야의 말대로, 진정 이스라엘을 괴롭게 한 자는 아합이었다. 엘리야는 아합왕의 공격적인 질책에 오히려 "바알 선지자 450명과 아세라 선지자 400명을 갈멜산으로 나오게 하시오"라고 선전포고했다.

그가 이처럼 왕 앞에서도 담대함을 유지하고 기백을 가질 수 있었던 이유는 무엇일까? 이 기백은 왕실의 화려한 식탁과 편안함에서 얻어진 것이 아니었다. 이는 광야에서, 그릿 시냇가에서 배고픔과 목마름, 고통을 겪으며, 가난한 백성과 과부의 집에서 가뭄과 기근의 어려움을 함께 겪으며 얻어진 '고난의 과정을 거친 영적 기백'이었다. 이러한 고통과 가뭄, 기근을 함께 겪은 자만이 "고통과 가뭄과 기근의 시대를 끝내달라"는 기백 있는 기도를 드릴 수 있다. 엘리야는 누구보다도 백성의 아픔에 동참했기 때문에 은총의 장대비를 사모할 수 있었다. 엘리야는 부흥을 목말라하며 하늘의 불을 열망했다.

영적 기백이 있는 한국 교회

한국 교회는 과거 고난의 행군을 경험한 교회이다. 나는 지금도 어릴 때 고난을 이겨내며 은혜받았던 장소나 사건들을 선연하게 기억한다. 오늘의 한국 교회는 새벽 시간에 교회 마룻바닥에서 무릎 꿇고 통회하며 주님께 간절히 매달렸던 사람들의 기도가 쌓여 세워진 것이다.

사랑의교회의 안아주심의 본당도 이런 기도의 신음과 눈물이, 가슴을 찢는 애통함과 간절함이 그대로 차곡차곡 쌓여 있다. 한국 교회의 기도원적 야성, 고난을 이기는 야성이 배어 있는 것이다. 그래서 토비새에서 늘 부르짖는 것이 있다. "이곳이 갈멜산이 되게 하시고, 이 자리가 모리아산이 되게 하시고, 여기가 감람산이 되게 하시고, 시내산이 되게 해주세요." 한마디로, 우리가 모이는 예배당이 한국 교회 영적 기백의 토대가 되는 자리가 되게 해달라고 기도한다. 그럴 때 공동체적으로도, 개인적으로도 회복을 넘어 부흥의 물꼬를 열어주실 것이다.

한국 교회의 혈관에는 고난을 통해 얻은 영적 기백의 DNA가 흐르고 있다

이 땅에 전해진 복음은 처음부터 심한 반대에 부딪혔다. 한국 교회 선교사(宣敎史)를 보면, "10월 보름을 기하여 선교사 외국인 가옥을 불태워 훼파하라. 개항장에 모두 모여 외국인 가옥과 교회당을 불태우고 파괴하라"라는 포고문이 있다. 어디서 많이 본 듯한 내용 아닌가? "아달월 십삼일 하루 동안에 모든 유다인을 젊은이, 늙은이, 어린이, 여인들을 막론하고 죽이고 도륙하고 진멸하고 또 그 재산을 탈취하라"(스 3:13). 하만이 유대인을 죽이도록 전국에 내린 조서이다.

1900년에 이용익과 김영준 같은 수구파들이 전국의 선교사와 예수 믿는 사람들을 일시에 박멸하려는 계획을 세웠고, 수구 세력에게 "선교사의 집과 교회당을 불태우고 파괴하라"라는 명령을 내렸다. 이미 1898

년도에도 학부대신 신기선이 유교의 이름으로 보부상들을 부추겨 황국협회를 세우고 반기독교 운동을 조장했다. 보부상들은 1898년 10월에 기독교 학교와 교회에 경고장을 보내 기독교를 박멸하겠다고 협박했다. 1898년 12월 9일 자 황성신문은 "보부상들이 교회당을 훼파하며 신도를 도륙하려고 한다"라는 내용으로 기사를 썼다.

이후 한국 교회는 3.1운동에서 첫 3개월 동안 5만 명 이상이 처형당하거나 부상을 입었다. 그리고 제암리교회 학살 사건 등에서 보듯이 이들 중 절대다수가 기독교인들이었다. 6.25전쟁 때는, 전쟁 초기 6개월 동안 목사 508명이 죽임을 당했고, 교회 2천여 개가 파괴되었다.

《한국기독교회사》를 쓴 박용규 교수는 한국 기독교의 박해사를 정리하면서 이렇게 증언했다. "복음은 신분과 민족과 성을 초월하고, 그 안에 있는 자들은 생명의 위협 앞에서도 굴하지 않고 진실을 외칠 수 있는 용기를 가졌다. 그것 때문에 교회는 박해를 통해 더욱 성장해왔던 것이다." 이런 영적 기백과 담력이 한국 교회의 혈관에 흐르고 있다.

세상이 감당하지 못하는 사람들

3.1운동 때, 많은 기독교 지도자들이 감옥에 수감되었다. 그런데 감옥에서 기독교로 개종한 어떤 사람이 다음의 이야기를 전해주었다.

"어느 날 교도관들이 우리 모두를 정원에 한 줄로 세우고 사진을 찍으려 했다. 기독교인인 K씨를 포함해 산골에서 온 사람들은 삼각대가 놓여 있는 검은 통이 기관총이라고 생각했다. 우리 모두는 죽게 되었다고 두려워했다. 그러나 K씨는 자신의 두려움도 잊어버리고 이렇게 소리쳤다. '형제들이여, 아직 예수를 믿을 수 있는 시간이 있습니다.' 이 사람의 용기와 진실함이 나를 무척이나 감동시켰다. 그래서 나는 그때 기독교인이 되기로 결심했다."(윌리엄 뉴턴 블레어[William Newton Blair] 선교사가 쓴 선교보고서에서 'K씨'라고 표현되어 있다.)

4차 산업혁명 시대 속에서, 무신론적 이념과 반기독교 문화가 세상에서 기승을 부리고 있다. 세상 유혹과 위협에 굴복하는 사람들이 많은 지금, 우리에게 필요한 것은 바로 K씨의 순교적인 기백이다. 세상의 조롱과 협박에도 불구하고, 세상 눈치를 보지 않고, 죽음의 긴박한 순간에서조차 "아직 예수를 믿을 수 있는 시간이 있습니다"라며 형제와 이웃을 향해 복음을 전하는 담대함과 용기이다.

엘리야에게는 이러한 영적 기백이 체화되어 있었기에, 번쩍이는 옷을 입고 과시하는 바알과 아세라 선지자들의 위세 앞에서도 남루한 옷을 입고, 지팡이 하나 들고 서 있는 엘리야가 담대하게 대적할 수 있었다. 영적 기백은 사람의 시선과 생각조차 바꾸는 힘이 있다. 이런 기백이 있었기에, 하나님 말씀도 다르게 들리고, 상황을 보는 시각도 세상과는 달랐을 것이다. 이런 사람을 신약에서는 세상이 감당하지 못하는 사람이라고 부른다(히 11:38).

진정한 영적 기백은 신앙의 기로에서 머뭇머뭇하지 않는다

엘리야는 기회주의, 어정쩡한 자세를 취하며 양다리 걸치고 있는 이스라엘 백성을 향하여, "너희가 어느 때까지 둘 사이에서 머뭇거리고 있겠느냐"(21절) 하며 질타했다. "머뭇머뭇하다"에 해당하는 히브리어 단어는 '파싸흐'(פָּסַח)다. 이스라엘 백성이 완전히 바알쪽으로 돌아서지는 않았지만, 이러지도 못하고 저러지도 못하는 회색지대에 있는 것 같은 모습을 보여준다.

우리 혈관에 영적 기백의 DNA가 흐르게 하려면 머뭇거리면 안 된다. 신앙적으로 선택의 기로에 있을 때 주저하고 머뭇거리면 기백이 생길 수 없다. 지금도 세상과 하나님 사이에서 줄타기를 하고 있지는 않은가? 신앙에는 회색지대가 없다. 머뭇거리지 말고 결단하면 그다음은 하나님 차례이다.

"하나님을 선택할 것인가? 바알을 선택할 것인가?" 엘리야가 머뭇거리는 이스라엘 백성에게 강력하게 던진 질문은 지금 우리도 대답해야 할 질문이다. 선택은 둘 중 하나다. 바알 신은 태양신을 상징했다. 과거 이스라엘 백성이 애굽에서 종살이를 할 때 애굽의 신과 싸워야 하는데, 대적해야 했던 신이 태양신 '라'였다. 그리고 파라오는 '태양의 아들'이다. 이러한 태양신을 대적하는 기독교는 한국 기독교 역사와도 연결되어 있다. 일제시대 때 일본 사람들이 섬긴 신이 '천조대신'(天照大御神, 아마테라스 오미카미)인데, 이것이 태양신이다. 신사참배를 거부한 주기철 목사님은 태양신에게 절하지 않는다고 죽임을 당한 것이다.

주기철 목사님이 일본에 잡혀가기 전에, 장로교 목회자들이 금강산 수양관에서 총회 수양회를 가졌다. 그때의 설교문이 남아 있다. 주기철 목사님은 〈예언자의 권위〉라는 설교에서 한국 교회가 엘리야의 영적 권위를 회복해야 한다는 메시지를 전했다.

"여러분도 엘리야의 신앙, 엘리야의 기도가 있다면, 엘리야의 권능과 선지자의 권위와 담대함을 회복할 수 있을 것이다. 생사여탈의 대권을 잡은 임금 앞에서도 두려워하지 않고, 그 죄를 책망하는 엘리야는 '일사각오의 신앙인'이다." 이 말을 일본 경관들이 듣고 아합왕은 천황을, 바알은 일본의 천조대신을 상징하는 것으로 해석하며 격노했다. 그리고는 설교를 중단시키고 주 목사님을 잡아갔다. 이렇게, 영적 기백은 일사각오의 신앙과 연결되어 있다.

하나님의 은혜를 아니까 은혜에서 떨어지면 안 되겠고, 그렇다고 세상에 들여놓은 발을 빼려고 해도 육신의 욕망에 잡혀 어떻게 할 수 없어 어정쩡한 상태에서 이러지도 못하고 저러지도 못하고 있는 것이 지금 내 모습은 아닌가? 어느 때까지 신앙과 세상 사이에서 머뭇머뭇하겠는가? 하나님과 바알 사이에 담대하게 하나님을 선택하는 것이 부흥이고 영적 기백이며, 일사각오이다.

엘리야는 영적 기백이 충만하여 여유가 있고 유머도 있었다. 바알 선지자들이 "바알이여 우리에게 응답하소서" 했는데 아무런 응답이 없었다. 27절에 "정오에 이르러"라고 나오는데, 정오는 태양의 힘이 최고조가 되는 순간이므로 바알 신이 가장 강력한 힘을 발휘할 수 있다고 여기는 때다. 바알 신의 능력이 절정에 달했다고 여기는 그 순간에 엘리야가 조롱하며 외쳤다. "큰 소리로 부르라 그는 신인즉 묵상하고 있는지 혹은 그가 잠깐 나갔는지 혹은 그가 길을 행하는지 혹은 그가 잠이 들어서 깨워야 할 것 [아니냐]"(27절). 이것도 다 영적 기백에서 나온 여유이다.

마침내, 엘리야는 모든 백성을 향해 "내게로 가까이 오라"(30절)라고 한다. '가까이 와서 증인이 되라'고 요청한 것이다. 살아계신 하나님의 역사를 영적 기백을 가지고 확신했기 때문에 이제 하나님의 불이 떨어지는지 아닌지를 와서 보라고 한다. 확고부동한 믿음을 가지고 바알과 아세라 선지자들에게 도전한다.

하나님 없는 850명인가, 하나님과 함께하는 혼자인가?

엘리야가 850대 1을 생각했으면 어떻게 담대함을 가질 수 있겠는가? 사람들은 그 많은 사람을 대적하여 홀로 나왔던 엘리야를 초라하게 생각했을 것이다. 그러나 엘리야는 하나님 없는 850명을 불쌍히 여겼다. 이 원리는 지금도 변하지 않는다. 세상은 백 명이 천 명을 당하고, 작은 자가 강국을 이루고, 약한 자가 천을 이루는 원리를 좋아하지 않는다. 그러나 하나님 나라는 열이 만을 감당하는 천국적인 원리가 작동하는 곳이다.

'850명'×_(곱하기)'하나님 없음'은 '0'이다. 하지만 '엘리야 1명'×'성 삼위 하나님'은 '만군의 여호와'이다. 성삼위 하나님은 한 번도 전쟁에서 패한 적이 없으시다. 반면, 하나님 없는 백성은 다 패한다. 내가 자주 말씀드리는, 마음 맞는 사람 세 명만 모이면 나라도 세운다는 것이 여기서 나왔다. 마음 맞는 세 명의 제자가 12명 제자가 되고, 70인 전도대가 되고, 마가의 다락방에 모인 120명이 되고, 주님의 승천을 바라보았던 500명이 되고, 오순절 성령의 역사로 회개하는 3천 명이 되는 것이다. 이것이 성경적인 승수(勝數)의 원리이다.

다시 말해, 하나님은 '나×하나님'은 세상의 어떤 숫자보다도 압도적인 다수를 이룬다고 확신하는 사람을 쓰신다. 갈멜산의 대결은 '850×하나님 없는 자들'과 '나 한 사람×성삼위 하나님' 사이의 전쟁이다. 그래서 '한 명'이 아니라, '한 명과 함께 계시는 만군의 여호와 하나님', 그 하나님과 함께 영적 전쟁을 하는 것이다.

사도행전을 보면, 참으로 놀라움을 금할 수 없는데, 하나님은 그저 그런 다수가 아니라, 영적 기백으로 무장된, 준비된 사람을 쓰신다. 바울을 비롯한 몇 명의 사람이 '몇 명×성삼위 하나님'에 민감해지니 "천하를 어지럽게 하는 자들"이라는 증거를 얻었다(행 17:6). 3명, 12명, 70명, 120명, 500여 명으로 시작된 교회가 전 세계로 힘차게 뻗어 나가 대로마제국을 굴복시켰던 것이다.

우리는 다시 한번, 한 알의 사과 씨 속에서 수백 개의 열매를 볼 줄 아는 하나님의 시각, 영적 기백이 필요하다. 수천 그루의 나무로 울창해진 숲도, 작은 씨앗에서 비롯된 것이다. 하나님의 사람은 한 톨의 도토리 속에서 수천 그루의 나무를 보고, 울창해진 숲을 볼 수 있어야 한다. 한 번밖에 없는 인생이요 나 한 사람은 참으로 작은 씨앗에 불과하지만, 여기에 삼위 하나님을 곱하는 영적 기백으로 수백, 수천의 열매를 맺는 사람이 되고 싶지 않은가!

하나님께 전심을 두는 '가능성 지향'의 사람

이것의 가능성은 긍정적 사고방식의 가능성이 아니라 '문제에도 불구하고'의 가능성을 말한다. 쉽게 말하면 문제에 초점을 맞추는 것이 아니라, 문제 속에서도 하나님이 주시는 은혜에 초점을 맞추는 것이다.

당시는 아합왕이 여호와의 선지자들을 핍박하여, 선지자들이 동굴에 은신하게 된 시기였다. 이런 상황에서 엘리야가 비관적인 마음으로, '아, 나홀로 이 힘겨운 전쟁을 치르고 있구나. 선지자들이 있다는 소문은 들었지만, 그들은 모두 동굴 속에 움츠려 있고, 나 혼자 갈멜산에 왔네. 나 혼자 뭘 할 수 있겠는가?'라고 탄식만 했다면, 아무런 변화도 일어나지 않았을 것이다. 그러나 엘리야는 문제보다 더 큰 은혜를 찾았다.

우리의 시선은 대체로 문제에 집중하는 경향이 있다. 이는 육신의 눈이 가진 한계일 수 있다. 우리가 마주하는 상황이 어렵고 힘든 것은 사실이다. 그러나 그리스도인의 시선은 보이는 것 너머를 볼 수 있어야 한다(고후 4:18).

인생은 세 종류로 구분된다. 문제를 보는 사람이 있다. 문제 발견자(problem finder)이다. 두 번째는 문제를 확대하는 사람이 있다. 문제 확산자(promblem magnifier)이다. 세 번째는 문제를 해결하는 자, 문제 해결의 가능성을 보는 자다. 즉, 문제 해결자(promblem solver)이다. 그리스도인은 이 땅의 문제를 해결하시기 위해 오셨던 예수님의 제자로, 태생적으로 문제 해결자의 DNA를 가지고 있는 사람이다. 중요한 것은 문제를 만날 때의 태도이다.

열두 정탐꾼은 동일한 문제를 보았다. 그러나 그들이 무엇을 어떻게 보느냐에 의해 운명이 완전히 달라졌다. 열두 명의 정탐꾼 가운데 열 명은 '자신들×문제'이니 문제 지향적이었다. 거기서 아낙 자손의 거인족을 만날 것이고, 거기에 비하면 자신들은 메뚜기에 불과하며 자기들이 할 수 있는 것은 아무것도 없다고 생각했다. 그들은 자신의 약함에 집중하느라 하나님의 강함은 보지 못한 것이다. 그러나 여호수아와 갈렙도 똑같이 거인을 보았지만, 이 둘은 문제가 아니라 가능성을 보았다. 먹구름 위에 빛나는 은빛 광채를 보았다.

성경에서 가장 가슴 아픈 구절 중 하나는 마태복음 13장 58절이다. "그들이 믿지 않음으로 말미암아 거기서 많은 능력을 행하지 아니하시니라." 부정적이고 문제에 집중하는 시각은 예수님조차 묶어버려 능력을 행하실 수 없게 한다. 그들은 이성의 틀 안에 하나님의 능력을 가두어버린다. 그 결과, 성도들은 역동적이고 하나님의 능력을 체험하는 문, 영적 기백을 가질 수 있는 기회를 상실하게 된다.

그렇다면 우리가 추구하는 가능성 지향은 세상에서 말하는 적극적인 사고와 어떻게 구별되는 것일까? 세상은 자신의 잠재된 가능성을 강조하지만, 성경은 그 가능성을 전적으로 예수님에게서 찾는다. 성도의 가능성 지향은 가능성을 하나님께 두는 것이며, 자신에게 두지 않는다.

성경에서 문제 지향이 아니라 가능성 지향의 대표적인 인물로, 한 나병환자가 있다. "주여 원하시면 저를 깨끗하게 하실 수 있나이다"(마 8:2). 그는 모든 가능성을 예수님께 두었다. 마가복음 5장 28절의 혈루병 앓는 여인은 수많은 인파 속에서 예수님께 가까이 나아가는 것이 어려운 문제이긴 하지만, 예수님의 옷에 손을 대기만 하면 구원을 받으리라는 가능성에 전심을 두었다. 또한 수로보니게 여인은 귀신들린 딸이 고침받을 수 있는 길은 예수님뿐임을 알고, 은혜의 부스러기만이라도 충분하다는 믿음을 가졌다(막 7:26).

이처럼 성경은 가능성을 자신에게 두는 것이 아니라 하나님께 두었던 사람들의 이야기로 가득하다. 이는 사람이 할 수 없는 것을 하나님은 하실 수 있기 때문이다(눅 18:27).

미래에 대해 많은 전문가가 수많은 예측을 하고 있다. 그러나 우리는 미래 전망이 어떻든, 환경이 어떻든, 모두가 인생 기로에서 하나님 편에 서야 한다. 세상 숫자보다는 하나님의 수에 민감하게 반응하며, 자신의 가능성을 전적으로 예수님께 둠으로써 믿음의 기백, 영적 기백을 가지고 담대함으로 믿음의 발걸음을 내디뎌야 한다. 이것이 바로 세상의 먹구름이나 풍파에 영향을 받지 않는 전천후 신앙, 상록수 신앙이 아니겠는가!

꿈∞

하나님을 대적하는 세상을 엘리야처럼 영적 기백으로 돌파하기를 소원하는 자의 기도

자비로우신 하나님 아버지, 우리 가운데 '하나님과 이 시대의 바알인 인본주의' 사이에서 머뭇거리며 회색지대에 안주하고 있는 사람이 있다면, '어느 때까지 둘 사이에서 머뭇머뭇하려느냐!'라고 천둥같이 질타하시는 말씀을 생명의 말씀으로 받아들여 결단하는 은혜를 주옵소서.
이 시대의 수많은 바알 숭배자의 공격 앞에서도, '우리 곱하기 만군의 여호와 하나님'을 믿으며, 사기충천한 영적 기백의 지팡이를 들고 회복을 넘어 부흥으로 비상하게 하여주옵소서.

12

세상이 감당하지 못하는 믿음의 사람

열왕기상 18:30-46

자기 한 몸도 제대로 건사하기 힘든 세상이다. 이러한 현실 앞에서 세상을 구하고, 시대를 밝히며, 가정과 이웃을 살린다는 것은 현실과는 거리가 먼 거대 담론처럼 느껴질지 모른다. 하지만 기독교인이 세상을 구하는 것은 반드시 삶의 경험적 실체여야 한다. 삶에서 작동하지 않는 수사적(修辭的) 복음은 기독교 복음일 수 없다.

주위를 둘러보면 사방천지가 하나님을 대적하고, 예수님의 이름을 훼손하는 것들로 가득하다. 사회적으로는 반기독교적인 정서가 마귀의 견고한 진처럼 구축되고, 문화적으로는 무신론적 사상들이 거센 파도처럼 출렁이며 사람들을 위협하고 때로는 심히 유혹하고 있다. 심지어 인공지능의 발달로 이제는 절대적 초월자 없이도 인간의 힘만으로 잘 살 수 있다는 방자함이 넘쳐나고 있다.

엘리야가 마주한 상황도 그랬다. 나라 전체가 우상으로 가득하고, 바알과 아세라를 숭배하는 이방 선지자들이 세속의 막강한 권세를 잡고 있었다. 그러한 상황에서 엘리야는 누구의 신이 참 신인지, 누가 예배하는 신이 이스라엘을 다스리는 하나님인지 진위를 밝히는 생명을 건 대결을 하고 있다.

삶의 벼랑 끝에서 하나님의 시각으로 세상을 바라보라

바알 선지자들이 그들의 신을 찾으며 부르짖었다. 송아지의 각을 떠서 나무에 올려놓고 하늘에서 불이 내려와 태우는 신이 참 신이었다. 바알 선지자들의 부르짖음은 시간이 지날수록 격렬해졌다. 그들은 칼과 창으로 몸을 상하게 하여 피가 낭자하게 흘렀다. 성경은 그들이 미친 듯이 떠들었다고 표현하고 있다. 지는 쪽은 생명을 내어놓아야 했기에 그들이 얼마나 절박하게 광란으로 절규했을지 상상할 수 있다.

그러나 어떤 응답도 어떤 음성도 없었다. 이로 인해 그들은 극단적인 모습을 보였다. "그들이 큰 소리로 부르고 그들의 규례를 따라 피가 흐르기까지 칼과 창으로 그들의 몸을 상하게 하더라"(왕상 18:28).

왜 성경 저자는 바알 선지자들의 모습을 이렇게도 세밀하게 묘사했을까? 이것은 영적인 경고의 메시지를 담고 있다. 우상을 숭배하는 사람이나 하나님 없는 삶을 사는 이들에게 남는 것은 자해요, 결국 그들은 망하는 인생임을 보여주려는 것이다.

겉으로 보면 엘리야에게 모든 것이 불리했다. 엘리야는 쌓은 제단 둘레에 도랑을 파고, 네 통에 물을 가득 채워 번제물 위에 세 번이나 부었다. 물이 제단 주위에 흘러넘쳐 도랑에 물이 가득 찼다. 이 대결은 물도랑이 있는 것과 물도랑이 없는 것의 대결이고, 젖은 나무와 마른 나무의 대결이었다. 수적으로도 850대 1의 대결이었다.

그러나 아무리 불리한 상황이라도 하나님께는 문제가 되지 않는다. 우리 하나님은 남들이 볼 때는 '이렇게 하면 안 된다'라고 하는 불리한 조건 극복에 전문이시다. 요셉을 보라. 애굽에서 총리가 되기전, 고통의 감옥 속에 불리한 환경 속에 있었다. 기드온은 큰 대군을 물리치기 위해 300명만으로 대결해야 하는 심히 불리한 상황이었다. 다니엘도 사자 굴이라는 절망적 환경 속에 있게 하셨다. 누구보다도 예수님은 십자가에 매달리시는 최악의 불리한 상황이셨다. 그러나 우리 하나님은 이러한 모든 조건들을 역전시켜 역사하셨다.

영적 기백을 사모하는 우리는 이런 면에서 독특한 시각을 가져야한다. 삶의 난제를 돌파하는 데 있어 거룩한 시각, 독특한 통찰력을 가져야 한다. 그리스도인은 모두가 불리한 조건을 극복하는 데 전문이신 하나님의 자녀가 아닌가! 인생의 가뭄과 벼랑 끝을 지나는 분들은 이것을 기억해야 한다. 인간의 눈으로는 우면산의 높이가 에베레스트산과 상대가 안 되지만, 하나님 편에서 볼 때는 290미터 우면산이나 8,800미터 에베레스트나 별반 다르지 않다.

살아계신 하나님은 엘리야의 간절히 기도에 넘치게 응답하셨다. 하늘에서 불이 내려서 송아지를 태우고, 젖은 나무도 태우고, 심지어 돌과 흙까지도 태웠다. 흥건한 도랑의 물마저도 다 말라 없어졌다. 전 세계 어떤 불이 돌과 흙까지 다 태운다는 말이 있는가? 그것은 오직 하나님이 주시는 하늘의 불만이 할 수 있는 일이다.

그 결과 "모든 백성이 보고 엎드려 말하되 여호와 그는 하나님이시로다 여호와 그는 하나님이시로다"(39절)라고 했다. 어제나 오늘이나 영원히 동일한 하나님을 선포하게 된 것이다(히 13:8).

바알 선지자들을 모두 죽이다

엘리야는 머뭇거리던 사람들에게 명령을 내려 바알 선지자들을 붙잡게 하고 다 죽였다. 이것을 보고 "너무 잔인하다"고 말할지 모른다. 그러나 성경 기자는 우상숭배에 대해 혹독하게 경고한다.

하나님께서 제일 싫어하는 것이 우상숭배이다. 우상숭배에 대해서는 척결이 유일한 답이다. 이 원리는 엘리야 때나 지금이나 동일하다. 나라나 지역, 시대나 인종을 막론하고 이 원리는 그대로 통한다. 하나님의 거룩한 성품은 우상과 같이할 수 없다.

그때나 지금이나 우상숭배는 하나님의 백성 가운데서 철저하게 도려내고 그림자조차 제거하여야 한다. 우상숭배는 결국 사람들을 망하게 하기 때문이다. 목자의 심정을 가진 하나님께서 이것을 그저 보고만 계시겠는가! 또 이런 악을 부추기는 사람을 그냥 두시겠는가? 이것은 그때나 지금이나 변함없는 하나님의 영적인 원리요 글로벌 스탠다드이다.

언제라도 다시 삶을 세우는 최고의 길: 무너진 제단을 수축하라

"무너진 여호와의 제단을 수축하되." 엘리야는 무너진 제단을 고치고, 수축하며 재건했다. "수축했다"라는 말은 예전에 그곳에 '하나님을 경배하는 제단'이 있었다는 의미다. 이세벨이 여호와의 선지자들을 죽일 때 이 제단도 헐었던 것이다(왕상 19:10). 엘리야는 주위에 흩어진 돌들을 모아 '무너진 여호와의 제단'을 다시 수축했다.

우리가 '제사장 나라, 크리스천 샬롬 코리아나'의 사명을 감당하려면 먼저 무너진 제단을 다시 쌓고 회복해야만 가능하다. 이것을 기도 제목으로 삼고 공동체 안에서 비전을 공유한다면, 하나님은 분명히 응답하실 것이다. 무너진 제단의 수축과 회복은 한 사람으로부터 시작한다. 엘리야가 850대 1로 바알과 아세라 선지자를 이긴 사건을 자세히 기록한 것은, 단지 엘리야의 거룩한 무용담, 영웅담을 드러내기 위해서가 아니다. 하나님의 편에 서려는 '한 사람의 간절한 기도 제목'이 '한 민족을 지키는 것'을 보여주기 위함이다.

'무너진 제단' 회복에는 무너진 가정 회복도 포함한다. 이 역시 여러 사람이 아니라 한 사람의 간절함에서부터 시작된다. 이에 대한 한 사례로, 창세기 35장에서 야곱이 벧엘로 가서 제단을 세운 사건이 있다. 야곱의 딸 디나가 세겜 족장에게 수치를 당한 후, 디나의 형제인 시므온과 레위는 세겜 족속을 몰살했다. 이것 때문에 야곱의 가족이 전멸당한 위기에 처했다. 아마도 야곱 인생에서 가장 위급하고 어려운 순간 중 하나였을 것이다.

우리 인생도 마찬가지이다. 예상치 못한 위기에 직면하거나, 앞이 보이지 않고, 어디서부터 시작해야 할지 막막할 때가 있다. 그럴 때 우리는 어떻게 해야 할까?

야곱의 행보는 이를 해결하는 좋은 모범이다. 야곱은 일어나 벧엘로 올라가서 하나님 앞에 다시 제단을 쌓았다. 야곱은 하나님 앞에 제단을 쌓지 않으면 자신의 인생이 무너진다는 것을 알았다. 야곱이 하나님 앞에 제단을 다시 쌓음으로 자신의 무너진 인생도 다시 쌓았다. 그리하여, '이스라엘'이라는 이름에 걸맞게 살아갈 수 있었다. 야곱이 제단을 쌓은 후, 위기의 가정이 다시 세워졌고, 회복됐고, 민족이 세워졌다.

오늘, 어려운 환경에 처하여 고통받고 있고, 전화위복의 은혜를 간절히 구한다면, 무너진 제단을 수축하는 마음으로 예배를 회복하라. 그러면 하나님께서 반드시 무너진 삶을 회복시켜 주실 것이다.

아무것도 없는자가 세계를 품고 기도하다

청년 시절, 용산에서 몇몇 젊은이들과 함께 공동체 생활을 했다. 그때 우리는 가진 것도 별로 없었고, 앞으로 펼쳐질 미래도 불확실했다. 그렇지만 우리는 거실에 지구본을 갖다 놓고, 지구본 위에 손을 얹으며 열방과 민족을 위해 눈물로 기도했다. 당시 하루하루 생활하기도 버거웠다. 안정된 것이라곤 하나도 없었다. "내일 일은 난 몰라요"라는 찬송이 그때의 우리 상황을 잘 나타내고 있었다. 그런 중에도 열방과 민족을 위한 기도가 오늘 나의 신앙과 목회의 기초석을 놓았다고 생각한다. 자기계발을 위해 젖 먹던 힘까지 다해 애써도 시원치 않을 상황이었지만, 이상하게도 세계선교를 위해 지구본을 앞에 놓고, 눈물로 기도했던 시간을 통해 하나님께서 길을 열어주신 것으로 확신한다.

시골 출신 청년 대여섯 명이 지구본에 손을 얹고 눈물 흘리며 기도하는 모습은 지금 생각해도 참 진풍경이고 코끝이 찡하다. 거기에는 경상도, 전라도, 충청도, 강원도 출신들이 있었는데, 우리 기도 소리의 억양과 액센트는 달라도 한마음으로 "이 시대에 무너진 제단을 수축하게 하옵소서"라고 기도했다. 그곳을 '라브리'(L'Abri, 피난처)라고 이름 붙이고, 대학부와 교회, 열방을 위해 기도했다.

개인의 회복과 공동체의 회복은 함께 가야 한다

'개인의 제단 회복'은 '민족의 제단 회복'과도 연결된다. 요즘 가장 큰 관심이 부흥과 회복이다. 그래서인지 유튜브 알고리즘으로, 1973년 빌리 그레이엄 전도집회, 1974년 엑스플로 대회, 1980년 복음화 대성회 설교가 계속 나온다. 그때 한국 교회의 영적 기백은 말로 다할 수 없었다. 그 드넓은 여의도 광장이 기도하는 사람들로 인산인해를 이루었다.

그중에서 지금 생각해도 가슴을 전율케 하는 것이 있다. 1980년

8월 11일, 모인 100만 명 앞에 살아있는 순교자인 평양 감옥 출신 안이숙 사모님이 나와서 간증을 했다. 그때 사모님의 10여 분 정도의 간증을 들어보니 영적 기백과 감동이 다시 느껴졌다.

안 사모님이 신명기 28장 1절과 2절로 말씀하셨다. "네가 네 하나님 여호와의 말씀을 삼가 듣고 내가 오늘 네게 명령하는 그의 모든 명령을 지켜 행하면 네 하나님 여호와께서 너를 세계 모든 민족 위에 뛰어나게 하실 것이라 네가 네 하나님 여호와의 말씀을 청종하면 이 모든 복이 네게 임하며 네게 이르리니." 일제시대 때 민족의 지도자들은 고문당하고, 백성은 먹을 것도 없이 초라했고, 한국 교회가 다 무너진 상태에서 어떻게 이 말씀이 하나님의 말씀이 되는가 생각했다는 것이다.

사모님은 하나님 말씀을 듣고 순종하면 복이 임하고 모든 민족 위에 뛰어나게 해주신다고 했는데, 조국이 이렇게 가난하여 먹을 것이 없고, 고문과 고통을 당하여 상처투성인데 무슨 복이냐는 생각했다. 그래서 "하나님 말씀은 진리이지만 이 말씀은 믿을 수가 없습니다"라고 했다는 것이다. 그런데 100만 명 앞에 선 안 사모님은 "이 집회로 인해 우리 민족이 모든 민족 위에 뛰어나버렸습니다. 하나님의 말씀은 진리입니다"라고 고백했다.

그리고 다음 이야기를 이어나갔다. "미국 사람들은 스포츠 관람을 위해 몇만 명씩 모이고, 락(팝)음악을 위해 몇십만 명이 모이는데, 복음과 선교만을 위해 이렇게 100만 명이 모이는 것은 세계 역사상 처음 있는 일입니다." 바로 그때의 한국 교회의 영적 기백이 오늘의 우리나라가 지금처럼 발전하게 된 축복의 원동력이라고 믿는다.

안 사모님이 마지막으로 부탁한 것이 있었다. "여러분, 제발 적당한 사랑은 하지 마세요." 기백 있는 사랑을 하라고 했다. 자기만 사랑하지 말고, 기백 있게 온 세계를 사랑하라고 했다. 어떻게 보면, 그 시대의 엘리야의 외침이었다. 하나님 사랑이 결국은 세상을 이긴다. 복음을 위한 고난이 마침내 승리한다. 그리고 한 알의 밀알이 떨어져 썩으면 열매를 맺는다고 했다.

개인적으로 놀라운 경험 중 하나는, 그 말씀을 듣고 이후 2년이 채 되지 않아 안이숙 사모님이 섬기는 교회에 대학부 전도사가 되었다는 것이다.

한번은 사모님께 여의도 광장에서 간증할 때 말씀하신 '자기만 사랑하지 말라'는 말씀이 무슨 의미인지 여쭈었다. 사모님은 "잡초 사랑이 아니라 유실수 사랑을 해야 된다"라고 대답하셨다. 잡초는 가만히 둬도 잘 자라듯이, 나를 사랑하는 사람을 사랑하는 것은 누구나 다 하는 잡초 사랑이다. 반면에 유실수는 가지치기를 해야 좋은 과실을 얻는다. 유실수 사랑은 마음에 안 드는 사람도 사랑하고, 억지로라도 해야 하는 사랑이다. 우리가 이 기백으로 사랑하면, 하나님께서 우리 민족을 반드시 "세계 모든 민족 위에 뛰어나게 하신다"(신 28:1)는 것이다.

엘리야 개인의 무너진 제단 회복은 민족의 제단 회복과 직결되었다. 사실 21세기에 들어오면서 세상의 개인주의와 맞물려 신앙이 너무 개인화되었다. 이것은 복음주의의 약점이 아닐 수 없다. 초대교회 신앙은 공동체와 깊이 연결되어 있었다. 공동체의 활력은 성도 개인의 혈관으로 흘렀고, 개인의 영적 기백은 공동체를 힘 있게 세우는 근력이 되었다. 성경은 예배에 대해 항상 "오라 우리가 경배하자"라고 공동체적 표현을 썼다. 그 결과, 그 파장은 공동체와 국가 전체에 영향을 끼쳤다. 갈멜산도 마찬가지이다. 이스라엘 백성은 갈멜산이라는 공적 장소에서 제단을 쌓고 하나님의 임재를 보았다.

골방에서 혼자 예배드릴 수 있겠지만, 그러면 공동체에 임하는 성령의 역사가 어떻게 일어나겠는가? 예수님은 교회의 머리요, 우리는 주님의 몸 된 교회의 지체이다. 몸에서 떨어져 나간 지체는 그것이 무엇이든지 제 기능을 할 수 없다. 함께 모였을 때 파장이 일어나고 거룩한 공진이 일어난다. 신앙의 개인주의화는 제자훈련에 독이다. 공동체와 떨어져 홀로 신앙생활을 하려는 것은 삼위 하나님의 뜻과는 거리가 있다. 사정상 온라인 예배를 드릴 수 있지만, 이것이 습관이 되어 신앙 체질이 변하면 결국은 왜곡되고 비틀어진 신앙생활로 인해 회한의 눈물을 흘리게 될 것이다.

이스라엘 백성을 살리는 엘리야의 기도

"… 내가 주의 말씀대로 이 모든 일을 행하는 것을 오늘 알게 하옵소서"(36절). 엘리야가 부르짖었던 이 기도 자체가 능력 있고 기백 있는 기도자의 모습이다. 종일 몸을 상하게 하고 피를 흘리며 우상에게 기도하는 바알 선지자들과 능력 있는 믿음의 기도로 나아가는 엘리야는 너무나 대조적이다.

능력 있는 기도의 출발은 하나님이 내게 말씀하신 '약속의 말씀'에 지속적으로 초점을 맞추는 것이다. "내가 비를 지면에 내리리라"(왕상 18:1)는 말씀을 붙잡고, 끈질긴 기도를 통하여 엘리야는 기도 응답의 현장을 체험했다.

그렇다면 끈질긴 기도란 무엇인가?

조나단 에드워즈는 믿음으로 드리는 끈질긴 기도에 대해서 이렇게 말했다. "하나님께서는 겸손하고 믿음으로 가득한 끈질긴 기도에 응답하사 그분의 백성을 독특하게 구원하실 것이다. 그런 기적들이 이 시대에도 벌어질 것이다." 끈질긴 기도에 대해서는 예수님께서 마태복음 7장 7절에서 직접 말씀하셨다. "구하라 그리하면 열릴 것이요 찾으라 그리하면 찾아낼 것이요 문을 두드리라 그리하면 열릴 것이다." 스펄전은 이 구절을 삼중 기도, 끊어지지 않는 세 겹줄 기도라고 표현했다. 끈질긴 기도는 주실 때까지 구하고, 찾을 때까지 찾고, 열릴 때까지 두드리는 기도이다. "굶주려 죽을 것 같은 거지가 먹을 것을 구하는 것처럼 구하고, 좋은 진주를 찾기 위해 자신의 모든 것을 내어놓을 준비가 되어 있는 초조한 장사꾼처럼 찾고, 폭풍 속에서 길을 잃은 여행자가 죽지 않기 위해 필사적으로 문을 두드리는 것처럼 두드려라."

어떤 면에서 인간의 노력으로 구하면 어느 정도는 받을 수 있고, 찾으면 찾아낼 수도 있다. 그러나 어떤 경우에도 문을 열 수는 없다. 문은 안에서 열어주어야만 열린다. 하나님은 문을 열 준비가 되어 계신다. 언제까지 기도해야 하나? 예수님께서 문을 열어주실 때까지 끈질기게 기도해야 한다. 이 세상에서 평범한 경험을 뛰어넘는 더 높은 경지를 원한다면 반석이신 주님을 끈질긴 기도의 창문을 통해 믿음의 눈으로 바라보라. 만약 인자가 지금 오신다면 우리 가운데 얼마나 많은 사람이 그렇게 분명하고 열렬한 끈질긴 믿음의 기도를 드리고 있다고 인정받겠는가? 어떤 다른 방법도 소용없을 때 끈질긴 기도만으로 이길 수 있다.

"내가 아는 것이 있다면 기도는 절대 헛되지 않다는 것이다. 내가 그것을 증명할 수 있다. 나의 회심 역시 기도의 결과다. 길고도 애정 어린, 열렬하고도 끈질긴 기도였다. 부모님께서 나를 위해 기도하셨고, 하나님이 그 기도를 들으사 나를 복음 전도자로 세우셨다." 기독교 역사에서 수많은 사람을 회심하게 한 최고의 설교가로 꼽히는 스펄전을 만든 것도 부모의 끈질긴 기도였다. 여러분의 자녀를 축복하기를 원하는가? 애정어린, 열렬하고도 끈질긴 기도가 답이다.

오늘도 주님은 우리에게 "내 이름으로 무엇이든지 내게 구하면 내가 행하리라"(요 14:14)라고 말씀하셨다. 37절에도 기도 제목이 있다. "여호와여 내게 응답하옵소서 내게 응답하옵소서 이 백성에게 주 여호와는 하나님이신 것과 주는 그들의 마음을 되돌이키심을 알게 하옵소서."

여기에 놀라운 기도 제목이 두 가지가 있다.

첫째, '주 여호와는 하나님이신 것'을 알게 해달라는 기도. 이 말씀은 우리 하나님이 사람의 생각에 갇혀 있는 분이 아님을 의미한다. 하나님은 인간이 기억에 존재하는 분이 아니고, 전통에 얽매인 분도 아니며, 단순히 한 종교의 신도 아니다. 또한, 우리의 상상력에 구속되는 분도 아니다. 하나님은 상징도 아니고, 어떤 우주적 파워도 아니다. 하나님은 지금 살아계셔서, 지금 역사하시고, 지금 불을 보내시고, 지금 죄를 미워하시고, 지금 우상을 타파하시고, 지금 우리 믿음의 끈질긴 기도를 들으시고, 지금 응답하시는 분이시다.

둘째, '주는 그들의 마음을 되돌이키심'을 알게 해달라는 기도. 엘리야가 "그들의 마음을 되돌이켜 주옵소서"라고 기도하는 이유는 무엇인가? 이스라엘 사람들의 마음이 바알을 따랐다. 그들의 마음이 하나님을 떠났다. 그들은 하나님을 귀하게 여기지 않았고, 하나님보다 다른 것을 더 사랑했다. 이런 사람들을 위하여 엘리야는 "주는 그들의 마음을 되돌이키심을 알게 하옵소서"라고 기도했다. 이스라엘 백성의 엉터리 마음이 다시 하나님께로 돌아올 것을 간구한 것이다.

창조주 하나님께서 굳이 우상을 상대로 갈멜산 대결을 하실 필요가 있을까? 그럼에도, 엘리야를 통해 이 갈멜산 대결을 허락하시고 엘리야의 기도에 응답하시는 이유는, 이스라엘 백성이 다시 돌아오기를 간절히 바라는 하나님의 마음 때문이었다. 창조주 하나님은 그러실 필요가 없다. 하나님이 인간에게 무슨 증명을 하실 필요가 없다. 그런데도 하나님의 안타까운 심정 때문에 그렇게 하셨다.

이스라엘을 사랑하는 하나님의 놀라운 심정 덕분에 하나님께서 불로 응답하시는 것을 본 사람들이 마침내 돌이켜서 진심으로 하나님 앞에 고백한 것이 39절이다.

"여호와 그는 하나님이시로다 여호와 그는 하나님이시로다."

갈멜산의 모든 역사는 하나님이 다 하셨다는 것이다. 이스라엘 백성은 이제야 "하나님은 불을 다스리신다. 하나님은 육신과 나무와 바위와 물을 다스리신다. 하나님은 비를 다스리신다"라는 진실을 깨달은 것이다. 지금까지는 자연과 폭풍과 바람을 다스리는 신이 바알이라고 생각하며 그에게 풍요를 빌었는데, 이제 드디어 천지 만물을 다스리시는 분이 바알이 아니라 하나님이심을 깨달은 것이다.

우리의 마음이 다시 하나님께로 돌아가게 되면, 그 마음을 하나님께서 다스려 주신다. 조금 더 깊이 들어가면, 우리의 마음이 하나님의 마음으로 채워질 때 사람이 생각하지 못한 기막힌 역사가 일어나는 것이다. 우리의 마음과 생각, 우리의 뜻과 행동, 우리의 사랑이 하나님께로 돌아오면, 참으로 우리의 마음이 하나님께서 원하시는 마음으로 회복되고, 우리의 마음 그릇이 준비되면 거기에 하나님께서 비를 내리시는 것이다.

엘리야는 21세기를 살아가는 우리를 향해 지금 이렇게 외친다. "그들의 마음을 되돌이키심을 알게 하옵소서." 그렇게 마음이 하나님께로 돌아오면, 하나님의 기적을 경험하게 되는 것이다. "구름과 바람이 일어나서 하늘이 캄캄해지며 큰 비가 내리는지라"(45절). 이 놀라운 진리에 영의 눈을 떠야 한다. 우리의 용량이 커지면 거기에 합당한 은혜의 비가 쏟아진다. 불에 타고 남은 잿더미 앞에서, 우상 숭배 선지자들의 시체 앞에서, 이스라엘 백성의 마음이 하나님께로 돌아오자, 하나님이 천지사방에 눈길이 닿는 모든 메마른 곳곳에 장대비를 쏟아부어 주시는 놀라운 장면을 상상해보라.

우리의 심장을 두드리는 빗속을 달리는 엘리야

본문의 마지막 부분은 우리의 가슴을 뜨겁게 한다. "여호와의 능력이 엘리야에게 임하매 그가 허리를 동이고 이스르엘로 들어가는 곳까지 아합 앞에서 달려갔더라." 상상해보라. 큰 비가 쏟아지고 있다. 그리고 엘리야는 큰 비를 맞으면서 뛰어가고 있다. 갈멜산에서 이스르엘까지 약 28킬로미터 정도를, 아합의 마차를 앞서서 엘리야가 뛰어갔다. 아합왕은 비를 맞지 않으려고 마차 안에 있었지만, 엘리야는 마차 앞에서 비를 흠뻑 맞으면서 앞서 달려가는 것이다.

엘리야는 하나님께서 자기 기도에 응답해주신 것에 너무 감사하고, 약속의 성취가 너무 감사하고, 하나님의 마음, 목자의 심정을 깨달은 것에 감사했을 것이다. 그리고 이스라엘 백성의 마음이 돌아온 것에 감사했을 것이다. 엘리야는 한 단계 나아가서 아합왕도 여호와께로 돌아오기를 원하는 마음으로, 앞이 보이지 않을 정도로 몰아치는 빗길 속에서 달려간 것이다.

아합왕은 영적으로 가련한 사람이라고 할 수 있다. 엘리야를 통해 은혜를 받고 부흥을 체험해야 하는데, 아내 이세벨을 만나면서 인생이 깨져버렸다. 아합왕이 악한 왕의 대명사가 된 이유에 대해 성경은 "예로부터 아합과 같이 그 자신을 팔아 여호와 앞에서 악을 행한 자가 없음은 그를 그의 아내 이세벨이 충동하였음이라"(왕상 21:25)라고 평가하고 있다. 더구나 아합왕은 이후에 나봇의 포도원 사건으로 엘리야로부터 책망을 듣고 금식하며 회개도 했다. 아합의 그런 모습을 보시고 하나님께서는 엘리야에게 "아합이 내 앞에서 겸비함을 네가 보느냐 그가 내 앞에서 겸비하므로 내가 재앙을 저의 시대에는 내리지 아니하고 그 아들의 시대에야 그의 집에 재앙을 내리리라"(왕상 21:29)라고 하셨다.

우리는 한 사람 이세벨의 악행으로 인하여 이스라엘 한 민족이 장망성을 향하여 달려가기도 하지만, 한 사람 엘리야의 간절한 기백 있는 기도를 통하여 기울어져 가는 민족이 다시 세워지는 것도 보았다. 진정한 영적 기백은 목자의 심정을 가지고 모든 난관을 돌파하는 능력인데, 엘리야는 이걸 실제로 체험한 것에 감사해서 눈물이 났을 것이다. 위로는 빗물이 떨어지고, 눈에서는 감사의 눈물이 흘렀을 것이다. 너무나 감사해서 장대비를 맞으면서 달리는 것이다. 너무나 영광스럽고 장엄한 광경이다.

엘리야가 달리면서 가만히 있었겠는가? "우리 하나님은 살아계신 하나님이시다. 약속을 성취하시는 하나님이시다. 돌과 흙까지 태우시는 하나님이시다. 우리의 마음을 돌이키시는 하나님이시다. 남은 자를 끝까지 지키시는 하나님이시다." 이렇게 외치지 않았겠는가!

우리 모두가 장대비 속을 달리는 엘리야처럼 표가 나는 은혜를 받기를 바란다. "우리 가정을 보니 하나님이 살아계신다. 우리 교회를 보니 하나님은 만군의 여호와 하나님이시다." "우리 하나님은 정말 기도를 응답하시는 하나님이시다. 우리 하나님은 사소한 일에도 응답하시는 하나님이시다." 우리가 삶 속에서 이런 고백들을 외치고 읊조릴 수만 있다면, 이보다 더 우리의 가슴을 뛰게 하는 일이 있을까!

우리 하나님은 영적 기백을 가지고 은혜의 장대비를 맞으며 하나님께 감사를 외치며 달려가는 자들에게 불이 떨어지게 하시고, 필요하면 물이 떨어지게 하신다. 각 사람의 형편과 처지에 맞게 불과 비를 보내신다.

✺

언제라도 삶의 제단을 수축하며 하나님께 나아가기를 소원하는 자의 기도

선한 목자 되신 하나님 아버지, 하나님 없는 인생은 결국 자신을 비참하게 자해하는 인생에 불과한 것을 깨달았으니, 오늘도 우리의 마음을 주님께로 돌이켜 온전히 주님만 '나의 하나님'으로 섬기는 인생 되게 하옵소서.
지금도 하나님께서는 '엘리야처럼 무너진 제단을 수축하려는 신실한 한 사람'을 통하여, 민족을 살리고, 세계 교회를 살리는 역사를 행하시는 하나님이시오니, 우리가 하나님이 찾으시는 한 사람이 되게 하옵소서.
1973년 빌리 그레이엄 전도집회, 1974년 엑스플로 대회, 1980년 복음화 대성회에 모였던 100만 명의 성도가, 오늘날 세계 위에 뛰어난 K-부흥의 새 역사를 쓰게 하신 영적 뿌리인 줄 믿습니다. 마음을 돌이켜 하나님을 찾는 모든 심령 위에 은혜의 장대비를 내려주사, 세상이 감당치 못할 거룩한 부흥의 공진이 이 땅 위에 일어나게 하옵소서.

MOVING BEYOND RESTORATION INTO

REVIVAL

III부

부

부흥을 위한

Revival Strategy

전략

13

비대칭 전략의
신비

여호수아 5:2-10

하나님의 자녀는 세상을 이기는 자이다
(요일 4:5). 이것은 하나님의 말씀이요, 세상을 이기신 예수님을 믿는
그리스도인의 태생적 속성이다(요 16:33). 그런데 세상의 엄청난 유혹
(요일 2:16)이나 지뢰밭 같은 위협(벧전 5:8)을 보면 중과부적(衆寡不敵)으로
도무지 이길 수 없어 보인다.

하나님의 법칙이 작동하는 비대칭 전략
그러나 그리스도인에게는 세상의 수나 크기에 대한 상식을 뛰어넘
는 새로운 차원의 신앙의 길이 열려 있다. 영적인 비대칭 전략이 그
것이다. 비대칭 전략은 "이에는 이, 눈에는 눈"으로 대하는 대칭 전
략과는 반대되는 개념이다. 예를 들어, 골리앗이 칼과 창을 들고나

올 때 다윗도 칼과 창을 들고 나가야 하는데 물맷돌을 들고 나가는 것이다. 미디안 연합군 135,000명이 쳐들어올 때 최소 수만 명으로 맞서야 하는데, 기드온은 300명의 용사와 함께 횃불과 나팔을 들고 나가는 식이다.

역사적으로도 비대칭 전략으로 세계사를 바꾼 사건들이 있다. 미국의 남북전쟁 초기에 링컨의 북군은 남군의 압도적인 전투력에 의해 계속 패하고 있었다. 그러던 어느 날 링컨이 갑자기 "노예 해방 선언"을 했다. 그 순간 연방제 견해 차이로 시작된 남북 전쟁의 전쟁 구도가, 한순간에 '정의와 불의의 구도'로 바뀌어버렸다. 링컨은 전쟁 중간에 전략 수립을 하기 전에 먼저 기도실에 들어가 전쟁을 하나님 손에 맡겼다.

비대칭 전략 극치는, 로마 군인들이 예수님을 잡으러 왔을 때 예수님께서 보이신 행동이다. 열두 군단 더 되는 천사를 보내어 그들을 한 번에 처리할 수 있었지만(마 26:53), 그러지 않고 십자가를 지신 것이다. 이것이 복음의 비대칭 전략의 핵심이다. 그러면 **'영적 비대칭 전략이 왜 우리에게 필요한가?'** 복음의 비대칭 전략은 '세상의 법칙'이 아니라 '하나님의 법칙'이 작동하기 위해 필요하다.

마침내 이스라엘 백성은 가나안 입성을 앞두고 금성철벽 같은 여리고성을 마주하게 되었다. 이런 상황이라면 일반적으로는 성을 공략하는 전략을 짜는 것이 먼저일 것이다. 그러나 하나님은 여호수아에게 6일 동안 성을 하루에 한 바퀴씩 돌고 "외치라 하는 날에 외칠지니라"라고 하셨다. 이것은 하나님의 비대칭 전략이었다. 하나님께서 이스라엘 백성에게 주신 비대칭 전략은 모두가 하나님의 말씀으로 자신을 묶고 함께 순종하라는 것이다.

여호수아의 광야 2세대, 유일한 순종의 세대들은, 상식적으로 이

해가 안 되는 '하나님의 비대칭 전략'에 결사적으로 하나가 되어 순종함으로써 기적을 경험했다. 우리가 영적으로 마음을 하나로 묶고 하나님이 주신 비대칭 전략을 절대 신뢰하고 순종한다면, 우리의 생각을 뛰어넘는 놀라운 일이 우리 생애 내내 펼쳐질 것이다.

하나님의 말씀에 자신을 묶고 뛰어내려라

영적인 비대칭 전략은 세상의 중력 법칙을 뛰어넘는, 하늘의 법칙이다. 역대하 20장에 따르면, 모압 연합군(모압+암몬+마온)이 이스라엘을 침략할 때, 여호사밧왕은 이스라엘 백성과 함께 금식하고 기도했다. 적이 공격하고 있는데도, 금식하는 것은 이상한 비대칭 전략이다. 그때, 스가랴의 아들 야하시엘이 하나님의 영으로 대언했다. "이 전쟁은 너희에게 속한 것이 아니요 하나님께 속한 것이니라"(대하 20:15). "전쟁이 하나님께 속했다"라는 것은, 세상의 법칙이 하나님의 법칙에 굴복한다는 의미이다.

　세상의 법칙은 무엇인가? 높은 건물에서 뛰어내리면 중력의 법칙이 작용해서 추락한다. 그런데 사람이 높은 곳에서 뛰어내려도 추락하지 않는 경우가 있다. 중력의 법칙을 뛰어넘는 더 큰 법칙이 작용하면, 추락하지 않는다. 예를 들어, 행글라이더를 타면 공기 역학 법칙을 활용하여 중력을 상쇄하고, 특정 조건에서는 이를 초과하여 상승할 수 있다. 이것이 세상의 중력을 이기는 비대칭 전략의 예이다.

　하나님께서 여리고성을 무너뜨리셨을 때, 이스라엘 백성이 했던 유일한 행동은 하나님의 말씀을 믿고, 그 말씀에 자신을 묶는 것이었다. 이것이 영적인 비대칭 전략의 핵심이다.

　여리고성의 높은 성벽과 이를 지키는 많은 여리고 군사들은 세상 법칙, 세상의 중력 법칙에 속해 있다. 만일 이스라엘 백성이 하나님의 명령을 이성적인 판단으로 제한했다면 치밀한 전투 계획을 세워 여리고를 공격해야 했겠지만, 그렇게 하면 세상 법칙, 세상의 중력 법칙 안에서 싸우는 것이 된다. 그리고 세상의 법칙 아래서는 더 큰 힘을 가진 사람이 이기게 되어 있다.

그런데 이스라엘 백성이 여리고성을 무너뜨린 것은 세상의 중력 법칙을 압도하는 하나님의 말씀에 절대 의존하는 믿음의 법칙, 즉 영적 비대칭 전략에 순종했기 때문이었다.

우리도 인생길을 가는 동안 높은 곳에서 뛰어내려야 하는 것같은 순간이 있다. 그럴 때 어떻게 해야 하는가? 행글라이더를 타는 것처럼, 하나님 말씀에 우리를 단단히 묶고 믿음으로 뛰어내려야 한다. 그러할 때, 영적인 공기 역학 법칙이 작용하는 것이다.

이스라엘 백성은 여리고성 전투에서 패하면 전멸당하거나 노예가 되거나, 광야로 도망쳐 이리저리 헤매며 살아야 했음에도 도무지 이해할 수 없는 하나님의 말씀에 자신을 묶고 뛰어내린 것이다. 이것이 성도가 붙들어야 하는 영적인 비대칭 전략이며, 이를 통해 세상의 법칙과 중력의 법칙을 이기는 것이다. 역사의 하선에서는 세상의 법칙, 중력의 법칙이 통하지만, 역사의 상선에서는 영적 비대칭 전략과 하나님 법칙이 역사한다.

젖과 꿀이 흐르는 땅에 들어가는 것을 이스라엘 백성이 더 원했을까, 하나님이 더 원하셨을까?

하나님이 더 소원하셨다. 엘리야가 갈멜산 대결에서 무너진 제단을 수축하고 하늘에서 불을 내려주시기를 원했지만, 실은 하나님께서 목자의 심정으로 응답하시길 더 원하셨음을 깨닫는 것이, 성도가 하나님 역사의 상선에 접목되는 영적 통찰이요 신앙의 깊이이다.

하나님은 우리에게 예비하신 '젖과 꿀이 흐르는 땅'을 주시길 우리보다 더 원하신다. 어느 정도로 원하시는가? 히브리서 6장 14절이 그 대답이다. "내가 반드시 너에게 복 주고 복 주며, 너를 번성하게 하고 번성하게 하리라." 우리를 가나안 땅에 들어가게 하시려는 하나님의 절절한 심정은 언어로 다 표현할 수 없다. 하나님께서는 우리에게 복을 주시고 싶어서 마음이 급하시며 애가 타시는 것처럼 보인다.

우리를 향한 하나님의 한없는 사랑을 스펄전은 이렇게 표현했다. "하나님의 참사랑의 온전한 의미는 어떤 인간의 언어로도 전달할 수 없다. 만일 우리를 사랑하시는 그 사랑의 모든 의미를 말에 담아 전하고자 하면 말은 그 무게를 견디지 못하고 산산조각이 날 것이다." 하나님의 크신 사랑처럼, 하나님께서 우리에게 복 주시려는 마음을 우리는 다 헤아릴 수 없으며, 그 큰 복의 극히 작은 조각조차 우리의 작은 가슴에는 다 담을 수 없을 정도다.

애굽의 노예근성을 베어내는 할례

2, 3, 7, 8절에 네 번에 걸쳐서 반복되는 것이 있다. "부싯돌로 칼을 만들어 할례를 행하라." "부싯돌로 칼을 만들어 할례를 행하라." "여호수아가 할례를 행하였으니." "할례 행하기를 마치매."

큰 장애물, 여리고성 공략을 앞에 놓고, 하나님께서 여호수아에게 어떤 명령을 내리시는가? 세상 어디에 큰 전쟁을 앞두고 자기 백성의 몸에 칼을 대는 일이 있는가? 그러나 이스라엘 백성들은 명령대로 할례받고 낫기를 위해 누워 있었다(8절). 이것만큼 비대칭적인 전략이 어디 있는가? 적들이 쳐들어오면 몰살당할 상황이었다. 그런데도 백성들은 말씀에 순종했다.

백성들이 명령에 따라 할례를 마치자, 하나님께서는 "내가 오늘 애굽의 수치를 너희에게서 떠나가게 하였다"(9절)라고 말씀하셨다.

기가 막힌 말씀이다. 할례를 행함으로 수치가 굴러가게 한 것이다. 그래서 그곳 이름을 '길갈'이라 지었다.

할례가 무엇인가? 할례는 하나님께서 제정하신 선택받은 사람의 표다. 하나님의 사람임을 나타내는 표식이다. 할례는 언제 시작되었는가? 하나님께서 99세인 아브라함에게 할례를 행하라고 하셨다(창 17장). 왜 하나님께서 할례를 행하라고 하셨는가? 하나님은 자기 백성에게 복 주시기를 애타게 원하시는데, 그들은 아직 그 복을 받을 준비가 안 되어 있었다. 이는 사람들이 전부 자기중심이기 때문이다. 심지어 순종도 자기중심적이다. 오죽하면 하나님이 아브라함에게 "너는 내 앞에 행하여 완전하라"(창 17:1)라고 말씀하셨겠는가!

하나님의 심정은 '너만이 아니라, 네 덕분에 네 주위에 있는 사람이 다 은혜를 받고, 너는 복의 근원이 되게 하는' 이것이다. 그래서 하나님은 아브라함에게 여러 민족의 아버지가 되는 이름을 지어주셨다. "네 이름을 아브람이라 하지 아니하고 아브라함이라 하리니 이는 내가 너를 여러 민족의 아버지가 되게 함이니라"(창 17:5). '아브람'은 '한 가정의 아버지, 고상한 아버지'라는 뜻이다. 자기 자식 사랑하고, 자기 가정 잘 지키는 사람이라는 의미이다. 그러나 하나님의 비대칭 전략은 네가 완전하게 되려면 너 덕분에 수많은 사람이 복을 받는 '복의 통로'가 되어야 한다는 것이다. 하나님이 세우신 비대칭 전략의 글로벌 스탠다드 격이다. 그래서 너는 '아브람'이 아니라 '아브라함'이 되어야 한다고 말씀하신다.

아직 노예 생활의 습성이 남아 있고, 오합지졸 같은 이들이 제사장 나라가 되기 위해서는 다른 사람을 성공시키는 것이 자신을 성공시키는 것이라는 하나님의 글로벌 스탠다드 시각을 살에 새겨야 한다. 남을 잘되게 하는 것이 내가 잘되는 것이며, 이것이 내가 "열국의 아비"라는 정체성을 갖는 비결이다. 이스라엘 남자들은 할례의 상처를 볼 때마다 '아, 나는 하나님의 사람이야, 나는 하나님의 백성이야, 나는 열국의 아비야'라고 자각하고, 이것이 하나님의 비대칭 전략임을 깨닫게 된다.

즉, 세상 방식대로 살지 말고 하나님 방식대로 살라는 것이다. 지금까지는 내 복과 내 것만 원했는데, 하나님의 심정을 깨닫고, 하나님의 뜻을 이루려면 이제부터 모든 사람을 마음에 품는 거룩한 투쟁을 해야 하고, 이기적인 자신과의 싸움을 해야 한다는 것이다.

신약에서 언급하는 할례는 마음의 할례로, 이는 우리 자신을 죽이고 마음에 상처를 입히는 것을 의미한다. "또 그 안에서 너희가 손으로 하지 아니한 할례를 받았으니 곧 육의 몸을 벗는 것이요 그리스도의 할례니라"(골 2:11). '자기중심의 신앙'에서 '십자가를 지는 삶'으로 한 단계 올라가는 것이다.

그렇다면, 십자가를 진다는 게 무엇인가? 구약에서는 이것을 할례받는 것으로 표현했다. 내 몸의 일부를 베어내고, 내 자신을 죽이는 과정이다. 오늘 이 시대의 부흥, 이 시대의 젖과 꿀이 흐르는 가나안 땅을 얻기 위해서는, 마음이 할례를 받은 사람이 되어야 한다. 마음의 할례에 대해서는 제임스 패커의 통찰이 도움이 된다. "우리 안에 나면서부터 있던 죄의 맹목성과 완고성과 강퍅성이 우리의 생각과 감정을 소유하고 있고, 그 편견들로 우리 하나님을 향한 회심을 방해하지만, 이 할례로 인해 그 방해 요소들은 제거된다."

나 중심의 자아는 바로 죄의 맹독성과 완고성과 강퍅성에 사로잡혀 있는 상태이다. 이런 마음에 할례를 받는다는 것은 내가 스스로 왕인 자아의 보좌에서 나를 끌어내리는 것이다. 나의 '자아가 폐위'된 것이다. 더 이상 죄의 지배권이 나를 휘두를 수 없다. 성도는 자아가 지배하는 나라에서 도망쳐, 내가 스스로 폐위된 상태다. 이것이 할례를 통한 영적인 비대칭 전략이다.

이렇게 될 때, 내 마음에 하나님의 나라가 임하고 세계를 품는 그리스도인이 된다. 그리하여 하나님 나라 시민의 안목을 갖게 되는 것이다. 환경이 바뀐 것이 아니라, 내가 보는 눈이 바뀐 것이다. 즉, 하나님 나라의 시민은 영적인 비대칭 전략이라는 기준으로 산다. 이것이 하나님이 원하시는 영적인 글로벌 스탠다드이다.

자아의 나라에서 도망쳐라

우리가 할례를 받는 이유는 자기중심의 자아를 죽이기 위한 것이다. 성도가 자아를 죽여야 하는 이유에 관해 토저가 잘 정리했다. "예수님이 이 땅에 오신 목적은 둘 중의 하나가 될 수밖에 없다. 하나는 우리의 자아를 끝장내고 영적 승리를 통해 새 생명을 드러내기 위해서이다. 다른 하나는 옛 자아의 헝겊 조각을 붙여 그것을 수선하기 위해서이다. 하지만 옛 자아에 헝겊 조각을 붙여 수선하는 방법으로는 문제가 해결되지 않는다. 주님이 우리의 자연적 자아와 교만을 길들이는 법을 가르치기 위해 이 땅에 오셨다고 말하지 말라."

왜 신앙에서 나 중심의 자아를 죽여야 하는가? "인간의 자기중심적 자아는 반역과 불순종과 불신의 결정체이기 때문이다. 이기적인 자아, 나 중심의 자아가 죽어야 하나님께서 인간의 삶 속에서 온전히 영광을 받으실 수 있기 때문이다. 우리는 하나님을 의지해서 이렇게 말해야 한다. '이제 너는 끝장났다. 너는 폐위되었다. 너는 더 이상 지배권을 휘두를 수 없다.' 성도여, 자아에게 지배당하는 나라에서 도망치라."

그러면 옛사람, 자아중심적 옛 생활을 최종적으로 처리하는 방법은 무엇인가? 그것은 십자가 죽음과 부활을 통과하신 그리스도와 하나 되는 것이요(갈 2:20), 이것이 마음에 할례를 하는 이유이다(롬 2:29).

나 중심의 자아가 죽으면 어떤 일이 일어나는가? "하나님의 나라가 임한다. 세계를 품는 그리스도인이 된다는 것은 내 속에 하나님 나라가 임하는 것이다. 그리하여 하나님 나라 시민의 안목을 갖고, 하나님 나라의 기준에 따라 사는 것이다."

하나님 나라 시민의 안목과 하나님 나라의 기준이 영적인 글로벌 스탠다드이다. 영적인 스탠다드를 추상적으로 생각하지 말라. 내 속에서 자아의 나라가 끝장나고 하나님 나라가 임함으로 하나님 나라의 시각으로 세상을 보고, 하나님 나라의 기준으로 세상을 사는 것이다.

하나님은 아무 이유 없이 할례를 받으라고 말씀하시는 것이 아니다. 우리에게 놀라운 것을 주시려고, 할례를 받으라고 하신다.

은혜의식의 원천인 유월절

"또 이스라엘 자손들이 길갈에 진쳤고 그달 십사일 저녁에는 여리고 평지에서 유월절을 지켰으며"(10절). 그 어마어마한 난공불락의 여리고성을 무너뜨리고 전쟁을 치러야 하는 상황에서, 하나님은 갑자기 할례를 받아 완전히 자기 죽음을 선언하고 누워 있으라고 하시더니, 두 번째로 "유월절을 지키라"라고 하셨다.

유월절이 무엇인가? 유월절은 애굽의 장자들이 다 죽어가는 가운데서도, 이스라엘 백성이 기적 같은 구원의 역사를 체험한 명절이다. 할례는 일생에 한 번 하는 것이지만, 유월절은 매년 반복적으로 지키는 것이다.

마음의 할례 받은 사람으로서 십자가를 더 잘 지려면, 우리는 매일, 매주, 매년 위로부터 부어주시는 힘과 능력과 은혜가 필요하다. 이 특별한 힘과 능력과 은혜를 어떻게 받을 수 있을까? 세상 사람들은 좋은 음식 먹고, 운동을 하는 등 이 땅의 것을 추구하겠지만, 우리는 유월절을 지키며 비대칭 전략을 붙잡는 것이다.

이스라엘 백성은 애굽에서 감당할 수 없는 노예 생활을 겪었다. 자기 힘으로는 애굽 제국의 강력한 권세 밑에서 헤어날 수 없었다. 바로가 그들을 얼마나 노예처럼 취급했는지, 그들은 살 소망조차 갖지 못했다. 부모도 노예, 아들도 노예 그리고 후손들까지도 노예가 되어야 했다. 영적으로 보면, 애굽의 이스라엘 백성의 모습이 바로 우리 모습이다. 우리는 죄의 노예로서, 바로의 노예처럼 사탄의 노예가 되어서 벗어날 수도 없고, 벗어날 방법조차 모르는 삶을 살았다. 우리는 자손 만대까지 영적 노예의 삶을 살던 사람들이다.

하나님께서는 희망을 잃은 이스라엘 백성의 비탄에 가득 찬 외침을 들으시고, 그들을 노예의 삶에서 일방적으로 구원해주셨다. 이것은 꿈 같은 일이었다. 바로가 너무도 강퍅하게 대적해 열 재앙을 내리고, 맏아들을 죽이는 유월절을 통해 그를 꺾어 이스라엘 백성을 구원하시고 홍해까지 건너게 하셨다. 고린도전서 10장 말씀처럼, 오늘도 죄악의 파도 속에서 침몰하는 우리를 구원하시고 홍해를 건너 구원받게 해주셨다. 죄와 죽음의 공포에 노예처럼 묶여 있던 우리를 구원해주셨다. 하나님의 일방적이고 전적인 은혜이다.

어려움에 직면할 때마다 홍해를 갈라주시고, 먹을 것이 없을 때는 만나와 메추라기를 주시는 은혜가 일마다 때마다 나 같은 죄인에게 나타난 것이다. 이것이 유월절의 감동과 능력 그리고 은혜이다.

유월절의 감동과 은혜는 하나님의 일방적인 복이다. 이것이 비대칭 전략의 핵심 중 하나다. 하나님께서 일방적으로 아담과 하와에게 에덴동산을 주신 것도, 노아에게 방주를 주신 것도, 아브라함에게 생각지도 못한 이삭을 주신 것도, 요셉에게 총리대신이 되게 하신 것도, 무엇보다도 우리가 요청도 하지 않았는데 하나님께서 독생

자 메시아를 주신 것도 유월절의 은혜요 참된 복이다. 또 하나님께서 우리에게 살아있는 하나님의 말씀인 성경을 주시고, 교회를 주시고, 영가족을 주셨다. 일방적으로 하나님께서 젖과 꿀이 흐르는 가나안을 주신 것이다.

정리하면, 하나님은 여리고 전투와 가나안 입성을 앞두고 이스라엘에게 전략과 무기와 병참을 말씀하지 않고 하나님만 의지하고 순종하게 하는 비대칭 전략을 주신 것이다. 이렇게 해서 이스라엘 백성 속에 남아 있는 애굽의 노예근성을 베어내시고 하나님의 백성으로 거듭나게 하셨다.

할례를 받게 하신 것은 자기중심 신앙에서 하나님의 심정으로 세계를 품는 신앙으로 체질을 바꾸기 위해서이다. 이렇게 하지 않으면 이스라엘은 가나안에 들어가 하나님의 백성으로 살 수도 없고 살아남을 능력도 잃게 된다. 하나님의 백성은 하나님의 자녀다운 내면을 가지고 십자가를 더 잘 지는 사람이 되어야 한다. "이제 너희는 아브람의 후손이 아니라, 아브라함의 후손으로 글로벌 스탠다드로 올라가야 한다." 이것이 할례를 행하게 하신 하나님의 마음이다. 영적으로 보면 할례를 받아야 유월절 축제를 지킬 수 있는 순전한 상태가 되는 것이다.

우리가 할례를 받고 십자가를 잘 지려면 위로부터 부어주시는 힘이 필요하다. 이 힘과 능력과 은혜는 어디서 오는가? 나를 향한 하나님의 일방적인 사랑과 은혜 그리고 능력을 다시 깨달을 때다. 그러면 우리 마음에 감동과 감격이 샘솟고 소망이 생기며, 감사가 넘쳐나게 된다. 이런 상태에서야 영적 전쟁에서 승리할 수 있다. 할례와 유월절 의식을 통하여 '공로 의식'이 아니라 '은혜 의식'이 충만해질 때, 우리는 여리고성과 같은 세상의 모든 성을 대적하고 이길 수 있다.

은혜 의식이 2밖에 안 되고, 공로 의식이 1로, 1/2이 되면 내가 살아서 펄펄 움직이는 상태다. 그런데 만 가지 은혜를 받아 분모가 10,000이 되어버리면 나는 1/10,000이 되어 지극히 작아지고 그만큼 내 속에서 은혜 의식은 커져 치밀어 오르는 감사로 가슴이 터지는 것이다. 이러한 은혜 의식이 우리를 여리고성 전투에서 승리로 이끌고, 가나안 땅으로 들어가게 한다.

하나님의 비대칭 전략 비교

	할례	유월절
① 시작	아브라함 (창세기)	모세 (출애굽기)
② 방법	우리 몸의 피	어린 양의 피
③ 사건	언약	출애굽
④ 누가	남자	모두
⑤ 의미	굴러가는 것 우리가 죽는 것 (십자가)	넘어가는 것 우리가 사는 것 (기적의 은혜)
⑥ 시행 횟수	평생 한 번	지속적 반복
⑦ 신약	세례	성만찬

하나님이 직접 싸우시는 전쟁

이스라엘 백성은 할례를 받고, 유월절을 지킴으로 마음을 준비했다. 그 결과는 여리고성의 함락으로 나타났다. 3절의 "너희 모든 군사"라는 표현은 할례 받고, 유월절을 지킨 하나님의 군사를 말한다. 이스라엘 백성은 "우리는 하나님의 백성이다. 우리는 하나님을 위해 싸운다"라는 영적 기백을 품고 성을 매일 한 바퀴 돌았고 마지막 날에는 일곱 바퀴를 돌았다. 그 과정에서 여리고 주민들의 조롱을 얼마나 많이 받았을까? 그러나 영적인 비대칭 전략은 세상의 법칙에 매여 있는 사람들의 조롱을 받는 것이 이상하지 않다.

마지막 날, 여호수아가 하나님 말씀에 순종하여 나팔을 불고 외쳤을 때, 여리고성은 무너졌다. 이것이 하나님의 전쟁 방식이다. "외치라 하는 날에 외칠지니라"(10절). 이 전쟁은 겉으로 보기에는 세상의 전쟁이지만, 사실은 하나님의 전쟁이다. 여호수아의 지도력을 통해 하나님의 뜻을 바로 깨닫고 이스라엘 백성이 하나님 말씀에 순종하는 일에 하나가 되고, 결사적으로 하나님을 믿는 상태, 절대적으로 하나님을 신뢰하는 상태가 되니 세상이 뒤바뀌고 변화되는 것이다.

삶이 어려운가? 가정이 어려운가? 사업이 어려운가? 이런 것은 마치 여리고성처럼 난공불락으로 보인다. 도무지 내 힘으로는 감당할 수가 없는 것이 현실이다. 어떻게 해야 하는가? 우리가 문제를 대처하는 방식은 세상 사람들과 달라야 한다. 지금 우리에게 필요한 것은 세상적인 전략 이전에 먼저 우리의 마음을 베는 할례이며, 예수님의 십자가 보혈에 우리 마음을 적시며 정결하게 하는 것이다. 그럴 때 내가 아닌 하나님께서 일하시고, 우리 앞의 여리고성이 무너질 것이다.

믿음의 법칙이 세상의 법칙을 압도하는 순간

난공불락의 성이 믿음으로 무너지는 것, 이는 구약의 여리고성뿐만 아니라 신약시대에도 계속되는 하나님의 역사이다. 여리고성을 무너뜨리는 사건을 보며 이것이 단지 이스라엘 민족에게만 한시적으로 적용되는 것으로 생각하는 사람들이 있다. 그러나 신약시대에도 믿음으로 여리고성 같은 난공불락의 성이 무너지는 사례를 볼 수 있다.

마가복음 10장 46-52절은 예수님이 제자들과 무리와 함께 여리고를 떠나는 장면을 보여준다. 그리고 여기에 맹인 거지 바디매오가 등장한다. 바디매오는 길가에 앉았다가 나사렛 예수가 지나가신다는 말을 듣고 "다윗의 자손 예수여 나를 불쌍히 여기소서"(47절)라고 소리 질렀다. 하지만 사람들은 그를 꾸짖어 조용히 하라고 한다. 세상의 법칙에 익숙한 사람이라면 기가 꺾여 곧 입을 다물었을 것이다. 그런데 성경은 그가 "더욱 크게 소리 질러"(48절) 예수님께 부르짖었다고 기록하고 있다. 그는 어떻게 사람들의 비난이라는 높은 성을 무너뜨리고 예수님께 나아갈 수 있었을까?

예수님은 "네 믿음이 너를 구원하였다"(52절)라고 말씀하셨다. 바디매오에게는 믿음의 법칙이 세상의 법칙을 압도한 것이다. 마가복음 기자가 바디매오 사건을 자세히 기록한 것은 후대 사람들에게 구약의 이스라엘이 믿음으로 여리고성을 무너뜨린 것처럼, 오늘날에도 난공불락처럼 보이는 여리고와 같은 세상의 무수한 성들을 믿음으로 무너뜨릴 수 있다는 메시지를 전하려는 것이 아닐까!

하나님은 그의 백성을 사랑하신다. 하나님께서 아브람을 아브라함으로 만드셨듯, 당신의 백성이 축복의 근원이 되고 세계를 품은 사람이 되길 원하신다. 그런데 문제는 우리 안에 있는 죄의 본성으로 인한 노예근성이다. 출애굽한 이스라엘 백성이 거리상 40일 정도면 도착할 수 있는 가나안을 40년 걸리게 하신 이유는 애굽에서의 노예근성을 극복하게 하시기 위해서였다.

노예근성을 극복하는 대안이 바로 신앙의 비대칭 전략이다. 아브라함처럼 우리 내면을 훈련시키고, 이스라엘 백성처럼 여리고성 앞에서 할례를 행하며 유월절 구원의 감격을 매일 묵상하면, 우리 앞에 있는 난공불락의 성들도 무너질 것이다. 그러면 그렇게 고집스럽고 말 안 듣던 남편도 예수 믿게 될 것이고, '이건 정말 힘들다'라고 생각하게 하는 수많은 난제가 해결될 것이다. 우리가 할례를 통해 세계를 품는 것과 유월절을 통해 받는 은혜 의식이 우리 안에 있는 노예근성을 극복하게 한다. 이것이 개인과 가정의 부흥을 위한 중요한 토대가 된다.

'토요일마다 기도 지팡이 들면 무슨 소용이 있는가?', '집에서 편하게 온라인 예배드리면 되는데 의관을 정제하고 현장 예배에 가면 문제가 더 잘 해결되나?', '주중에 시간 내서 소그룹 모임에 가는 게 무슨 의미가 있나?', '영어 단어 하나라도 더 외우지, 그 시간에 주일학교를 왜 가냐? 주일에 학원 특강 있는데 왜 교회를 가냐?' 이런 질문들 앞에 당신의 생각은 무엇인가?

주일에 아이들을 학원에 보내지 않고 교회로 보내는 것, 특히 고3 아이들에게 주일성수를 시키는 것은 가나안의 여리고성을 무너뜨리는 부모의 최고의 비대칭 전략이다. 주일에 아이들을 교회에 보내지 않고 학원에 보냈다가 땅을 치고 후회하는 부모가 많다.

이해되지 않는 하나님의 비대칭 전략을 수행하면, 사람들이 겉으로 조롱할지는 몰라도 심중에는 두려움을 느낄 것이다. 가나안 사람들은 '홍해 사건'을 듣고 40년간 이스라엘 백성을 두려워했고(수 2:10-11), 이스라엘 백성이 요단강을 마른 땅처럼 건넜다는 소식을 듣고 마음이 녹고, 정신을 잃었다고 했다(수 5:1).

할례와 유월절 의식을 통한 '하나님의 비대칭 전략'을 깨닫고 공로의식이 아니라 은혜의식으로 무장하여 온전히 순종하면 영적 전쟁은 물론 삶의 현장에서도 반드시 승리하게 될 것이다.

하나님 말씀에 마음을 묶고 비상하기를 소원하는 자의 기도

우리에게 복 주시기를 우리보다 더 애타게 원하시는 하나님 아버지, 세상의 여리고성은 언제나 우리 앞에 서 있습니다. 그러나 세상의 전략이나 방식으로 대처하지 말게 하시고 먼저 우리의 마음에 할례를 행함으로 우리 속에 죄에 사로잡힌 노예근성을 제하고, 유월절 어린양의 피에 우리의 심령을 적시어 구원의 감격을 회복하게 하옵소서.
공로의식이 아니라 은혜의식에 충만하여 하나님이 주시는 영적인 비대칭 전략으로 우리 앞에 서 있는 여리고성을 무너뜨리게 하옵소서.

14

인공지능 시대,
어떻게 두려움을 극복할 것인가?

사사기 7:1-23

세상이 4차 산업혁명의 핵심으로 지목하는 기술이 인공지능, 즉 AI이다. 이는 앞으로 세상을 완전히 변화시킬 신기술이며, 이 기술이 만발하면 세상은 'AI 전'과 'AI 후'로 나뉘게 될 것이다. 예측에 의하면, 한 세대 후에는 인공지능이 세상을 지배하며, 인류는 인공지능의 혜택을 누리는 사람과 그렇지 못한 사람으로 나뉘게 될 것이라고 한다.

그렇다면 여기에 대한 성경적 시각은 어떠한가? 그리스도인은 인공지능을 어떻게 대해야 할까? 인공지능이 사람들의 일상생활 속에서 실제로 상용화되고 있는 서비스가 챗GPT이다. 이전에는 사람들이 인공지능이라는 말은 들었지만 현실과는 괴리가 있다고 여겼다. 그러나 지금은 인공지능 채팅 서비스인 챗GPT로 인해 AI가 개인

영역까지 파고들면서 인공지능의 위세를 피부로 느끼는 상황이 되었다. 인공지능의 능력이 정말 놀라울 정도다.

인간의 육체적 한계로 인해 한 사람이 평생 읽을 수 있는 책의 수는 제한적이지만, 인공지능은 짧은 시간에 수십만, 수백만 권의 책을 읽고 데이터화 한다. 현재는 인간이 인공지능에 에너지를 공급하지만, 머지않아 인공지능이 스스로 에너지를 만들고 자가 충전하는 시대가 올 수 있다. 이는 인공지능이 사람을 지배하는 시대가 가까웠다는 뜻이다. 사람들은 법 판결부터 신체 치료까지 인공지능에 의존하게 될 것이라 예상한다. 이러한 시대 변화에 사람들은 두려워하고 있다.

아담이 죄를 지은 후로 두려움은 인간의 본성이 되었다. 하나님이 범죄한 아담에게 "네가 어디에 있느냐?"라고 물었을 때, 아담은 "두려워하여 숨었나이다"(창 3:10)라고 대답했다. 이후로 인간은 병, 실패, 상실, 격리, 죽음을 두려워하며 살아간다. 이뿐 아니라, 기후 이상으로 인한 천재지변, 사회적 양극화로 인한 극심한 긴장, 온라인상에 넘치는 거짓 정보로 인한 고통을 호소하기도 한다.

막연한 불안을 넘어 인공지능이나 죽음 같은 실체적 두려움에 직면한 그리스도인은 이를 어떻게 극복해야 할까?

본문은 두려움이 일상화된 이스라엘의 모습을 보여준다. 곡식을 추수할 때가 되면, 미디안 족속, 아말렉 족속, 동방 사람들이 이스라엘 땅으로 들어와 약탈하고 탄압했다. 특히 이스라엘 북부 지역은 미디안 족속이 틈만 나면 쳐들어오는 곳이었다. 얼마나 심하게 억눌렸던지 "… 미디안으로 말미암아 산에서 웅덩이와 굴과 산성을 자기들을 위하여 만들[고]"(삿 6:2) 살아가야 했다. 이스라엘 백성은 산에 동굴을 파고 들어가 숨어 살기도 하고, 참호 같은 것을 만들어 피신할 정도였다. 두려움이 이스라엘 백성의 마음을 짓누르고 있었다.

추수할 때가 되면, 미디안 연합군이 본격적으로 이스라엘을 약탈하기 위해 135,000명이나 쳐들어와 진을 쳤다(7:1, 8:10). 말이 십만대군이지 얼마나 많은 숫자인가? 이런 상황에서 하나님은 기드온이라는 사람을 택하셨다.

기드온은 어떤 사람인가? 원래 밀 타작은 바람이 잘 통하는 넓은 마당이나 들판에서 해야 하는데, 기드온은 미디안 사람들한테 들키지 않으려고 구덩이를 파서 만든 포도주 틀에서 숨어서 밀을 타작했다. "기드온이 미디안 사람에게 알리지 아니하려 하여 밀을 포도주 틀에서 타작하더니"(삿 6:11).

또 하나님께서 그의 사자를 통해 "내가 너를 쓰겠다"라고 하실 때 "나는 내 아버지 집에서 가장 작은 자이니이다"라고 호소했고(삿 6:15), 하나님께서 "바알 제단과 아세라 우상을 찍어내라"라고 하시니, 성읍 사람들이 두려워 낮에 못하고 밤에 행할 정도였다(삿 6:27). 그리고 하나님께서 이스라엘을 구원해주시겠다고 말씀하실 때, 이에 대한 징표를 구했고, 한 번으로는 믿음이 안 가 양털과 이슬로 거듭 보여주기를 원했다(삿 6:39). 한마디로 기드온은 겁쟁이였다. 그런데 놀라운 것은 이렇게 두려움 많고 소심한 기드온을 하나님이 택하시고, "큰 용사여"(삿 6:12)라고 말씀하셨다는 것이다.

하나님이 함께하시면 모두 큰 용사다

시대가 영웅을 만드는가? 영웅이 시대를 만드는가? 흔히 삼국지 같은 경우 "시대가 영웅을 만든다"라고 얘기한다. 그런데 하나님의 법은 그렇지 않다. 시대가 큰 용사를 만들거나 큰 용사가 시대를 만드는 것이 아니라, 하나님께서 '큰 용사'라고 하시면 큰 용사로 살아가는 것이다. 소심한 겁쟁이에 불과한 기드온이 큰 용사인 이유를 사사기 6장 12절은 이렇게 말씀하신다. "큰 용사여 여호와께서 너와 함께 계시도다." 아무리 연약하고 부족한 사람이라 하더라도 하나님께서 함께하시면, 그는 강하고 위대한 사람, 시대적인 인물, 영웅이 되는 것이다.

마틴 루터를 보라. 그는 1521년에 당시로서는 사회적인 죽음으로 여겨지는 파문을 당했다. 루터는 보름스 회의에 소환받았는데, 당시에 그곳에 간다는 것은 죽음을 각오해야만 하는 일이어서 친구들은 루터를 극구 말렸다. 그러나 루터는 친구들에게 "비록 지붕의 기왓장만큼 많은 마귀가 그곳에 있다고 해도 나는 보름스에 가겠다"라고 했다. 루터는 어떻게 그렇게 큰 용기를 낼 수 있었을까? 보름스에 도착한 루터의 일성이 바로 "하나님이 나와 함께하실 것이다"였다. 그가 큰 용사가 될 수 있었던 이유가 여기에 있었다.

모든 성도는 하나님이 함께하시면 강하고 위대한 사람이 되고, 두려움을 극복할 수 있다는 것을 지식으로 알고, 또 그렇게 되기를 원한다. 문제는, 이것을 성경 지식으로 아는 것과 삶에서 실제로 경험하는 것은 다르다는 것이다. 우리가 '하나님이 함께하시면' 두려움을 극복할 수 있다는 것을 알고 믿을지라도, 삶으로 경험하지 못한다면 말씀을 안다는 것이 나와 무슨 관계가 있겠는가?

우리 모두가 동일한 시대에 살지만, 동일하게 하나님께서 함께하시는 시간을 누리는 것은 아니다

동일한 시대를 산다는 것은 '연대기적인 시간', '크로노스의 시간대'를 산다는 것이다. 인간의 시간은 크로노스이고, 하나님이 함께하시는 시간은 카이로스이다. 어떤 사람은 하나님께서 함께하시는 시간인 '카이로스'를 살고, 어떤 사람은 인생 대부분을 '크로노스'의 시간으로 보낸다. 우리는 그저 인간의 연대기적인 시간만 보내면 안 되고, 하나님을 예배하고 갈망하며, 이성적인 존재를 뛰어넘는 하나님의 크신 사랑을 체험해야 한다. 다시 말해, 하나님과 함께하는 카이로스의 시간을 가질 때 우리 약점과는 상관없이 큰 용사가 될 수 있는 것이다.

하나님은 끝까지 남은 자를 사용하신다

기드온이 미디안 연합군에 맞서기 위해 소집한 이스라엘 군대는 총 3만 2천 명이었다. 그런데 하나님은 기드온에게 "너를 따르는 백성이 너무 많다"라고 하셨다. 세상 상식으로 이것은 말이 안 된다. 이정도도 미디안 연합군의 4분의 1밖에 안 되는 숫자인데, 군사가 많다고 하시는 것이다.

하나님께서는 기드온에게 두려워 떠는 자들을 집으로 돌려보내라고 하셨다. 그러자 집으로 돌아간 군사가 22,000명이었다. 이제 고작 1만 명이 남았는데, 하나님은 기드온에게 또다시 "백성이 아직도 많다"라고 하셨다. 그리고 1만 명을 강가로 데리고 가서 물을 마시게 해서 물을 손으로 떠서 마신 300명만 남기고, 강가에 무릎 꿇고 마신 9,700명은 돌려보내라고 하셨다.

기드온에게는 얼마나 청천벽력 같은 명령인가! 지금 목숨 걸고 싸워야 할 대적이 13만 5천 명인데, 고작 300명을 데리고 나가라 하시니 말이다. 애당초 모인 숫자인 3만 2천 명으로 싸워도 이길 확률이 적은데, 한 명이 450명을 상대해야 하는 상황이다! 왜 하나님은 300명만 남기셨을까? 하나님께서는 기드온과 함께 이해되지 않는 명령에도 일사불란하게 목숨 걸 수 있는 정규군을 선택하신 것이다. 두려움을 극복하고 끝까지 남은 정규군, 영적인 기마군사를 선택하신 것이다.

우리 하나님은 왜 끝까지 남은 자를 사용하시는가? 이것이 하나님의 벼랑끝 전술이다. 하나님은 늘 우리가 인생의 벼랑끝에서 하나님만을 의뢰할 수 있느냐 없느냐를 주목하신다.

아브라함이 독자 이삭을 제물로 바치라는 하나님의 명령을 받을 때, 그는 인생의 벼랑끝에 선 것이다. 모리아산에서 아들을 제물로 드리려고 칼을 드는 순간 하나님께서 '아브라함아 아브라함아' 하시며 급하게 말리셨고, 이 순간이 아브라함 생애에서 결정적 전환점이 되었다. 그가 아들을 향해 칼을 드는 순간, 하나님께서 아브라함의 믿음을 인정하셨다. 그 순간 아브라함은 그야말로 '믿음의 대명사', '믿음의 조상'이 되었다. 벼랑끝에서 끝까지 남은 자가 된 것이다. 이때부터 아브라함의 세계관은 더 이상 가족에만 머물지 않고 민족을 넘어 하나님께만 향하는 글로벌 스탠다드로 올라가게 되었다. 하나님은 벼랑끝에 서 있는 아브라함을 보셨고, 벼랑끝에서 가치관이 바뀐 아브라함을 쓰셨다.

우리는 모리아산 수풀에 뿔이 걸려 있는 숫양에 주목하지만, 아브라함은 숫양 뒤에 계신 하나님을 보았고, 그 장소를 "하나님이 모든 것을 준비하셨다"라는 의미의 '여호와 이레'로 고백하였다. 이처럼 끝까지 남은 사람은 이 '여호와 이레'의 은혜를 깨달은 사람이다.

벼랑끝에서 아브라함처럼 "하나님이 다 하셨다"라고 고백하는 사람에게는 하나님 나라의 정규군이 되는 은혜, 기드온처럼 하나님께 쓰임받는 은혜가 따른다. 그럴 때 성경 지식이 머리에서 끝나지 않고, 내 삶에서 경험되어 남은 생애가 '카이로스의 시간'으로 채워진다.

사실 벼랑끝에서 하나님께서 다 하심을 경험한 분이 예수님이시다. 속죄의 십자가를 지는 것이 너무도 무거워, 할 수만 있으면 그 잔을 피하기를 성부 하나님께 구하셨다. 그러나 하나님의 뜻을 따라 십자가에서 모든 것을 드리셨다. 예수님께서는 십자가상에서 "다 이루었다"라고 말씀하셨다. 보통 이 말씀을 '이 땅에서 사명을 다 이루었다'라는 뜻으로만 풀어내지만, 더 깊이 들어가면 "하나님께서 다 하셨다"라는 고백이다.

이것이 우리가 세상 떠나는 임종의 시간에, 마지막으로 남길 말이 되길 바란다. "하나님 아버지, 제 삶의 모든 것이 하나님의 뜻대로 이루어졌습니다. 제 인생을 하나님께서 다 하셨습니다." 우리가 이런 고백을 하며 세상을 떠날 수 있다면, 아니 삶의 고비고비마다 "하나님이 다 하셨습니다"라고 고백하며 살 수 있다면, 그 삶 자체가 축복일 것이다. 이것이 바로 끝까지 남은 자가 경험하게 되는 카이로스 시간이다. 이런 자가 '두려움을 극복한 사람'이다.

하나님께서 사용하실 때 묶인 것이 풀어진다

"하나님이여 저를 사용하여 주옵소서." 우리는 자주 이렇게 기도한다. 그렇다면 하나님의 쓰임을 받는 것이 왜 중요한가? 하나님 나라를 위해 유용한 존재가 되는 차원과는 다른 면을 말하고자 한다. 주님이 쓰실 때 나를 묶고 있던 것에서 해방되기 때문이다.

성경을 읽다 보면, 마음이 뻥 뚫리는 듯한 구절이 있다. 예수님께서 십자가를 지시기 위해 예루살렘 입성을 앞두고 제자들에게 나귀와 나귀 새끼를 끌고 오라고 말씀하셨다. 그리고 누가 무슨 말을 하거든 "주가 쓰시겠다"라고 하면 즉시 보낼 것이라고 하셨다. 당시 이스라엘에는 수많은 나귀가 있었지만, 주님의 쓰임을 받은 나귀는 이 둘뿐이었다. 쓰임받을 준비가 되어 있었기 때문이다. 나귀도 이러하다면, 사람은 어떻겠는가? 우리는 언제 어디서라도 주님의 쓰임을 받을 준비가 되어 있는가? 하나님께 나를 사용하시라고 기도하는 것과 언제 어디서든 주님께 쓰임받는 자로 준비된다는 것은 같은 게 아니다.

그런데 이 성경 구절에서 중요한 것은 주님이 나귀를 쓰시고자 했을 때, 나귀를 묶었던 것이 풀어졌다는 점이다. 우리가 주님께 쓰임받는 것도 중요하지만, 주님이 나를 쓰시는 순간, 나를 묶고 있던 것이 풀어진다는 사실도 중요하다. 혹자는 주님께서 사용하시면 내가 가진 것, 내가 소유한 것, 나에게 있는 것이 다 사용되고 결국 아무것도 남지 않을까 두려워한다. 이런 생각을 완전히 바꿀 필요가 있다. 주님이 나를 쓰시면 나를 묶고 있는 것, 나를 매고 있는 것이 먼저 풀어지는 은혜가 있다.

나를 묶고 있는 것이 풀어지기를 소원한다면 먼저 주님께 쓰임받도록 기도하라. 쓰임받으면 우리를 묶고 있는 것이 풀어질 것이다. 이 은혜를 깨달아야 제대로 쓰임을 받을 수 있고, 또한 쓰임받는 것이 얼마나 즐겁고 감사한지를 알 수 있다.

하나님의 손에서는 어떤 것도 최상의 무기가 된다

기드온과 함께 전쟁에 나갈 사람은 300명만 남게 된다. 어쩌면 처음에 32,000명이 모였을 때는 기드온도 '그래, 1대 4로 한번 붙어 보자'라고 나름의 기백이 있었을지 모른다. 그런데 300명만 남으니 기드온의 마음도 다 녹아내렸을 것이다. 차마 행동으로는 못 옮겼지만, 속으로는 도망가고 싶었을 것이다.

이렇게 마음이 쪼그라든 기드온에게 하나님께서 마치 이미 승리한 것처럼 말씀하셨다. "일어나 진영으로 내려가라 내가 그것을 네 손에 넘겨주었느니라." 혼자 가기 두려우면 부하와 같이 가라고 권유하셨다. "만일 네가 내려가기를 두려워하거든 네 부하 부라와 함께 그 진영으로 내려가서 그들이 하는 말을 들으라"(10-11절). 만약 기드온이 담대한 사람이었다면, '부라'라는 이름은 성경책에 등장하지 못했을 것이다.

하나님은 기드온에게 적군 진영으로 내려가서 그들의 말을 들으라고 하셨다. 흥미로운 것은 하나님께서 기드온에게 "적군의 진영으로 내려가라"라고 하셨는데, 기드온은 "진영 근처로 내려갔다"는 점이다. 즉, 적군의 '진영 속'이 아닌 진영 '바깥쪽, 외각'으로 내려간 것이다. 기드온에게는 여전히 두려움이 있었다.

기드온이 적군의 진영에 내려갔을 때, 미디안 군사가 자신의 꿈 이야기를 다른 친구에게 얘기하는 것을 듣게 되었다. '보리떡 한 덩어리'가 미디안 진영으로 굴러들어 와서 자신들을 무너뜨렸다는 것이다. 그 이야기를 들은 친구는 그 보리떡은 '기드온의 칼'이고, '하나님이 미디안을 기드온에게 넘겨주셨다며 두려움에 떨고 있었다. 지금 기드온만 두려워하는 것이 아니라, 적군들도 두려워하고 있다. 기드온은 적군들의 이야기를 듣자, 비로소 사기충천해져서 자기 진영으로 돌아갔다.

기드온은 300명의 용사에게 "여호와께서 미디안 진영을 너희 손에 넘겨주셨다"(15절)라고 담대하게 말했다. 그러나 정작 그들의 손에는 칼이나 창, 심지어 다윗처럼 물맷돌도 없었다. 왼손에는 '횃불을 숨긴 항아리'와 오른손에는 '나팔'만 있었을 뿐이다.

기드온은 "나와 나를 따르는 자가 다 나팔을 불거든 너희도 모든 진영 주위에서 나팔을 불며 이르기를 여호와를 위하라, 기드온을 위하라"(18절)라고 하라고 명령했다. 상상해보라. 나팔과 횃불을 가지고 어떻게 135,000명을 쳐부술 수 있겠는가?

300명의 기드온 용사는 나팔을 불고, 손에 든 항아리를 깨뜨려 횃불을 밝혔다. "세 대가 나팔을 불며 항아리를 부수고 왼손에 횃불을 들고 오른손에 나팔을 들어 불며 외쳐 이르되 여호와와 기드온의 칼이다"(20절). 그러자 이미 마음이 물처럼 녹아 있던 미디안 연합 군은 정신이 혼미해져서 자기편끼리 칼로 치며 자중지란을 일으켰 다. "삼백 명이 나팔을 불 때에 여호와께서 그 온 진영에서 친구끼 리 칼로 치게 하시므로"(22절). 300명이 부는 나팔 소리가 엄청난 대 군의 함성으로 들리고, 300명의 횃불이 자기를 삼키는 화산폭발처 럼 보였을 것이다.

항아리는 곡식을 보관하는 물건이지만, 이를 횃불을 담는 용도로 바꾼 것은 창의적인 발상이다. 항아리의 기능이 바뀐 것이다. 항아 리가 전쟁의 위대한 도구가 될 것이라고 생각한 사람은 없었다. 그 런데 하나님의 손에 들어가기만 하면 항아리도 강력한 전쟁 도구가 되는 것이다. 우리 손에 있는 작고 보잘것없는 것이 하나님의 손에 들어가면 세상이 감당할 수 없는 특별한 도구가 될 수 있다. 우리는 질그릇 같은 항아리인데, 이 질그릇 항아리에 보배를 담으면, 하나 님의 보배로운 도구가 된다(고후 4:7).

오늘날 챗GPT 시대, 예측이 어려운 미래로 인해 두려움이 몰려 들지만, 하나님은 항아리의 횃불을 가지고도 135,000명을 무너뜨 리시는 능력의 하나님이시다. 챗GPT는 인간이 만든 것으로, 시작 과 끝이 있지만, 우리는 처음과 끝이 없으신 하나님의 형상으로 지 으신 존귀한 존재이다. 어제나 오늘이나 영원하신 창조주 하나님을 의지하여 질그릇 같은 인생을 주님께 의탁하면 두려워할 것도 없고, 불안할 것도 없다.

중요한 것은 우리의 항아리, 즉 우리 인생에 무엇을 담을 것인가 다. 하나님이 주신 횃불, 즉 하나님의 말씀, 하나님의 사명을 담아야 하지 않겠는가!

나팔도 마찬가지다. 세상은 시끄러운 나팔과 잡음과 소음으로 가득하다. 우리가 기드온 300용사의 나팔이 되면, 이 세상의 소음을 다 덮어 버릴 수 있다. 챗GPT가 만들어내는 온갖 소리를 압도하는 나팔을 불어야 한다.

그리스도인에게 허락된 가장 큰 능력

하나님이 기드온의 용사들의 수를 계속 줄이신 이유는 무엇일까? 그것은 이스라엘이 스스로 자랑하며 말하기를 "내 손이 나를 구원하였다"(2절)라고 착각하지 않게 하려 함이었다. 이스라엘 백성이 미디안 족속을 이긴 것이 자기 능력에 의한 것이라고 생각하지 않도록, 하나님은 인간의 힘을 최소화하셨다. 이것이 바로 하나님의 독특한 전략이다. 작고 연약하다고 생각하는 사람을 통해 놀라운 일을 이루시는 것이 하나님의 방식이다.

그리스도인에게 최고의 무기, 최상의 무기가 무엇인가?

십자가이다. 겉으로 볼 때 십자가에는 세상을 이기는 능력이 없어 보인다. 로마인들이 십자가를 보고 감동받았을까? 그들은 강력한 군대의 열병식, 전쟁 개선식, 원형 경기장의 검투사 경기에 열광했다. 로마군의 군사 작전은 매우 뛰어났다. 로마가 한 도시를 점령할 때는 도시의 물과 음식의 공급을 차단하면서, 몇 년에 걸쳐 조금씩 조금씩 목을 조인다.

그런데 하나님의 방법은 희한하다. 가장 특이한 것은 십자가를 지신 것이다. 수치와 두려움의 상징인 십자가가 최상의 도구가 된 것이다. 이것이 복음 메시지이다. 복음은 세상의 약한 것으로 인간을 구원하신 하나님의 독특하고 놀라운 전략이다. 하나님이 인간이 되신 일도 불가능해 보이지만, 하나님께서 모든 인간의 죄를 짊어지시기 위하여 십자가에서 돌아가신 것은 더욱 불가능해 보였다. 거기에 더해 십자가에서 돌아가신 분이 사흘 만에 다시 살아나셨다는 것은 더더욱 불가능해 보인다. 창조주이신 그분이 피조물인 나를 이처럼 사랑하시는 것도 불가능해 보인다.

남들이 보기에는 이것이 대단해 보이지 않는다. 이런 질문을 할 수 있다. **인간이 죄를 지었는데, 왜 인간이 노력해서 죗값을 치를 수 없을까?** 죄를 해결하는 것은 인간의 지혜와 능력으로는 해결할 수 없는 문제다. 인간이 수치스럽게 여기는 십자가를 구원의 도구로 삼으신 것은 더욱 이해하기 어렵다. 그러나 이것이 하나님의 독특한 방식이다. "십자가의 도가 멸망하는 자들에게는 미련한 것이요 구원을 받는 우리에게는 하나님의 능력이라"(고전 1:18).

하나님의 큰 용사가 된 기드온의 첫 번째 비결은 하나님의 함께하심이었다. 두 번째 비결은 무엇일까? 그것은 성령의 임재와 역사다. "여호와의 영이 기드온에게 임하시니"(삿 6:34). 이것이 하나님의 가장 큰 비밀 병기다. 성령님이 함께하시는 모든 사람은, 두려움에 떨고 심약한 사람이라 할지라도 큰 용사가 될 수 있다.

1200년 지난 후에 히브리서 기자가 이 놀라운 역사에 대해 이렇게 기록했다. "내가 무슨 말을 더 하리요 기드온, 바락, 삼손, 입다, 다윗 및 사무엘과 선지자들의 일을 말하려면 내게 시간이 부족하리로다"(히 11:32).

하나님은 우리 상식으로는 도저히 이해가 안 되는 무기, 나팔과 횃불을 가진 한 사람으로도 천을 쫓고 두 사람이 만을 쫓게 하시는 분이다. 신앙의 순례길, 영적 전투에서의 승패는 내가 얼마나 많은 성경 지식을 갖고 있느냐보다, 하나님의 영이 내게 임하셔서 얼마나 내 생각을 뒤집으시고(upside down), 하나님의 말씀이 삶으로 체험되느냐에 달려 있다.

소명 의식이 담대함으로 이끈다

인생은 결국, 마지막으로 관의 뚜껑이 덮이면 이 땅에서의 삶이 끝나게 된다. 예수님과 함께하지 않는 사람에게 인생은 본향이 없는 나그네의 길이지만, 예수님과 함께하는 사람에게는 본향으로 가는 순례의 길이다. 죽음도 마찬가지다. 예수님과 함께하지 않는 사람에게 죽음은 죗값이고 형벌이지만, 예수님과 함께하는 사람에게는 영광의 궁으로 입성하는 문인 것이다.

한 번뿐인 이 인생을 도중에 하차하는 31,700명이 아니라, 벼랑 끝까지 남아 두려움을 이기는 300명의 영적 기마군사, 돌격대가 되어 순례길을 걸어가야 하지 않겠는가! "하나님이 나와 함께하시면 모든 것이 가능합니다"라고 고백하는 참된 담대함을 회복하자.

챗GPT와 같은 낯선 미지의 문명이 메뚜기 떼처럼 우리 앞에 나타난 시대를 살아가고 있다. 우리는 어떻게 대처해야 할까? 기드온의 300용사가 하나님의 명령에 순종해 나팔과 횃불을 들었을 때, 하나님께서 친히 적군을 처리해주셨던 것처럼, 복음으로 무장된 십자가 군사가 되어 복음의 나팔과 횃불을 높이 들 때, 챗봇, 챗GPT 등의 미지의 두려움을 극복하게 해주실 것이다. 깨지기 쉬운 항아리 같은 우리 안에 십자가와 복음을 가득 담고 우리 자신을 깨뜨려 세상을 향해 돌진할 때, 우리 속에서 역사하시는 예수 그리스도로 말미암아 신앙의 물줄기, 이 민족의 향방이 바뀔 것이다.

다시 강조하지만, "135,000명 × 하나님 없음(0)=0"이고 "300명 × 성삼위 하나님(3)=900"이다. 영적으로 보면, 300명 대 135,000명은 900대 0인 것이다. 세상 눈으로 보면 숫자를 보고 전쟁 승패를 판단하지만, 하나님의 계산법에는 하나님의 임재가 있고 없고에, 하나님의 영이 함께하느냐 안 하느냐에 따라 결정된다. 결국은 "하나님의 임재가 있는가 없는가"가 전쟁의 승패를 가른다. "싸울 날을 위하여 마병을 예비하거니와 이김은 여호와께 있느니라"(잠 21:31). 이 것이 우리가 언제 어디에서나 영적인 담대함을 가질 수 있는 이유 이다.

세상은 숫자를 중시하지만, 하나님은 '하나님의 이름'과 '하나님 의 임재', '하나님의 영'을 중시하신다. 겁쟁이 기드온이 큰 용사가 되어 "여호와와 기드온의 칼"을 외치는 이 담대함은 소명을 가질 때 회복되었다.

성경학자인 하워드 헨드릭스 목사는 자신이 비행기에서 경험한 것을 책에 썼다. 그가 탑승한 비행기는 사람들로 붐볐고 아기들도 여럿 있었는데 칭얼대며 울어댔다. 게다가 비행기는 돌발적인 난기 류를 만나 기내식도 제공하기 어려운 상황이었다. 그런데도 변함없 이 친절하게 서비스를 제공하는 승무원이 있었다. 때로 덜컹덜컹 흔 들리는 비행에 대해 승객들이 무례하게 불만을 터뜨려도 그 승무원 은 최선을 다해 상냥하게 안내했다. 비행기가 목적지에 다다를 즈음 하워드는 승무원과 이야기를 나눌 기회가 있었다. "당신처럼 충성 된 사람이 일하는 항공사는 무척 운이 좋은 것 같군요." 그러자 그 녀는 웃으면서 말했다. "저는 예수님을 위해 일하고 있습니다."

이러한 소명 의식을 갖고 있는 사람이 두려워할 것이 무엇이며, 얼마나 담대하겠는가? 그런 사람을 통하여 하나님이 일하시지 않겠 는가!

두려움 많은 세상에서 하나님의 큰 용사로 살기를 소원하는 자의 기도

자비로우신 하나님 아버지, 챗GPT의 등장, 지진과 전쟁 등 불안한 현실
에 심하게 억눌려 두려움이 일상화된 시대에, 주님께서 우리를 향하여
'큰 용사여'라고 부르시는 그 음성을 듣게 하여주옵소서.
오늘 말씀이 성경의 옛이야기로 끝나는 것이 아니라, 지금 우리 삶 속에
서 경험하는 실체가 있게 하옵소서. 하나님의 영을 우리에게 부어주사
'인간적인 두려움의 항아리'는 깨부수고, 하나님이 함께하심으로 '담대함
의 횃불'을 높이 들고, 웅혼한 기백의 나팔을 불어, 한 사람이 천을 쫓고,
두 사람이 만을 쫓는 이 시대의 영적 기마군사로 쓰임받게 하옵소서.

15

여기까지
우리를 도우셨다

사무엘상 7:2-14

성도가 하나님의 도움 없이 무엇을 이루려 한다면 그것은 비극이다. 만일 기도하지 않고 말씀도 가까이하지 않으면서도 세상적으로 일이 잘 풀리는 것처럼 보인다면 그것은 결코 축복일 수가 없다. 성도는 "하나님을 힘입어 살며 기동하는 존재"(행 17:28)로, 세상 사람들과는 살아가는 방식이나 삶을 이루는 체질이 다른 특별한 사람들이기 때문이다.

"여기까지" 그리고 "오늘까지" 도우시는 하나님

그렇다면 성도는 어디까지 하나님의 도우심을 구하며 살아야 하는가? 그리고 하나님은 자기 백성을 어디까지 도우시는가? 본문은 여기에 대해 한 사건을 통하여 하나님은 "여기까지 우리를 도우셨다"

라고 선명하게 답하고 있다. 이를 성경은 "에벤에셀"의 하나님으로 표현한다. '에벤'은 '돌'을, '에셀'은 '도움'을 의미한다. 그래서 에벤에셀은 "도움의 돌"로 번역할 수 있다.

도움을 뜻하는 에셀에 대해 시편 54편 4절은 "하나님은 나를 돕는 이시며"라고 말씀하신다. 하나님의 도움을 받은 사람의 고백도 있다. "나의 도움은 천지를 지으신 여호와에게서로다"(시 121:2), "주밖에 도와줄 이가 없사오니"(대하 14:11).

신약에서는 사도 바울의 증언을 통해 하나님의 도우심에 대한 보다 깊은 이해를 가질 수 있다. "유대인들이 성전에서 나를 잡아 죽이고자 하였으나 하나님의 도우심을 받아 내가 오늘까지 서서 높고 낮은 사람 앞에서 증언하는 것은…"(행 26:21-22). 이 말씀은 자신의 사역의 원천이요 뿌리가 하나님의 도우심에 있으며, 그 도우심이 없으면 사역이 한 발자국도 나갈 수 없다는 바울의 고백이다. 이것이 신약판 에벤에셀이다.

사무엘의 "여기까지 도우시는 하나님"과 바울의 "오늘까지 도우시는 하나님"은 하나님께서 그의 자녀를 어떻게, 어디까지 도우시는지를 분명하게 보여주고 있다. 그러므로 참으로 행복한 신앙인은 이런 고백들로 매일의 삶이 채워진다. "그렇지, 하나님이 여기까지 나를 도우셨지, 하나님께서 나를 불쌍히 여기시고, 부족한 나를 모자란다고 꺾지 않으시고, 오늘까지 은혜 주시고, 믿음 주시고, 건강을 주시고, 환경도 마련해주셔서 오늘까지 여기까지 도우셨지…." 그런데 사탄은 우리를 늘 흔들고 있다. 우리의 망각을 부추겨 "여기까지", "오늘까지" 도우신 하나님을 잊어버리도록 하는 것이다.

부르짖는 기도로 여기까지 도우시는 하나님을 경험하라

여기까지 도우시는 하나님을 경험하려면 부르짖어야 한다. 성경에는 부르짖는 기도의 사례를 보여주는 여러 곳이 있다. 예를 들면, 누가복음 18 장의 세리가 있고, 더욱 선명하게는 요나서 1장에서 물고기 뱃속에서 부르짖음으로 응답받은 요나도 있다. 그런데 성경에는 더욱 특별한 부르짖음의 사례도 나온다.

역대하 33장에는 므낫세가 등장한다. 므낫세는 히스기야가 하나님께 부르짖음으로 15년의 생명 연장을 허락받은 후에(왕하 20:6) 낳은 아들이다. 므낫세는 12세에 왕위에 올랐지만, 여호와 보시기에 악을 행하였고 나중에는 하나님의 심판을 받았다. 앗수르 군대가 유다를 쳤고, 므낫세는 쇠사슬에 결박되어 바벨론으로 끌려갔다. 쇠사슬에 묶인다는 것은 전쟁 포로에게 적용되는 최고의 수모였는데, 므낫세는 왕이었지만 가장 비참한 포로 대우를 받은 것이다. 역대하 33장 12절 서두에 "그가 환난을 당하여"라는 말은 포로로 잡혀가 당시 토굴감옥에 갇혔고 심한 고통을 받았음을 보여주고 있다.

심한 환난을 당한 므낫세는 토굴감옥에서 하나님께 부르짖었다. 사실 므낫세는 하나님을 경외하는 백성을 잔인하게 학대했기에, 그에게는 하나님의 선대를 받을 이유가 전혀 없었다. 자기 백성을 우상 숭배하도록 했던 악한 왕, 여호와 보시기에 악을 행함으로 여호와를 진노하게 했던 왕이 므낫세였다.

하지만 33장 12절에 "그가 환난을 당하여 그의 하나님 여호와께 간구하고 … 하나님 앞에 크게 겸손하여"라는 구절이 나오고, 13절에서는 대단한 반전이 이루어진다. "… 기도하였으므로 하나님이 그의 기도를 받으시며 그의 간구를 들으시사…." 토굴감옥에서 부르짖는 므낫세의 기도를 하나님이 들으신 것이다.

므낫세는 이방 나라의 토굴감옥에서 기도하면서도 하나님이 자신을 찾아오실 것을 차마 기대하지 못했을 것이다. 그럼에도 극심한 고통이 그로 하여금 하나님을 찾게 했고, 그의 부르짖음에 하나님은 응답하셨다. 그리고 므낫세는 이스라엘로 돌아와 그제야 여호와께서 하나님이신 줄 알았다(대하 33:13).

그런데 가장 주목할 만한 부분은 므낫세의 기도가 참된 회개의 기도였다는 사실이다. 그것을 어떻게 알 수 있는가? 참된 회개는 반드시 회개의 열매가 있다. 삶의 현장에서 회개의 열매가 없다면 회개한 것이 아니다. 15절에서 이방 신들과 여호와 전의 우상을 제거했고, 여호와의 제단을 보수하고 화목제와 감사제를 드리고, 유다 백성에게 이스라엘의 하나님을 섬기라고 명했다. 어떤 성경학자는 므낫세의 회심을 성경에서 기록된 여러 회심 중에서 그리스도인을 핍박하기 위해 다메섹으로 가던 사울의 회심 다음으로 극적인 사건이라고 말한다. 므낫세의 기도는 우리에게 왜 부르짖는 기도를 해야 하는지를 보여주고 있다. 은혜의 강물은 부르짖는 자에게로 흘러가기 때문이다.

참된 회개를 위한 과정

20년 동안, 언약궤는 유다 지역의 작은 시골인 기럇여아림에서 홀대받고 있었다. 사무엘은 이스라엘에게 강력하게 촉구한다. "만일 너희가 전심으로 여호와께 돌아오려거든 이방 신들과 아스다롯을 너희 중에서 제거하고 너희 마음을 여호와께로 향하여 그만을 섬기라 그리하면 너희를 블레셋 사람의 손에서 건져내시리라"(3절). 이에 이스라엘 자손은 그들 중에 있는 바알들과 아스다롯을 제거하고 여호와만 섬기기로 결심했다.

여기서 '바알들'은 '바알림'의 복수형이고, 아스다롯도 복수형이다. 이스라엘 곳곳이 바알들, 우상들로 우글거렸음을 보여주고 있다. 여호와께로 돌아오라는 사무엘의 외침에 이스라엘 백성은 회개로 반응했다.

"그들이 미스바에 모여 물을 길어 여호와 앞에 붓고 그날 종일 금식하고 거기에서 이르되 우리가 여호와께 범죄하였나이다 하니라"(6절).

하나님의 백성이 미스바 광장에서 무릎을 꿇고 죄를 고백하고 회개하는 영적 각성이 일어났다. 그들은 두 가지 상징적인 행동을 통하여 회개와 각성을 표현했다.

첫째, 여호와 앞에 물을 부었다. "물을 길어 여호와 앞에 붓고"(6절). 물을 부은 이유는 우리의 현실이 너무도 아프고 절망적이기 때문에 생명 연장의 가장 기본 요소인 물을 마시는 것을 절제한다는 뜻이다. 영적으로 부도 위기, 파산상태에 있으므로, 자신을 겸손하게 낮추어 물을 붓고 하나님 앞에 자기 절제를 선언하는 것이다. 동시에, 물은 이스라엘의 풍요로움의 상징으로 인생의 풍요는 바알이 아니라, 여호와 하나님께로부터 오는 것임을 고백하는 것으로 해석할 수 있다. 이스라엘 백성이 미스바 광장에서 함께 모여 이러한 행위를 했다는 것은 회개가 혼자만이 아니라 민족 공동체 전체의 회개임을 보여주고 있다. 골방에서 회개하는 것도 중요하지만 함께 모여 회개하는 것이 부흥의 중요한 전초이다.

둘째, 종일 금식했다. "그날 종일 금식하고"(6절). 금식도 같은 개념이다. 금식은 생명 보존에 가장 중요한 먹는 것을 박탈함으로 하나님 앞에 "나는 징벌을 받아 마땅한 자입니다"라고 고백하면서 "내가 살고 죽는 것이 하나님께 달려 있습니다. 하나님의 도우심 없으면 안 됩니다"를 선포하는 것이다. 우리의 육신이 배가 고프다는 정도가 아니라, 영혼과 마음이 갈급해서 하나님을 갈망할 수밖에 없다는 고백이다.

하나님의 에벤에셀이 나타나다

우리의 생각으로는 이렇게 회개할 때 평안과 축복, 하나님의 도우심이 이어져야 자연스러운데, 오히려 블레셋이 침공해온다. "이스라엘 자손이 미스바에 모였다 함을 블레셋 사람들이 듣고 그들의 방백들이 이스라엘을 치러 올라온지라"(7절). 이스라엘 백성에게는 이해할 수 없는 상황이 닥친 것이다. 어둠이 물러가고 서광이 비칠 것 같더니, 오히려 전보다 더 극심한 칠흑 같은 어두움이 임해버렸다.

이스라엘 백성이 미스바에 모여서 물을 붓고, 금식하며 회개하고 하나님의 도우심을 구할 때, 오히려 블레셋 사람이 이스라엘 백성을 치러 올라왔다. 그런데 이스라엘 백성의 태도가 갑자기 달라졌다. "이스라엘 자손이 사무엘에게 이르되 당신은 우리를 위하여 우리 하나님 여호와께 쉬지 말고 부르짖어 우리를 블레셋 사람들의 손에서 구원하시게 하소서"(8절). 무슨 뜻인가? 여전히 블레셋을 두려워했지만, 이렇게 전심으로 물을 붓고 금식하며 회개하니 영적인 안목이 열려 우리를 도우실 분은 하나님밖에 없다는 것을 확실하게 믿고 사무엘에게 기도를 요청한 것이다. 20년 전에는 하나님께 묻지도 않고 언약궤를 함부로 전장에 가지고 나갔던 것에 비하면 전혀 다른 사람처럼 보일 정도이다.

이럴 때, 사무엘은 어떻게 반응했는가? "사무엘이 젖 먹는 어린 양 하나를 가져다가 온전한 번제를 여호와께 드리고 이스라엘을 위하여 여호와께 부르짖으매 여호와께서 응답하셨더라"(9절). 사무엘은 어린 양을 온전한 번제로 드리고 부르짖어 기도했다. 예상치 못한 어려운 상황이 닥쳤을 때, 백성은 오직 하나님의 도우심을 바라봤고, 사무엘은 예배를 드렸으며 간절히 부르짖고 기도했다.

이렇게 예배하고 기도했을 때 어떤 일이 일어났는가? "사무엘이 번제를 드릴 때에 블레셋 사람이 이스라엘과 싸우려고 가까이 오매 그날에 여호와께서 블레셋 사람에게 큰 우레를 발하여 그들을 어지럽게 하시니 그들이 이스라엘 앞에 패한지라"(10절). 그 결과 하늘에서 우렛소리가 들렸다. 타작마당에서 겨가 날리듯이 블레셋 사람들을 흩어버리는 전능하신 하나님의 능력이 하늘로부터 임하셨다. 하나님의 에벤에셀이 나타난 것이다.

이것을 영적으로 상상해보라. 사무엘이 번제를 드리고 하나님께 부르짖을 때, 하나님께서 천사 가브리엘에게 이렇게 말씀하셨을 것이다. "가브리엘아, 저 밑을 내려다보거라. 내 종 사무엘이 물을 붓고 생명은 주님께 속해 있다고 금식하면서 얼굴을 땅에 대고 백성과 함께 자신의 죄와 완악함을 고백하면서 도움을 구하고 있다. 그러니 가브리엘아, 불말을 가져오라. 내 불전차를 가져오라. 내가 불전차를 타고 하늘을 가로질러, 저 할례받지 않은 무지한 블레셋을 쳐부수고, 하늘에서 큰 불을 내려 내 백성을 돕겠다. 물과 금식과 번제와 부르짖는 기도를 하는 그들을 위해 싸우겠다." 불말을 타고 오신 하나님의 능력을 체험한 것이 에벤에셀의 은혜이다.

어머니의 기도가 아들의 기도로 응답되다

사무엘이 물과 금식, 온전한 번제를 드리고 부르짖는 기도를 하니, 하늘에서는 우레와 천둥소리가 울려 퍼졌다. 적들은 혼란에 빠져 이스라엘은 전쟁에서 이길 수 있었다. 놀라운 것은, 10절의 '우레의 응답'은 우연히 나온 것이 아니고, 사무엘상 2장 10절에 기록된 한나의 기도에 대한 응답이었다는 점이다. 어머니의 기도가 아들 사무엘 때에 하나님의 도우심으로 나타났다. "여호와를 대적하는 자는 산산이 깨어질 것이라 하늘에서 우레로 그들을 치시리로다"(삼상 2:10).

어머니가 드렸던 기도가 아들 사무엘의 시절에 하나님의 도우심으로 현실화된 것이다.

어머니의 기도는 참으로 위대하다. 과거에 한나가 드린 기도가 현재 사무엘이 드리는 기도와 만나, 진정한 에벤에셀이 탄생한 것이다. 부모가 세상을 떠나도 그들의 기도는 계속 살아 있다. 이는 타종교처럼 공덕을 쌓는다는 개념이 아니라, 예수의 피에 근거한 기도를 드렸을 때, 하나님이 도우심을 경험하게 된다는 것이다.

마찬가지로, 우리가 지금 드리는 기도는 미래에 하나님의 응답을 받게 될 것이다. 우리의 미래는 지금 우리가 하나님의 도우심을 구하는 기도에 달려 있다. 우리의 기도가 한나와 사무엘처럼 현실이 될 것이다.

역사의 하선에서는 눈앞에 산같은 어려움이 가로막고 있어 마음이 위축되고, 스트레스를 받아 영적인 통찰력이 잠시 흐려져서 헤매는 상황일지라도, 역사의 상선에서는 한나의 기도가 사무엘에게 그대로 응답되는 것처럼, 부모의 기도로 인해 자녀가 보호를 받는 하나님의 손길이 있음을 알 수 있다.

그러므로 주님께 돌아와서 영적으로 각성하고 회개했는데 이전보다 더 어려운 상황을 만나게 되었다면, 그것은 더 큰 역사를 일으키시겠다는 '하나님의 계획 과정'을 지나고 있다고 여겨야 한다.

사실, 당시 이스라엘은 철기 문화와 철제 무기가 없었기에, 철제 무기와 병거 및 마병으로 무장한 블레셋 군대를 당해낼 수 없었다. 블레셋 입장에는 전쟁이 아니라 토끼사냥 같았을 것이다. 칼이나 창이나 막대기를 들고나온 사람에게, 소위 신식 탱크로 밀고 들어가는 것과 같은 형국이니 상대가 안 되었을 것이다.

그런데 이스라엘 백성이 미스바에서 회개하고 영적으로 각성하며 하나님의 도우심을 간절히 사모하자, 하나님께서 블레셋 군대를 불러 모아 하나님의 방법, 하나님의 비밀도구인 '하늘의 천둥과 번개, 우레'로 쓸어버리신 것이다. "이스라엘 사람들이 미스바에서 나가서 블레셋 사람들을 추격하여 벧갈 아래에 이르기까지 쳤더라." 미스바에서 13킬로미터 떨어진 벧갈 아래까지 완전히 대승하게 하셨다.

이에 사무엘이 하나님의 도우심으로 전쟁에 이긴 것을 기념하여 돌을 세우고 하나님이 여기까지 도우셨음을 기념했다. "사무엘이 돌을 취하여 미스바와 센 사이에 세워 이르되 여호와께서 여기까지 우리를 도우셨다 하고 그 이름을 에벤에셀이라 하니라."

그 후로 사무엘이 살아 있는 동안 블레셋은 이스라엘을 침략하지 못했다. 하나님께서 이스라엘 백성의 회개와 부르짖는 기도에 응답하신 것이다. "블레셋 사람들이 굴복하여 다시는 이스라엘 지역 안에 들어오지 못하였으며 여호와의 손이 사무엘이 사는 날 동안에 블레셋 사람을 막으시매"(13절). 한마디로, 하나님의 도우심을 민족적으로 경험하게 되었다.

오늘, 이 시대에 물과 금식, 온전한 번제와 부르짖는 기도를 드린다는 것이란?
물은 우리 입장에서 보면 우리의 마음을 하나님께 쏟아붓는 것을 의미한다. "네 마음을 주의 얼굴 앞에 물 쏟듯 할지어다"(애 2:19), "그의 앞에 마음을 토하라"(시 62:8)는 말씀이 이것을 보여준다. 양동이 물을 하나님 앞에 붓는 것처럼, 남김없이 철저하게 겸손하게 하나님 앞에 완전히 내려놓는 것이다. 물을 붓는 것은 "주여 내가 쏟아놓은 물처럼 되어, 하나님 앞에 서 있습니다. 이제 내 마음에 남아 있는 것이 없습니다. 모든 것 주님 앞에 다 내려놓습니다"라고 철저하게 회개하는 것이다. 동시에 금식을 통하여 과거의 죄를 생각하고 괴로워하며 철저하게 회개하고, 사무엘이 젖 먹는 어린 양으로 온전한 번제를 드린 것처럼, 온전한 제물과 함께 예배를 드려야 한다.

참된 부흥으로 가려면 적당히 "회개하자" 정도가 아니라, 물, 금식, 온전한 번제의 희생을 통한 회개가 있어야 한다. 온전한 제물에 각을 뜨고, 불에 태워드리며, "내 것이 다 주님의 것"이라는 고백과 함께 회개해야 한다. 완전히 다 태워버린 온전한 번제 안에는 전적인 헌신도 포함한다.

애즈베리 대학에서 시작된 부흥의 불길은 우연히 일어난 것이 아니었다. 미국 트리니티 신학교에서 유학하고 말레이시아에서 14년간 교수 생활을 한 홍투레오(Hong Too Leow) 교수가 있다.

그가 2015년에 방문 교수로 애즈베리 대학에 갔는데, 그때 하나님께 "교수직을 내려놓고 애즈베리의 부흥을 위해 풀타임으로 기도하라"라는 말씀을 받았다. 홍 교수는 보수적인 신학자여서, 처음에는 이런 신비한 비전을 선뜻 받아들이기 어려웠다. 그러나 몇 차례 확인 과정을 거쳐 부르심을 확신하고 순종하기로 결단했다. 결국, 2019년에 애즈베리 대학이 있는 윌모어로 이주해 부흥을 위해 기도하기 시작했다. 2020년 여름에는 "회개하라, 부흥을 위해 기도하라"라는 팻말을 들고 기도하라는 말씀을 주셔서 몸 앞뒤에 문구를 쓴 팻말을 메고 2년을 다녔다. 그러니 그 지역에서 유명 인사가 됐다. 애즈베리 부흥이 세간이 알려지자, CNN, FOX 등 다양한 방송사에서 그에게 인터뷰 요청을 해왔지만, "영광받으실 분은 하나님이시기 때문에 인터뷰는 하지 않겠다"라고 사양했다. 홍 교수 사모에게 남편이 결단을 내릴 때 어떤 마음이었냐고 물으니, "당연히 남편을 따랐지요. 결국, 주님을 따르는 일이었으니까요"라고 답했다.

순종은 하나님의 도우심을 구하는 또 다른 표현이다.

"여기까지"에는 미래도 포함되어 있다

"여호와께서 여기까지 도우셨다"라는 말에는, 미래도 포함되어 있다. 아직 오지 않은 날들에 대한 약속이다. 에벤에셀은 평생의 이야기이다. 과거 현재형이면서, 미래 현재형이 되게 하시고, 평생 도우시고 영원히 도와주신다는 약속이다. 한나의 기도가 사무엘의 기도와 연결되어 이루어진 것처럼, 우리의 간절한 기도와 각성이 절대로 헛되지 않을 것이다.

그래서 구약에서 하나님 이름을 믿는 자들을 위해, 하나님께서 해주실 수 있는 미래의 일을 말씀하시는 예가 있지 않은가. 성경 말씀을 살펴보면 어떤 이는 다니엘의 세 친구처럼 불도 지나가게 하시고, 노아처럼 홍수도 지나가게 하시고, 출애굽한 이스라엘 백성처럼 바다도 지나가게 하시고, 욥처럼 큰 슬픔도 지나가게 하신다. 그러므로 우리 하나님은 영광과 찬송을 받으시기에 합당하신 분이시다 (계 5:12).

우리의 남은 생애 동안 에벤에셀의 축복을 누리자. 우리의 생애가 다하는 그날까지, 과거와 현재와 미래를 "여호와 하나님이 여기까지 도우셨다"라고 고백할 수 있기를 소망한다.

"여기까지" 그리고 "오늘까지" 도우시는 하나님을 경험하기를 소원하는 자의 기도

자비로우신 하나님 아버지, 우리 모두는 '주님이 여기까지 도우셨다'라는 에벤에셀 은혜의 기념비가 세워지지 않은 날이 단 하루도 없는 줄로 믿습니다. 우리가 금식하고 회개하며 엎드렸으나, 예기치 못한 더 큰 위기를 만났을 때, 사무엘처럼 쉬지 말고 부르짖어 기도하며 온전한 번제를 올려드리게 하여주옵소서.

우리가 있는 그 자리가 물을 붓고 금식하는 참된 회개 미스바, 온전한 번제의 미스바, 간절한 부르짖음의 미스바가 되게 하시어, 대각성과 부흥의 불이 떨어지게 하여주옵소서. 하나님께서 더 큰 우레를 내리사, 사무엘이 블레셋에 대승을 거두며 국가적인 에벤에셀을 경험한 것처럼, 대한민국에도 국가적인 에벤에벨의 은혜와 승리를 내려 주옵소서.

16

부흥의 실체를
경험한 사람

역대상 4:9-10

　　"일생 한 번이라도 부흥을 경험한 적이
있는가?" 이는 목회자로서 성도들을 향한 마음 깊은 질문이다. 참된
부흥은 성도의 삶 속에 하나님의 임재와 성령의 기름부으심이 있는
확실한 증거이기 때문이다. 하나님께서 우리의 오른손을 붙잡고 동
행하시고(시 73:23), 성령님께서 즐거움의 기름을 부으시는(시 45:7) 인생
만큼 복된 삶이 또 있을까?

　본문인 역대상 4장에는 유다 자손들의 족보가 나열된다. 처음에
는 밋밋하게 "누구의 아들은 누구이고, 누가 누구를 낳고…" 이런
식으로 나오다가 갑자기 9-10절에서 특별한 말씀이 나온다.

"야베스는 그의 형제보다 귀중한 자라 그의 어머니가 이름하여 이르

되 야베스라 하였으니 이는 내가 수고로이 낳았다 함이었더라 야베스가 이스라엘 하나님께 아뢰어 이르되 주께서 내게 복을 주시려거든 나의 지역을 넓히시고 주의 손으로 나를 도우사 나로 환난을 벗어나 내게 근심이 없게 하옵소서 하였더니 하나님이 그가 구하는 것을 허락하셨더라."

그리고 11절부터 다시 족보가 나열된다. 마치 카메라로 전체를 크게 비추다가, 갑자기 한 사람 얼굴에 포커스를 맞춰 클로즈업하는 것 같다. 그렇게 포커스를 맞춘 사람이 야베스이다. 하나님께서 한 사람 야베스에게 특별한 관심을 갖고 계신 것을 보여준다. 성경에는 야베스가 누구인지 무엇을 하는 사람인지 구체적으로 나와 있지 않다. 하지만 한 가지 분명한 것은 그가 기도를 통하여 부흥의 실체를 경험한 사람이라는 것이다.

야베스, 고통으로 태어나다

처음부터 야베스의 인생이 평탄한 것은 아니었다. 오히려 그의 삶에는 어두운 그림자가 짙게 드리워져 있었다. 9절에는 "그의 형제보다 귀중한 자"로 표현되어 있다. 이것은 야베스의 형제들이 대단하거나 특별한 집안 출신은 아님을 짐작하게 한다.

야베스의 이름 뜻이 "내가 수고로이 낳았다"인데, 아마도 어머니가 큰 고생을 하며 야베스를 낳은 것 같다. 그래서 그에게 고통, 슬픔이라는 뜻의 '야베스'라는 이름을 지어주었다.

어떤 부모가 자식에게 "고통이나 슬픔"이라는 이름을 지어주겠는가? 더구나 유대는 이름을 더욱 중시하는 나라가 아닌가! 성경에는 사람을 가리킬 때 대개 아버지 이름을 언급한 다음에 자녀 이름이 나온다. 예를 들면, 예수님께서 베드로를 지칭할 때 "바요나 시몬"이라고 부르셨는데(마 16:17), 요나의 아들 시몬(Simon, son of Jonah)이라는 뜻이다. 심지어 아간 같은 사람도 아버지의 이름이 나온다. 그러나 야베스는 아버지의 이름이 전혀 언급되지 않는다.

성경학자들은 이를 통해 야베스의 아버지가 자랑스러운 사람이 아니었으며, 자식에게 물려줄 것이 없었을 것으로 추정한다. 야베스의 기도 중에 "나의 지역을 넓히시고"라는 표현이 있는데, 이것을 보면 물려받을 땅도 없는 가난한 집안 출신이었던 것 같다. 이스라엘은 희년(50년 주기)이 될 때마다 자기 땅을 돌려받게 되는데, 야베스에게는 돌려받을 땅(기업)조차 없었을 것이다. 또한 그의 형제들도 그다지 존귀한 사람들이 아니었다.

야베스의 기도가 "나로 환난을 벗어나 내게 근심이 없게 하옵소서"라는 말로 이루어진 것을 보면, 그의 삶이 얼마나 힘들었는지 짐작할 수 있다. "환난과 근심"이라는 말은 야베스의 이름 자체이기도 하다. 야베스는 자신의 삶이 가정에서든 개인적으로든 환난과 근심으로 가득 차 있을 때, 그런 상황에서 벗어나게 해달라고 기도했다. 우리는 그를 복된 기도의 주인공으로 인식하고, 보아스나 창세기의 족장들처럼 부유한 사람으로 생각했지만, 실상은 정반대였다.

본문의 연대기적 위치로 보면, 역대상 3장이 본문 뒤에 나와야 한다. 본문 앞, 역대상 2장부터 유다 지파의 족보가 나오고, 3장은 유다 지파의 최고 클라이맥스인 '다윗의 족보'에 대한 내용이 나온다. 소위 유다 지파의 주류가 소개되는데, 오늘 역대상 4장에는 소위 비주류의 계보가 추가된 것이다.

정리하면, 야베스는 여러 가지로 좋지 못한 조건을 가진 청년이다. 재산을 잃어버린 아버지, 형제들도 대단치 않고, 명예도 없고,

어머니로부터 고통과 슬픔이라는 이름이 붙여진 사람이다.

야베스의 삶을 보며 동질감을 느끼는 이들이 있을 것이다. 부모로부터 물려받은 것이 없는 환경, 심지어 역기능 가정에서 자란 이들도 있을 것이다. 야베스의 기도를 읽으면서, 그의 기도가 자기 마음에서 드리는 기도와 겹친다고 느끼는 이들이 적지 않다. 어떤 경우이든지, 야베스의 기도에 마음을 열면 그 속에서 축복의 실체를 경험할 수 있을 것이다.

야베스를 축복으로 이끈 네 가지 기도

10절에서 "하나님께 아뢰어 이르되"는 원어로 '부르짖다', '간절히 요청하다', '외치다'의 의미다. 야베스는 "하나님께 부르짖어야겠다. 절실하게 요청해야겠다. 하나님의 옷자락을 붙잡고 절박하게 매달려야겠다"라고 결심한 것이다. 그의 고통이 얼마나 깊었는지를 보여준다. 이제 야베스의 운명을 바꾸려는 간절한 기도가 시작된다.

야베스의 기도에는 네 가지 실체가 있는 기도 제목이 포함되어 있다.

첫째, "내게 복에 복을 더하여 주소서." 우리가 사용하는 개역개정은 "내게 복을 주시려거든"이라고 나와 있는데, 원뜻은 "나를 축복해달라"라는 간구이므로 개역한글 번역이 더 좋은 것 같다.

여기서 말씀하는 '복'은 하나님만이 주실 수 있는 초자연적인 은혜를 말한다. 그러므로 참된 복은 먼저 하나님을 구하는 것이다. 하나님만 구한다는 것은 내가 하나님께 더 가까이 나아가고, 하나님을 더 찾고, 하나님을 더 알아가게 해달라는 것이다. 성경적인 복은 일반적인 복의 개념을 뛰어넘어 하나님께 더 가까이 나아가게 해달라는 것이다. 즉, "하나님이 나의 하나님이심을 자각하게 해달라"라는 것이다. 조금 더 들어가면, "내가 하나님께 속해 있음을 깨닫게 해달라"라는 것이다. 이것이 "내게 복에 복을 더하사", 혹은 "내게 복을 주시려거든"이라는 간구에 들어 있는 깊은 의미이다. 이 기도는 하나님의 하나님 됨을 구하는 기도이다. 성도의 큰 복은 하나님을 가까이하는 것이다.

"하나님께 가까이함이 내게 복이라"(시 73:28)

둘째, "내 지경을 넓혀 주소서." 이것은 부모로부터 받지 못한 것, 잃어버린 기회, 명예, 지혜를 회복하게 해달라는 뜻이다. 즉, 지금 우리를 제한하고, 우리를 막고 속박하는 것을 뚫고 돌파하게 해달라는 것이다. 어떤 고정관념이 나를 옥죄는 것이 있다면 그걸 돌파하고 발전시켜 인생의 참 보람과 만족을 가질 수 있는 기회를 달라는 것이다. "주님, 내 인생의 문을 열 수 있는 새로운 기회(second chance)를 주십시오." 한마디로, 언제든지 다시 시작하는 힘을 달라고 기도하고 있다.

셋째, "주의 손으로 나를 도와주소서." 알 수 없는 인생길을 걸어갈 때 도움의 내비게이션을 허락해달라는 것이다. 어떤 낯선 도시를 갔는데 도시를 잘 아는 사람이 나타나 "제가 안내자가 되어드릴게요"라고 하면, 얼마나 큰 힘이 되겠는가? 당신에게는 인생의 가이드가 있는가? 인생의 내비게이션이 있는가? 이것이 야베스의 실체적인 기도 제목이다.

넷째, "환난을 벗어나 근심이 없게 하소서." 야베스는 아마 가정이나 배경적으로 근심이 많은 상황인 것 같다. 이 땅에 태어난 이상 근심에서 자유로운 사람은 아무도 없다. 겉으로는 모든 것이 좋아

보이는 사람도 삶의 커튼을 열면 오히려 더 깊은 근심으로 앓는 사람이 적지 않다. 그러므로 "근심이 없게 하소서"라는 야베스의 기도는 오늘날 우리 모두를 위한 기도일 것이다. 사람마다 연약함이 있고 근심거리가 있는데 그걸 극복하게 해달라는 것이다.

야베스가 이런 기도 제목을 가지고 한 번만 기도했겠는가? 아마 간절한 마음으로 심각하게, 수없이 반복해 기도했을 것이다. 그 결과 하나님은 야베스의 기도에 응답해주셨다.

"하나님이 그가 구하는 것을 허락하셨더라"(10절).

야베스가 고난을 뚫고 나갈 수 있도록 기회의 문을 활짝 열어주셨다. 기대하지 않던 땅을 허락하셨거나, 평소보다 많은 소출을 주셨든지 아니면 사람들에게 존경받게 하셨다든지, 기도를 응답하신 증거들을 보여주셨다.

성경에는 야베스에 대한 구절이 또 하나 나오는데, 야베스를 이해하는 데 도움이 된다. "야베스에 살던 서기관 종족 곧 디랏 종족과 시므앗 종족과 수갓 종족이니 이는 다 레갑 가문의 조상 함맛에게서 나온 겐 종족이더라"(대상 2:55). 여기서는 야베스가 지역 이름이다. 야베스 지역에 살던 종족들의 이름이 쭉 나열된다. 아마 야베스가 재산, 명예, 기업을 되찾게 되니, 지역 이름을 '야베스'라고 명예롭게 붙여준 것 같다.

야베스는 가감 없이 순전하고 솔직하게 기도했다. 그렇다면 그때로부터 수천 년이 지난 지금, 그의 기도는 어떻게 우리의 기도에 접목될 수 있을까?

야베스의 기도, 지금 여기서 우리의 기도가 되다

첫째, "복에 복을 더하사"라는 기도는 "주여, 복의 근원이 되게 하옵소서", "제사장 나라가 되게 하옵소서"가 될 것이다.

복의 근원이 된다는 것이 무슨 뜻인가? 여기에 대해 브루스 윌킨슨이 이렇게 말했다. "강가에 서서 하루하루를 버티기 위해 물 한 컵을 요구하던 사람이 강물 속으로 뛰어드는 것이다." 겨우겨우 생존해가며 메마르게 살던 인생이 하나님의 축복과 은혜의 강물 속에 풍덩 자기 자신을 던지는 것과 같다. 하나님을 알고, 하나님의 심정을 알게 되면, 결국 복의 근원이 되는 기도를 하게 된다.

둘째, "지경을 넓히시고"는 "주님께 더 쓰임받도록 선한 영향력을 주시며, 필요하면 물질도 허락하소서"가 될 것이다. 지경을 넓혀 달라는 것은 "더 많은 땅을 달라"에서 그치지 않는다. 하나님이 주시는 새로운 기회를 통해 하나님 이름이 더 많은 곳에서 불리고, 하나님의 주권이 더 넓은 곳에서 영향을 미칠 수 있도록 나를 사용해달라는 뜻이다. 다시 말해, 하나님의 이름이 더 높이 영광 받으시도록, 이를 위해 내가 더 많이 쓰임받을 수 있도록 기회를 주시고, 물질과 선한 영향력을 달라는 것이다.

예를 들어, 우울증으로 집 안에 웅크리고 있는 사람에게는 집 밖에서 햇볕 쬐면서 걷는 것만 해도 지경을 넓히는 것이고, 자녀를 우상처럼 여기던 부모가 내 자녀뿐 아니라 순원과 교회를 위해 기도한다면 그것도 지경이 넓어진 것이며, 심지어 선교지를 위해 축복하고 기도하면 지경이 더 넓어진 것이다.

셋째, "주의 손으로 도우사"는 "하나님께 전적으로 의탁하는 삶을 살게 하옵소서"가 될 것이다.

조금 역설적으로 들리겠지만 그리스도인은 하나님의 도우심이 없으면 이미 실패가 보장된 삶이다. 그렇기에 하나님의 도우심이 없어도 모든 일이 잘되고 잘 풀리면, 그때가 그리스도인으로서 가장 위험하고 하나님께 엎드려야 할 때이다. 하나님의 도우심이 없으면 실패가 보장된 삶을 살고 싶은가? 아니면, 하나님의 도우심이 없이도 잘되는 삶을 살고 싶은가? 만약, 후자에 마음이 기울어진다면 자신을 깊이 돌아봐야 한다. 적어도 그리스도인에게는 그것이 성공일 수 없기 때문이다.

요셉이 형들에게 팔려 애굽에서 노예살이하는 것이 겉으로 보면 실패 같지만, 사실 성공이 보장된 삶이었다. 요셉은 앞으로 애굽 총리가 되어 많은 생명을 살리기 위한 준비 과정으로서 종살이를 하는 것이다. 오죽하면 성경에서 요셉이 "형통한 자가 되었다"라는 말씀을 요셉이 화려한 옷을 입고, 총리대신으로 권세를 누릴 때가 아니라, '종살이 할 때' 말씀하셨겠는가! "여호와께서 요셉과 함께하시므로 그가 형통한 자가 되어 그의 주인 애굽 사람의 집에 있으니"(창 39:2). 그러므로 비록 감옥 같은 상황에 놓여 있더라도 하나님이 함께하시면 걱정하지 않아도 된다. 그때가 주님의 도우심이 부어지는 시간이다.

중요한 것은 남들이 나에게 무엇이라고 말하는가가 아니라, 하나님이 나에게 어떻게 말씀하는지다. 오늘 내게 생명과도 같은 문제도 시간이 지나면 그렇지 않은 경우가 얼마나 많은가? 지금 얼굴이 붉으락푸르락했다가도 지나놓고 보면 그때 왜 그렇게 했는지 생각도 나지 않을 때가 많다. '그것 때문에 그렇게 고민하며 살았나?' 하면서 안타까워하는 것이 얼마나 많은가!

한편, "주의 손으로 나를 도우사"라는 간구 속에는 주님이 나와 함께하시면, 세상 상식을 뛰어넘는 기적 같은 일도 일어날 수 있다는 믿음이 내재해 있다. "지경을 넓혀달라"라고 기도해서 사명을 받았다면, 이제는 그 사명을 감당할 능력이 필요하다.

넷째, "환난을 벗어나 근심이 없게 하소서"를 신약적인 언어로 말하면, 주기도문의 "다만 악에서 구하옵소서"라고 표현할 수 있다. 야베스는 죄의 유혹과 악이 가져다주는 고통과 슬픔에서 떨어져 살기를 원했다. 죄의 힘이, 죄의 횡포로 인한 고통이 우리 삶에서 기승을 부리지 못하도록 늘 기도했다는 것이다.

야베스의 기도는 참된 복을 구하는 기도다

야베스는 그가 한 일 때문이 아니라 그가 한 기도 때문에 살았다. 그가 드렸던 기도 때문에 역사에 기록되었다. 믿음보고, 기도보고, 부흥보고 2.0의 사람이 된 것이다. 야베스처럼 참된 복을 구하는 기도를 드려야 한다. 우리가 아무리 복을 받는다고 해도, 심지어 나의 이름이 대리석에 새겨진다고 해도 어린 양의 생명책에 기록되지 않는다면 무슨 소용이 있겠는가?

개역개정 성경에는 표현되지 않았지만, NASB나 KJV 성경에는 "indeed"라는 단어가 들어 있다. 개역성경은 이 단어를 "복에 복을"이라고 표현한다. 야베스는 지금 일반적인 복이 아니라 "진정한 복"을 구하는 것이다. 그래서 찰스 스펄전은 이 기도의 핵심은 "indeed"에 있다고 말했다. 결국, 10절의 "주께서 내게 복을 주시려거든"이라는 말은 "주께서 내게 [진정한] 복을 주시려거든"이라고 번역하는 것이 더 적절하다. 야베스는 지금 "진정한 복"을 구하고 있는 것이다.

복에는 여러 가지가 있다. 일시적인 만족을 준 후 우리의 기대를 저버리는 복이 있고, 눈에는 그럴듯해 보여도 아무런 맛을 주지 못하는 복이 있고, 시간이 지나면서 서서히 사라지는 복도 있다. 이런 복들과 진정한 복의 차이는 무엇인가? 스펄전은 "이런 복은 잠시 감각적인 즐거움을 주지만 고상한 영혼의 갈급함을 채우지 못한다"라고 말한다.

진정한 복은 하나님이 택하신 복이고, 하나님의 풍성함에서 비롯되는 복이며, 하나님의 은혜로 주어지는 복이다. 우리는 복의 권세를 가지신 하나님에게서 오는 복을 구해야 한다. 그럼에도 교인 중에 얼마나 많은 사람이 세상 복을 찾고 구하느라 삶을 소진하는지 모른다. "내게 진정한 복을 주시려거든"이라는 야베스의 말에는 하나님의 복만이 참된 복이며, 이런 복을 간절히 소원한다는 의미가 담겨 있다. "다른 복은 우리에게 약간의 만족을 주지만 당신의 복은 생명입니다. 당신이 주시는 복에 비하면 다른 복은 작은 점에 불과합니다." 찰스 스펄전의 표현대로 작은 점에 불과한 복을 구하느라 인생을 허비하지 말고, 더 큰 복, 진정한 복을 구하기를 바란다.

우리가 야베스의 기도처럼 진정한 복을 원하는 이유는 무엇인가?

세상의 빈껍데기 같은 복에 취하지 않기 위해서다. 중요한 것은 주께서 복을 주셔야 한다는 것이다. 세상 사람의 눈에는 무엇인지 알 수 없지만 하나님께서 우리에게 주시는 복은 그들의 받는 복과는 색깔이 다르고, 즐거움이 다르며, 무게가 다르기에 세상사에 일희일비 요동하지 않는 복이다.

하나님께서 야베스의 기도를 들으셨다면, 우리의 기도를 듣지 않으실 이유가 어디 있는가? "자기 아들을 아끼지 아니하시고 우리 모든 사람을 위하여 내주신 이가 어찌 그 아들과 함께 모든 것을 우리에게 주시지 아니하겠느냐"(롬 8:32). 이런 의미에서, 지금 당장 일이 잘 안 풀린다고 실망하지 말라. 오늘 다시 믿음으로 도전해보라. 잘 안 된다고 주저앉지 말라. 야베스처럼 매달려보자. 그럴 때, 우리에게 참된 복을 주실 것이다.

참된 복에 대해 찰스 스펄전은 이런 얘기를 했다. "그리스도의 못 박힌 손으로부터 나온 복, 갈보리의 피 묻은 나무로부터 나온 복, 창에 찔리신 구주의 옆구리로부터 나온 복이 참된 복이다." 성령께서 우리의 영혼 안에서 역사하신 결과로 나오는 모든 것이 진정한 복이다. 이 복이 있을 때, 성령의 능력으로 소망이 넘치고(롬 15:13), 성령 안에서 평강과 희락이 있고(롬 14:17), 우리 삶을 거룩하게 하고(롬 15:16), 영적인 분별력을 갖게 하며(고전 2:14), 성도를 연합하게 하고(고전 12:13), 열매를 맺게 한다(갈 5:22-23).

그러므로 무엇이든 우리를 하나님께로 가까이 가게 하는 모든 것이 진정한 복이다. 만일 고통이나 고난이 우리를 하나님께 더욱 가까이 가게 한다면, 그것은 진정한 복이다. 우리 몸이 아파도 하나님을 찬양하게 하면, 물질이 없어 하나님을 더 잘 섬기게 되었다면, 모욕을 당해도 그리스도를 위한 것이라면, 그것은 참된 복이다.

오늘날 참된 복을 구하지만 부흥을 체험하지 못하는 이유가 무엇인가?
성도라면 누구나 부흥을 원하는 것이 상식임에도, 부흥의 선봉장 찰스 피니는 "대부분의 성도가 진정으로 부흥을 원하지 않는다"라고 말한다. 이것이 무슨 뜻인가? '부흥을 원한다고 생각하는 것'과 '진정으로 부흥을 원하는 것'에는 차이가 있다. 생각만 하는 사람과 진정으로 부흥을 갈망하며 기도하고 찬양하는 것에는 차이가 있다는 의미이다.

약 400년 전에 게오르그 노이마르크(Georg Neumark, 1621-1681)는 〈너 하나님께 이끌리어〉(찬송가 312장)를 작사하고 작곡했다. 노이마르크가 대학 갈 나이가 되어 쾨니히브루크 대학에 가려고 먼 길을 떠났는데, 가는 길에 강도를 만나 가진 돈을 다 빼앗기고 말았다. 아무런 연고도 없이 낯선 땅에서 무일푼으로 도시를 떠돌아야 했다. 낙심 속에 있었지만 신앙이 깊었던 그는 "하나님 살아갈 길을 찾게 해주십시오"라고 간절히 기도하고 주님의 도우심을 기다렸다. 그러다가 어느 추운 겨울날, 우연히 베커(Nicolaus Becker)라는 목사를 만났다. 노이마르크의 딱한 사정을 들은 베커 목사는 그를 자신이 잘 아는 판사댁 가정교사로 추천했고, 그곳에서 안정되게 일하며 생활할 수 있도록 했다.

얼마 후, 노이마르크는 쾨니히브루크 대학에 입학해 법학을 전공하게 되었다. 그리고 나중에는 궁정 시인까지 되었다. 그런데 찬송가 312장 가사는 그가 잘 되었을 때가 아니라, 강도를 만나 거지 생활을 하게 된 때 쓴 찬송이다. 큰 어려움 가운데서도, 하나님의 인도를 기대하면서 그것이 신앙고백이 되고, 아르바이트를 하게 되고, 나중에 법학도가 되고, 궁정 시인까지 된 것이다. 이 찬송은 고난을 만났을 때, 그것을 간절한 기도와 시로 승화시키는 인생과 고난을 만났을 때 불평과 낙심하는 인생의 차이를 보여준다. 이 찬송은 주로 목회자들이 자주 부르는 찬송인데, 단조여서 예배 시간에 회중 찬송으로 잘 부르지는 않지만, 이 찬송을 진실되고 힘차게 신앙고백으로 부르는 사람 중에 잘못된 분을 본 적이 없다.

구약의 야베스보다 신약의 우리에게 더 큰 복의 문이 열려 있다

이런 점에서 내가 받은 복이 진정한 복인지, 참된 복인지 살피고 판단하고 기도하자. 세상적인 복이 나를 하나님에게서 멀어지게 한다면 그것은 복이 아니라 불행이다. 야베스는 신약 인물이 아니었다. 구약 인물인데도 이런 은혜를 특별히 받았다. 신약시대는 성령 체험, 성령의 역사가 우리에게 보편적인 은혜로 주어졌다. "나를 믿는 자는 그 배에서 생수의 강이 흘러나온다"라고 하셨다. 우리는 성령 체험의 복을 받을 사람이다.

야베스는 그리스도의 십자가 사건을 알지 못했을 것이다. 그러나 우리는 십자가 은혜를 깨달은 사람 아닌가. 십자가의 은혜가 무엇인가? 베드로처럼 배신한 우리를 한 손으로 붙잡으시고, 다른 한 손으로는 하나님을 붙잡고 우리를 향한 사랑의 고백을 하다가 심장이 터진 것이 십자가 사건이다. 사도 바울은 우리가 받는 축복의 잔은 그리스도의 피에 참여함으로 주어지는 것이라고 했다(고전 10:16). 이런 마음을 가지고 기도해보자. "하나님 아버지, 신약시대에 우리가 더 큰 복을 받은 줄로 믿습니다. 우리 사역의 장을 넓히시고, 글로벌 스탠다드로 나아가게 하시고, 헌신할 수 있는 환경도 허락하시고, 복음의 영광을 위해 내 지경을 넓게 해주십시오."

다시 한번, "복의 복을 더하사" 우리 인생의 참된 복인 하나님을 구하자. "내 지경을 넓히사" 하나님 나라 확장을 위해 선한 영향력을 펼칠 수 있도록, 쓰임받는 인생이 되게 해달라고 기도하자. 주의 손으로 나를 도우사 주님께서 맡겨주신 사명을 넉넉히 감당할 수 있도록 능력을 간구하자. "환난을 벗어나 근심이 없게 하소서." 일평생 죄의 횡포를 이길 수 있는 성령의 능력을 달라고 기도하자.

하나님께서 주시는 참된 복을 소원하는 자의 기도

자비로우신 하나님 아버지, 고통과 슬픔에 짓눌려 삶에 어두운 그림자가 드리워진 인생들도 낙심하지 않고 기도하게 하사, 야베스의 복을 경험하게 하여주옵소서. 우리 성도들이 축복의 근원이 되게 해주시고, 지경을 넓히는 복을 내려주사, 우리를 통해 주님의 통치권이 동서남북으로 넓혀지는 인생이 되게 하여주옵소서. 주의 손으로 도우사 사명 잘 감당하게 하시고, 환난을 벗어나 근심이 없게 하여주옵소서. 구하는 것마다 허락하여주시는 은혜를 받아, 우리 때문에 이 민족이 복을 받는 은혜를 허락하여주옵소서.

17

고난의 때에 더 빛나는
하나님의 거룩한 반전

역대상 21:1-27

부흥이 무엇인가? 광야가 변하여 못이 되게 하고 메마른 땅이 변하여 샘물되는 것이다(시 107:35). 마른 땅에 무슨 샘물이 있겠는가? 있을 수 없다. "광야에 길을 사막에 강을 내[겠다]"(사 43:19)라고 하셨는데, 광야에 무슨 길이 있고, 사막에 무슨 강이 있겠는가? 그러나 메마른 땅이 샘물 되고, 광야에 길을 내고, 사막에 강을 내는 것이 부흥이다.

광야가 못이 되고 메마른 땅이 샘물이 되는 인생

내 인생이 메마른 땅이라 할지라도, 내 인생이 광야나 사막 같더라도, 심지어 내가 사망의 골짜기 안에 있는 것 같아도, 주님께서 행하신 기적의 현장, 대반전의 역사 덕분에 광야가 변하여 못이 되고, 메마른 땅이 변하여 샘물이 되게 하시는 것이 부흥의 실체이다.

광야는 물과 먹을 것이 없고, 뱀이 우글거리는 곳이다. 광야는 삶의 에너지를 고갈시키고 피로에 시달리게 하며 절망에 빠뜨리는 곳이다. 그래서 광야를 오래 돌아다니는 사람을 보면 곧 쓰러질 것처럼 보인다. 그런데 부흥이 일어나면, 진짜 목말라서 쓰러질 사람, 진짜 곧 끝날 것 같은 사람도 다시 살아난다.

'1' 다음에 '2'가 오는 것이 세상 상식인데, 복음의 은혜와 기적, 부흥이 오면, 1 다음에 3의 길이 열리는 격이다. 부흥의 역사를 제대로 알게 되면, 신앙은 계산적, 인간적, 타산적이 아니라 기적적, 치유적, 천국적, 하나님적이 된다. 그래서 내 메마른 인생이 대반전의 역사를 통해, 처참하고 어려운 상황 가운데서도 회복된다. 이것은 죽음의 광야에서 생명의 오아시스를 발견하는 것과 같다.

이방 여인이자 과부 룻은 남편이 죽고 자녀도 얻지 못한 채, 고향마저 떠나야 하는 신세가 되었다. 겉으로 볼 때는 그 인생이 끝났다고 할 수 있는데, 하나님께서 대반전을 시키셔서 예수님의 족보에 오르게 하셨다. 비극이 부흥이 된 것이다. 사르밧 과부는 마지막으로 조금 남은 밀가루와 기름으로 음식을 해 먹고 죽으려고 했는데, 하나님께서는 엘리야를 보내셔서 이스라엘에 가뭄이 그칠 때까지, 밀가루와 기름이 떨어지지 않는 메마름의 대반전을 일으켜 주셨다. 열두 해 혈루증 앓던 여인은 영육 간에 너무 고통스러워 죽지 못해 살고 있었는데, 샘물 되시는 예수님의 옷자락을 만짐으로 영육 간에 메마름이 '구원의 샘물'로 바뀌는 완전한 대반전을 일으키셨다.

이런 의미에서 광야가 못이 되고 메마른 땅이 샘물이 되는 것이 생명의 복음이다. 그 이유는 예수님이 바로 마른 땅에 냇물 같기 때문이다. "그 사람은 … 마른 땅에 냇물 같을 것이며"(사 32:2).

왜 우리 인생이 마른 땅이 되는가?

첫째, 우리의 죄악 때문이다. 우리의 죄가 우리 심령을 메마른 땅이 되게 한다. 둘째, 때로는 하나님의 섭리 때문이다. 하나님께서 우리에게 더 큰 역사를 드러내시기 위함이다. 셋째, 우리의 실수와 잘못 때문이다. 우리의 인간적인 선택, 이기적인 선택으로 인해 삶이 고통과 메마름으로 변할 수 있다.

인생의 메마른 땅이 우리의 죄악, 하나님의 더 큰 섭리 혹은 우리의 실수와 잘못된 선택 때문이라 할지라도, 예수님을 구주와 주님으로 영접한 이들은 결국 삶의 메마른 땅, 갈라진 땅에서도 냇물과 샘물 되시는 예수님의 힘으로 삶을 다시 회복하게 된다.

하나님의 사람도 실수한다

다윗은 상승장군의 기세와 융성한 왕국의 위세를 떨치며 국력을 과시하고 싶은 마음에 사로잡혔다. 어느 날 그에게는 '전쟁에 나갈 수 있는 군사가 몇 명이나 있는지 한번 세어 보고 싶다'라는 생각이 들었다. 당시 고대국가는 전쟁 국가였기 때문에 전투를 할 수 있는 병사의 수가 곧 국력이었다. 그러니 국왕인 다윗이 그런 마음을 갖는 것은 어찌 보면 자연스러운 일이었다. 사실 최고 권력자로서 군인수를 세어본 게 뭐 그리 큰 죄가 될까?

그런데 하나님께서는 이를 기뻐하지 않으셨다. 다윗의 동기가 문제였다. 인구조사, 군인 수 계수 자체가 악하다기보다는 다윗의 마음 동기, 마음 씀씀이가 잘못된 것이다. 이런 면에서 하나님의 사람도 동기가 잘못될 수 있음을 조심해야 한다. 다윗의 인구조사에서 중요한 것은 인구조사 자체가 아니라 '하나님에 대한 절대적인 신뢰'이다. 여기에서 문제가 되는 지점은 교만과 자랑이다. 성경은 다윗의 교만과 자랑의 근원에 사탄의 유혹이 있었음을 기록함으로써, 자신을 드러내려 할 때 한 번 더 내면을 살펴보도록 경고한다.

인구수를 세어보니 이스라엘 중에서 칼을 뺄 만한 사람이 110만 명, 유다 지파에서 47만 명으로, 총 157만 명이나 되는 대군이었다. 사무엘하 24장에서는 130만 명이라고 나오는데, 성경학자들은 사무엘하는 정규군 수만 말한 것이고 역대상은 정규군과 예비군을 합한 수라고 설명한다.

다윗은 원래 어떤 사람인가? 골리앗과 싸울 때 고백한 것처럼, "구원하심이 사람의 칼에 있지 않고, 하나님의 손에 달려 있다"라고 믿는 사람이었다. 그래서 물맷돌과 막대기를 가지고 골리앗 앞에 달려갔던 담대한 믿음의 사람이었다. 그런데 지금 다윗의 손에 물맷돌과 막대기가 아니라 157만 대군이 들려지자, 하나님만을 바라보는 비대칭 전략의 전문가가 자신의 힘을 드러내는 세상적 계산을 하게 된 것이다.

누가 당신의 주인인가?

C. S. 루이스의 걸작 중에 《스크루테이프의 편지》라는 책이 있다. 악마 스크루테이프가 조카 웜우드에게 보내는 편지 형식의 글이다. 거기에는 사람들이 예수님을 믿지 못하게 하는 마귀의 치밀한 전략이 담겨 있다. 그 편지에 보면 환자(그리스도인)의 소유 의식을 부추기는 것이야말로 그들이 예수를 믿지 못하게 하는 최고의 전략이라고 말한다. "인간들은 노상 자기가 주인이라고 주장하는데, 천국에서 듣든 지옥에서 듣든 우습기 짝이 없는 소리다. 인간이 그런 우스운 소릴 계속 떠들게 하는 게 우리의 일이야. 인간이 완전히 소유했다는 의미에서 본다면 '내 것'이라고 말할 수 있는 것이 단 하나도 없다는 사실만 생각하면 시도 때도 없이 웃음이 나오지 뭐냐."

사탄의 가장 큰 전략은 우리로 하여금 내가 주인이라는 생각, 내가 가진 게 모두 내 것이라는 소유의식을 부추기는 것임을 각성해야 한다. 그럼에도 지금 내가 가진 것은 내 것이요, 그것을 더 많이 가지려고 물불을 가리지 않음으로, 사탄의 비웃음을 사고 있지는 않는가? '이것은 내 것이야, 이것은 나만의 소유물이야. 이것은 나만 사용하는 것이야'라고 생각하고 그렇게 행동할 때마다 사탄이 옆에서 킬킬거리는 소리를 들을 수 있어야 한다. 땀 흘려 재물을 얻는 과정은 필요하지만, 그것을 자신만의 소유로 여기고 그것을 지키기 위해 발버둥 치는 것은 사탄에게도 비웃음거리밖에 되지 않는다.

지금 다윗의 손에는 옛적의 순수한 목동 막대기가 아니라 160만 대군이 있고, 그리하여 마음이 높아져 있다. 다윗의 군사령관 요압조차도 다윗의 인구 계수 동기가 옳지 않음을 알았다. 그만큼 다윗이 영적으로 방자해진 상태였다. "요압이 왕의 명령을 마땅치 않게 여겨 레위와 베냐민 사람은 계수하지 아니하였더라"(6절)라고 했다. 결국, 다윗은 자신의 잘못을 깨달았다.

"내가 이 일을 행함으로 큰 죄를 범하였나이다 이제 간구하옵나니 종의 죄를 용서하여 주옵소서 내가 심히 미련하게 행하였나이다"(8절).

하나님께서 다윗의 범죄에 매를 드셨다. 그리고 다윗에게는 세 가지 징계 중 하나를 선택하라고 하셨다. 기근으로 3년을 보낼 것인지, 원수의 공격을 3개월 받을 것인지, 아니면 3일 동안 전염병을 당할 것인지. 다윗은 세 번째 징벌을 택했다. "여호와께서는 긍휼이 심히 크시니 내가 그의 손에 빠지고 사람의 손에 빠지지 아니하기를 원하나이다"(13절). 3개월 동안 사람의 손에서 공격당하는 것보다,

하나님이 내리시는 벌을 받는 것이 낫겠다는 것이다. "이에 여호와
께서 이스라엘 백성에게 전염병을 내리시매 이스라엘 백성 중에서
죽은 자가 칠만 명이었더라"(14절). 당시 여성들과 어린이의 숫자는
계수에 넣지 않았으니, 장정들만 7만 명이 죽었다. 요즘으로 말하면
6개 전투 사단이 하루아침에 전멸된 것이다.

"하나님이 예루살렘을 멸하러 천사를 보내셨더니 천사가 멸하려
할 때에 여호와께서 보시고 이 재앙 내림을 뉘우치사 멸하는 천사
에게 이르시되 족하다 이제는 네 손을 거두라 하시니…"(15절). 이렇
게 하신 이유는 회개하는 다윗의 목자 심정을 인정해주신 것이다.
"백성을 계수하게 한 자가 내가 아니니이까 범죄하고 악을 행한 자
는 곧 나이니이다 이 양 떼는 무엇을 행하였나이까 청하건대 나의
하나님 여호와여 주의 손으로 나와 내 아버지의 집을 치시고 주의
백성에게 재앙을 내리지 마옵소서"(17절). 다윗의 목자 심정을 하나님
이 보신 것이다.

고난의 때일수록 하나님의 거룩한 반전을 기대하라
이런 어두움과 고통과 회한의 시간에 하나님께서는 거룩한 반전을
준비하고 계셨다.
"… 그때에 여호와의 천사가 여부스 사람 오르난의 타작마당
곁에 선지라"(15절). 이것은 하나님의 큰 복선이다. 오르난의 타작
마당은 아라우나의 타작마당이기도 하다. 히브리식 발음은 오르
난이고, 아라우나는 여부스식 발음이다. 다윗이 오르난에게 토
지 값을 지불하겠다고 하니까, 오르난이 그냥 드리겠다고 했다.
그러나 다윗은 상당한 값을 치르겠다고 하고 그 터와 산을 모두
금 600세겔에 샀다(25절).

"다윗이 거기서 여호와를 위하여 제단을 쌓고 번제와 화목제를 드려 여호와께 아뢰었더니 여호와께서 하늘에서부터 번제단 위에 불을 내려 응답하시고 여호와께서 천사를 명령하시매 그가 칼을 칼집에 꽂았더라"(26-27절).

다윗은 용서를 구하기 위해 제단을 쌓고 번제와 화목제를 드렸다. 다윗이 가슴 찢기는 마음을 가지고, 백성에 대한 안타까운 목자 심정을 가지고 올려드린 번제와 화목제에 하나님께서는 하늘의 불로 응답하셨다. 그리고 하나님께서 그 번제단 위에 하늘로부터 불을 내려 응답하셨다. 회개하고 예배하는 다윗의 삶에 부흥이 시작된 것이다.

구약 성경에 보면, 번제를 드릴 때 하늘에서 불이 떨어져서 제사를 받으신 것은 극히 드물다. 처음에 모세와 아론이 첫 번째 제사장 위임식을 하고 번제를 드렸을 때, 하나님의 불이 나와서 번제물을 태우셨고(레 9:24), 500년 즈음 지나 오늘 오르난의 타작마당에서 번제를 드릴 때 불로 응답하시고, 솔로몬이 예루살렘 성전 봉헌식 때 기도를 마치자마자 번제물과 제물을 태우시고(대하 7:1), 엘리야가 갈멜산에서 영적 전투를 벌일 때 불을 내리셔서 돌과 흙까지 태우셨다.

이렇게 번제와 제사를 드릴 때, 하늘에서 불이 떨어진 것은 하나님께서 그 제사를 기쁘게 받으신 것을 의미한다. 신약적으로 해석한다면 오순절에 하늘에서 불이 떨어진 것도, 예수님께서 십자가 위에 자신을 제물로 드렸던 '완전한 제사'를 하나님께서 기쁘게 받으셨다는 것을 보여준다. 이 불이 부흥의 씨앗이 되어 오순절 성령 강림이 일어날 때, 불의 혀같이 갈라져 수많은 사람이 하나님의 응답을 체험한 것이다.

다윗의 죄로 인해 세상에서 수많은 장정이 전염병으로 죽어 나갈 때, 이제 다윗의 인생은 끝난 것으로 여겼을 것이다. 그러나 다윗은 자신에게 주어진 사명의 걸음을 멈추지 않고 하나님 나라를 세우는 설계에 집중했다. 그것이 역대하 3장 1절에 나타난다. "솔로몬이 예루살렘 모리아산에 여호와의 전 건축하기를 시작하니 그곳은 전에 여호와께서 그의 아버지 다윗에게 나타나신 곳이요 여부스 사람 오르난의 타작 마당에 다윗이 정한 곳이라." 다윗이 범죄한 후에 하나님께 제단과 화목제를 쌓기 위해 오르난의 타작마당과 주위의 산을 샀는데, 하나님께서 그 땅에 대반전을 일으키신 것이다. 그곳은 솔로몬이 예루살렘 성전을 건축하게 되는 성전 건축부지가 되었다. 오르난의 타작마당이 성전이 된 것이니 그야말로 메마른 땅이 샘물이 된 것이요 사막에 강이 생긴 것이다.

이것은 대단한 반전이다. 사실 역사 계시적으로 보면, 이곳은 아브라함이 독자 이삭을 바친 곳이기도 하다. 이곳에 예루살렘 성전이 건축되어 만민이 기도하는 집이 되었다. 신약에서 예수님이 예루살렘 성전 근처 갈보리에서 십자가에 달려 돌아가심으로써 우주적 성전 되시고, 오늘도 우주적 성전이신 주님 앞에 나오는 자마다 보혈의 능력과 피로 주의 자녀가 되게 만들어주고 계신다.

다시 정리하면, 모리아산에서 이삭의 순종을 통하여 죽기까지 순종하시는 예수님을 예표하시고, 모리아산에 예루살렘 성전을 짓게 하셔서 우주적 성전 되시는 예수님을 예표하시고, 마침내 모리아산 자락인 갈보리에서 예수님께서 십자가에 달리심으로 예수 그리스도가 우주적 성전이 되셔서 누구든지 그 앞에 나오는 자마다 구원 역사를 이루어가시는 하나님의 큰 섭리가 다윗의 범죄와 고통 중에도 계속되는 것이다.

내려놓음에 깃든 하나님의 섭리

다윗이 솔로몬으로 하여금 성전을 짓게 하였던 것에 대해 깊이 생각할 것이 있다.

다윗이 오르난의 타작마당을 값을 치러 매입하고 이것이 나중에 예루살렘 성전 터가 되는 것에 대해 좀 더 깊이 살피려는 이유는, 여기에 하나님의 주권적 섭리가 개입되기 때문이다. 다윗은 언약궤를 예루살렘에 가져온 후 언약궤를 위해 하나님의 성전을 짓겠다고 발표했다. 나단 선지자도 처음에는 그 계획을 지지했다가 기도 후에 철회했다. 다윗은 하나님을 위해 위대한 일할 계획을 세웠지만 하나님은 그것을 막으셨다. 다윗은 믿음으로 받아들였다. 이것이 하나님의 섭리와 무슨 상관이 있을까? 유진 피터슨은 이렇게 말한다. "이 본문을 연구하는 많은 학자는 지금까지 다윗이 했던 일 중에서 이것이 가장 중요한 일이라고 생각한다." 다윗은 하나님의 주권적인 역사를 위하여 자신을 내려놓는 것, 즉 '하지 않음'을 선택한 것이다.

인생길을 설계할 때, 내가 무엇을 하는 것도 중요하지만 때로는 다윗처럼 하지 않는 것, 즉 하나님 앞에서 자신을 내려놓는 것도 중요하다. 이러한 진리를 알면 인생의 장애물에 부딪힐 때 성급하거나 조급하지 않고 자신을 영적으로 조감(鳥瞰)할 수 있는 은혜를 누릴 수 있다.

오르난은 단순히 농부가 아니었다. 그는 하나님을 예배하는 농부였을 것이다. 하나님께 자신을 드리는 삶을 살았던 오르난에게 천사가 찾아오고(20절), 다윗이 찾아와(21절), 타작마당을 팔 것을 제안했다(22절). 오르난은 그냥 드리기를 원했지만(23절) 오히려 다윗은 오르난의 헌신된 마음을 보았고 금 600세겔을 주고 샀다. 오르난 입장에서는 영적인 부흥과 경제적인 부흥이 동시에 찾아온 것이다.

지금 메마른 인생으로 고통하고 있다면, 그런 가운데서도 하나님의 꿈과 계획을 가지고 교회와 선교와 복음의 일에 헌신하고 마음을 쏟을 때, 하나님께서 오르난처럼 영적 부흥과 경제적인 부흥을 경험하게 하실 것이다. 다윗처럼 기가 막힌 어려운 일을 겪어 인생이 메마르고 힘들어져도, 그런 와중에서도 말씀을 가까이하며 사명에 더 헌신한다면, 하나님께서 결국 그 마음을 보시고 오르난의 타작마당이 예루살렘 성전터가 된 것처럼, 기막힌 대반전을 주실 것이다. 그러므로 우리가 지금은 부족하고 실수하더라도 우리 마음이 하나님께로 회복되면, 하나님은 우리의 헌신된 마음을 가지고 하나님 나라를 세우는 거룩한 반전의 토대로 삼으실 것이다.

주께서 내게 행하신 기적이 너무 많나이다

다윗 입장에서 보면 그의 잘못으로 인해 받는 하나님의 징계는 혹독한 고난이요, 사망의 음침한 골짜기를 지나는 듯한 고통의 여정이었다. 그런데 그는 그 골짜기를 지나면서 크게 깨달은 게 있었다. 그래서 자기 자신에게 기적 같은 풍성한 은혜가 있었다고 고백한다.

"여호와 나의 하나님이여 주께서 행하신 기적이 많고 우리를 향하신 주의 생각도 많아 누구도 주와 견줄 수가 없나이다 내가 널리 알려 말하고자 하나 너무 많아 그 수를 셀 수도 없나이다"(시 40:5). 여호와께서 우리에게 행하신 기적이 너무 많아 셀 수조차 없다는 것이다. 고난의 바다, 풍랑 이는 바다 위를 지나는 그리스도인의 돛단배에 올려진 깃발에는 '좌절금지'라는 문구가 써 있다. 태산을 넘어 험산준령의 메마른 인생, 혹독한 삶의 여정을 지나는 우리를 버티게 한 것이 무엇인가? 다윗의 고백처럼 "주께서 내게 행하신 기적이 너무 많습니다"가 아닌가? 이러한 은혜의 고백이 고난의 바다에서도, 인생의 험산준령에서도 우리의 버팀목이 된다.

다윗은 오르난의 타작마당을 예루살렘 성전으로 만드시는 대반전의 하나님을 믿으면서 좌절하지 않았다. 오히려 예배의 자리로 나아갔다. 참된 예배자가 된 것이다. "다윗이 이르되 이는 여호와 하나님의 성전이요 이는 이스라엘의 번제단이라 하였더라"(대상 22:1). 전쟁선봉장이 예배 선봉장이 될 때, 다윗은 그 메마른 타작마당이 하나님의 영광이 흘러나오는, 성전의 샘물이 흘러나오는 땅이 되는 것을 경험했다. 그리스도인의 삶에서 회복을 넘어 부흥으로의 종착역은 성전과 예배다. 하나님 앞에 올바른 예배자로 서는 것이다.

인생의 전쟁을 겪은 군인으로 수많은 상처와 칼자국이 있고 피까지 흘렸을지라도, 참예배자로 선다면 결국 하나님 은혜 위에서 운행되는 종말론적 인생을 살 수 있다. 신자가 종말론적 의식을 가지고 산다는 것이 무슨 뜻인가? 예수님의 다시 오심을 소망하며 사는 것이요 부활의 능력을 힘입어 산다는 것이다. 궁극적으로는 죽음 이후에 영광의 하나님을 뵈올 것을 바라보며, 삶의 현장에서 하나님을 예배하는 자로 사는 것이다. 아무리 인생이 메말라도 예배자로서 서게 될 때, 그곳이 하나님이 임하시는 21세기 모리아산이 되고, 메마른 땅에 생수의 강이 터지는 현장이 된다.

21세기 사람들이 경험하는 메마른 땅의 현장 중의 하나가 '경쟁의 광야길'이다. 세상 시스템은 이기는 자만 살아남는 시스템이고 뺏지 않으면 뺏기는 제로섬(zero-sum) 시스템이다. 그래서 세상 광야길에서는 경쟁으로 지치고 쓰러지고 메마를 수밖에 없다. 회사 역시 경쟁 시스템이므로 회사에 들어가도 메마르고, 학교도 경쟁 시스템이니 그 안에서도 메마르다. 그러니 가족들은 회사와 학교를 다니다 집에 들어와도 메마름에서 벗어나기가 쉽지 않다.

교회야말로 유일하게 이 메마름을 해결하는 곳이다. 교회가 예배를 통해 메마름에 생수를 공급하기 때문이다. 예배로부터 생수의 강이 흘러 가정으로 학교로, 회사로 흘려보내야 한다. 그리스도인에게는 어떤 메마름의 상황에서도 예배를 통하여 다시 회복되는 길이 있다. 절대로 좌절하면 안 된다. 내 능력과 내 실력으로만 한다면 좌절하겠지만, '예배자가 된다'라는 것은 위로부터 주시는 영감과 능력을 공급받는 것이므로 좌절할 필요가 없다.

예배, 영혼의 봄의 원천이다

그 누구라도 세상사의 고통과 괴로움으로 낙심될 때 예배자가 되면, 메마른 땅에 꽃을 피우는 인생의 봄기운으로 충만하고, 녹슨 심장에 뜨거운 피가 솟구침을 경험할 것이다. 피천득 시인은 "사십이 넘은 사람에게도 봄이 온다는 것은 참으로 다행한 일이다. 녹슨 심장도 피가 용솟음치는 것을 느끼게 된다"라고 썼다. 옛날 기준으로 40세였으니 지금은 60세로 보아도 될 것이다. 시인의 말처럼 60이 넘고 80이 넘은 사람에게도 '봄은 기쁨이고 봄의 꽃은 창조의 노래'다.

　삶이 고통스럽고 더 이상 희망이 보이지 않으며, 나이가 들어 심장마저 녹슨 것처럼 여겨진다면, 하나님께서 주시는 인생의 봄에 다시 기쁨을 노래하고 녹슨 심장에 뜨거운 피가 솟구치는 감격을 누리길 소원한다. 메마른 인생길을 걸어가는 모든 성도에게 주시는 축복의 말씀이 있다.

　"광야와 메마른 땅이 기뻐하며 사막이 백합화같이 피어 즐거워하며 무성하게 피어 기쁜 노래로 즐거워하며 레바논의 영광과 갈멜과 사론의 아름다움을 얻을 것이라 그것들이 여호와의 영광 곧 우리 하나님의 아름다움을 보리로다"(사 35:1-2).

성도들의 광야 같고 메마른 땅 같은 삶의 영역에 백합화처럼 하나님이 주시는 꽃을 피우고, 기쁜 노래로 하나님을 찬송하고, 하나님의 아름다움을 보게 되기를 바란다. 모든 성도가 마음의 봄을 경험하기를 소망한다. 지금 어렵고 고통스러운 길을 걷고 있는가? 누구에게도 말할 수 없는 고통으로 신음하는가? 도무지 일어설 기력조차 없어 좌절하는가? 요한 칼빈은 신자의 인생길을 이렇게 표현했다.

"하나님은 우리를 구원하시는 일을 시작하실 뿐만 아니라, 마지막까지 이행하셔서 우리 안에 있는 그분의 은혜가 무용하거나 무익하게 되지 않게 하신다. 그 길을 여시고, 닦으시고, 모든 장애물을 치우시며, 그분 자신이 여정 전체를 이끄신다. 짧게 말해, 하나님은 우리에게 계속 은혜를 베푸셔서 결국에는 우리의 여정을 완성시키신다."

당신이 걷고 있는 그 인생길을 하나님께서 열어주시고 닦으시고 모든 장애물을 오히려 거룩한 대반전의 도구로 삼으시고 결국은 여정을 하나님께서 원하시는 곳으로 이끄실 것이다. 이것을 믿고 다시 하나님의 손을 붙잡고 일어서라. 반드시 광야에서 샘물을, 사막에서 길을 경험할 것이다.

고통 중에 하나님의 거룩한 반전을 소원하는 자의 기도

자비로우신 하나님 아버지, 탈진과 낙심으로 광야의 메마른 인생길을 걷고 있는 영가족들을 긍휼히 여겨 주옵소서. 죽음의 광야에서 생명의 오아시스를 발견하면 꺼져가던 생명이 살아나듯, 메마른 인생길에서 예수 그리스도의 생명의 복음을 만나, 인생 대반전의 기적이 일어나게 하옵소서. 저출생 고령화, 진영 갈등 등 사회적 목마름과 혼란으로 고통을 겪는 이 시대의 목마름이 오히려 생명의 복음이 확산되는 무한 기회가 되게 하여주옵소서.

18

인생의 낭떠러지 앞에서 드리는
절박한 기도

역대하 14:9-13

한 생애를 살면서 굴곡 없는 인생은 없을 것이다. 누구에게나 때로는 삶의 낭떠러지 앞에서 '이제는 죽겠구나' 하는 순간이 있다. 이처럼 위기는 신앙의 맨얼굴이 드러나는 결정적인 시간이지만, 동시에 평범한 신앙이 비범한 신앙으로 이어지는 거룩한 기회이기도 하다. 성경은 그리스도인에게 인생의 위기는 하나님의 신적 개입을 통한 부흥의 시작임을 보여주고 있다.

본문을 보면 구약의 기도 가운데 특별한 기도가 나온다.

"아사가 그의 하나님 여호와께 부르짖어 이르되 여호와여 힘이 강한 자와 약한 자 사이에는 주밖에 도와줄 이가 없사오니 우리 하나님 여호와여 우리를 도우소서 우리가 주를 의지하오며 주의 이름을 의탁하옵고 이 많은 무리를 치러 왔나이다 여호와여 주는 우리 하나님이시오니 원하건대 사람이 주를 이기지 못하게 하옵소서 하였더니"(11절).

기도의 핵심이 무엇인가? 기도는 강한 자와 약한 자 사이에 주밖에 도와줄 이가 없다고 믿고 주님을 전적으로 의탁하는 것이다. 이것이 세상의 자기중심적 기도와는 완전히 구별되는 그리스도인이 드리는 기도의 진수이다.

인생의 낭떠러지 앞에서 드리는 절박한 기도

지난 40여 년간 사역을 하는 가운데 참으로 절박할 때가 여러 번 있었다. '이러다가는 삶의 낭떠러지에서 떨어져 죽겠구나'라고 느낄 때, 아사왕의 이 기도를 통해 많은 부분이 해결될 수 있었다. 11절 말씀은 내 인생의 절박한 순간에 실제로 역사한 기도였다. 바울도 구약에서 일어난 일이 지금 우리를 위하여 기록되었다고 했다. "그들에게 일어난 이런 일은 본보기가 되고 또한 말세를 만난 우리를 깨우치기 위하여 기록되었느니라"(고전 10:11).

아사왕은 이스라엘이 남북으로 나뉜 후 남유다 왕국의 3대 왕이었고 솔로몬의 증손자였다. 아사는 왕으로 등극하자마자 종교 개혁을 주도했다. 하나님 보기에 기뻐하지 않으시는 이방 제단과 산당을 없앴고, 유다 왕국의 영적 부패를 깨뜨리고 처단했다. 요즘 식으로 말하면, 우리 주위에 하나님이 기뻐하시지 않는 것, 이단, 불건전한 웹사이트, 퇴폐업소, 점쟁이, 마약상 등을 국가적으로 처단해버린 것이다.

아사가 그렇게 했을 때, 하나님께서 그에게 평안을 주셨다(6절). 하나님이 기뻐하시지 않는 것을 처리하니 남유다 왕국은 도덕적으로 많이 정결한 나라가 되었고 이것은 나라의 평안으로 이어졌다. 성경 기자는 5절부터 7절까지 여러 번 평안을 강조하면서 남 유다가 하나님의 도우심으로 태평성대를 누리고 있음을 보여준다. 이것은 신자의 평안은 세상 권세나 재물에 있지 않고 영적으로 투명해질 때 하나님께서 주시는 것임을 알려준다.

아사왕은 지혜가 있어서 평화 시에도 유비무환의 마음으로 국방 예산을 늘렸다. 남유다 왕국은 유다 지파 중에서 큰 방패와 창을 잡는 자가 30만 명이요, 베냐민 지파 중에서 작은 방패를 든 자가 28만 명이었다. 이처럼 58만 명의 강력한 군사력을 가졌다. 창 부대, 방패 부대 등 현대적인 전략을 구사했다.

그런데 예기치 않은 사건이 일어났다. 그 시대의 알렉산더 같은 정복자인, 구스의 최고 권력자 세라가 백만 대군을 거느리고 침략해 온 것이다. (구스는 오늘날의 수단과 에티오피아 일부를 포함하는 이집트 남부 지역을 가리킨다. 이 지역은 부와 군사력으로 유명했고, 금을 포함한 풍부한 자원으로 유명한 거대 누비아 문명의 일부였다.) 더구나 세라는 병거 300대를 거느리고 쳐들어왔다. 당시 이것은 최신식 무기였고, 오늘날의 탱크와 같았다. 아사 입장에서는 전혀 예상치 못한, 돌발적이고 치명적인 상황이었다. 이스라엘을 공격하는 이방 민족은 대체로 북쪽이나 서쪽에서 왔는데 이번에는 남쪽에서 침공한 것이다.

기도하는 순간 바뀌는 상황과 프레임

아사왕은 구스 군사 100만 명을 맞아 하나님께 엎드려 그 유명한 "강한 자와 약한 자 사이에 주님밖에 도와줄 이가 없다"라는 절박한 기도를 드렸다. 아사의 기도는 그리스도인이 일상에서 승리할 수 있는 분명한 실마리를 제시한다. 아사는 자신의 58만 군사에 관심 갖지 않았다. 아사는 이웃 나라와 연합군을 형성하여 외교로 풀어보려고도 하지 않았다. 살다 보면, 인간관계 속에서 서로 도움을 주고받을 수 있지만, 결정적인 부분에서는 하나님만이 우리를 도우실 수 있다. 하나님만이 우리를 가장 잘 아시기 때문이다.

아사왕이 "도와줄 분이 주님밖에 없다"라고 하나님께 고백하는 순간 놀라운 일이 일어났다. 아사의 부르짖음을 통하여, 이 전쟁을 '남유다와 구스'의 전쟁, '아사와 세라'의 전쟁이 아닌, '여호와와 구스'의 전쟁, '여호와와 세라'의 전쟁으로 틀을 바꾸어버린 것이다. 하나님께서 전쟁에 개입하시는 순간, 상황과 프레임이 바뀌었다. 그 결과는? "여호와께서 구스 사람들을 아사와 유다 사람들 앞에서 치시니 구스 사람들이 도망하는지라"(12절). 아사가 구스 사람을 친 것이 아니라, 하나님께서 구스 사람을 치셨다.

우리가 일상에서 하나님께 부르짖는 기도가 중요한 이유는 (사실 하나님께 부르짖는 기도 자체가 기도 응답보다 더 중요하다) "주밖에 도와줄 이가 없다"라고 부르짖는 순간 우리가 마주하는 모든 일상이 '나 자신 대(對) 상황'이 아니라, '하나님 대(對) 상황'으로 바뀌기 때문이다. 이것이 그리스도인이 일상에서 승리하는 비결이다. 이렇게 되면 피눈물 나는 일이 있어도, "하나님이 나보다 나를 더 잘 아시니까 하나님이 하실 거야"라고 믿고 하나님께 의탁할 수 있는 것이다.

일상에서 승리를 가져오는 영적 전쟁의 원리

바울은 소아시아 지역에서 사역하던 당시 자신이 거의 파괴될 것만 같은 끔찍하고 치명적인 경험을 했다고 고백한다. "힘에 겹도록 심한 고난을 당하여 살 소망까지 끊어지고 살 소망까지 끊어지고 우리는 우리 자신이 사형 선고를 받은 줄 알았으니"(고후 1:8b-9a). 고린도교회에 보낸 두 번째 서신의 상당 부분은 바로 이 경험에서 나온 것이었다. 고린도교회에 보내는 편지에서 바울이 사용한 언어는 우울하기 그지없다. 주로 두 가지가 바울을 우울하게 했던 것 같다.

바울은 자신이 전파한 복음을 좋게 여기지 않았던 에베소 사람들의 완강한 반대에 부딪혔다. 이들은 바울을 곤경에 빠뜨리기 위해 수단과 방법을 가리지 않고 공격했다. 이들의 반대는 충분히 참아낼 수 있었을지 모른다. 그러나 하필이면 그가 육체적으로 매우 쇠약하던 시기에, 자신이 세웠던 가장 큰 교회들 중 하나인 고린도교회 사람들이 자신이 가르친 복음과는 동떨어진 가르침을 받아들였다는 소식을 들었다. 이것은 마치 고린도교회 교인들이 바울의 등에 비수를 꽂은 것이나 마찬가지였다.

바울은 이러한 갑작스러운 위기로 인해 자신을 의지할 수 없었고, 죽은 자를 일으키시는 하나님만을 의지하게 되었다고 고백했다. "이는 우리로 자기를 의지하지 말고 오직 죽은 자를 다시 살리시는 하나님만 의지하게 하심이라"(9b).

물론 이전에도 바울은 하나님을 의지했다. 신학자 톰 라이트는 고린도후서 1장 8-9절에 진술된 사도 바울의 고백에 대해 이렇게 통찰한다. "천하의 바울이라고 해도 복음의 겸손함이 인격의 모든 층을 뚫고 내려가는 데는 몇 년의 세월이 걸렸고, 마침내 그는 아시아에서 과거에는 한 번도 도달하지 못하였던 신앙 인격의 심연에까지 이르렀다. 이제 비로소 십자가에 달리시고 부활하신 주님을 따른다는 것이 정확히 무엇을 의미하는지 이해하게 되었다."

바울은 살 소망까지 끊어진 인생 최대의 위기를 통하여 하나님만을 의지하는 법을 뼈저리게 몸에 새겼고, 하나님은 바울을 더 깊은 신앙 인격으로 다듬으신 것이다. 이러한 경험으로 바울은 "우리가 가장 강해지는 순간은 바로 우리가 가장 약할 때"라는 진리를 증거한 것이다. 이것은 하나님이 우리 환경과 인생을 가장 잘 아신다는 사실을 보여준다.

지금 내가 감당할 수 없는 환경, 어려움을 마주한 나머지 망연자실하고 있지는 않은가? 살다 보면, 사람의 힘으로는 도무지 역부족인 경우도 있다. 아무리 노력해도 넘을 수 없는 산 같은 장애물이 앞에 있을 수 있다. 앞으로 일상에서 무슨 일이 일어날 때, '여러분 대 상황'이 아니라, '하나님 대 상황'으로 프레임을 바꾸어야 한다. 이것이 일상에서의 승리를 가져온다.

우리 민족도 6·25전쟁 시 부산 낙동강 지역만 남았을 때, 초량교회에 모여 "하나님밖에 우리를 도와 주실 이가 없다"라고 부르짖는 기도를 올려드렸다. 우리와 북한이 싸우면 압도적인 전력 차이로 필패할 수밖에 없었는데, 하나님의 도우심으로 "북한 대 유엔군의 싸움"이 됐다. 그 가운데 인천상륙작전의 기적이 일어났다.

이것이 기도의 능력이다. 아사의 기도가 위대한 이유는, 부르짖는 기도로 우리가 마주하는 상황이 내가 싸우는 것에서 하나님께서 싸우시는 구도로 바꾸었음을 가르쳐주는 데 있다. '내 전쟁'이 되면, 개인적인 억울함의 피가 거꾸로 솟구쳐 내 눈에서 피눈물을 흘리지만, '하나님의 전쟁'이 되면 예수님 보혈의 피가 솟구쳐 하나님이 해결해주실 것이다.

문제에 하나님을 초청하면 기적의 씨앗이 심긴다

"우리가 주를 의지하오며 주의 이름을 의탁하옵고 이 많은 무리를 치러 왔나이다"라고, 전적으로 주님께 의탁하는 기도를 통하여 아사는 믿음의 모험을 감행했다.

지금 아사왕은 엄청난 대군으로 몰려든 적을 앞에 놓고 주님만이 도움이라고 고백하고, 하나님만 의지하겠다고, 절박한 의탁의 기도를 온몸으로 올려드리고 있다. 주님의 이름을 의탁하고, 이 많은 무리를 치겠다는 것은 무슨 뜻인가? 주님만 믿고, 적진을 향해 뛰어들어가겠다는 것이다. 마치, 다윗이 영적 기백을 가지고 여호와를 의지하여 골리앗을 향해 달려간 것과 같다.

당신은 지금 큰 문제를 만났는가? 그 문제를 하나님과 함께할 수 있다면, 그 문제는 우리 인생에서 제3의 새로운 길을 여는 열쇠가 된다. 문제가 없으면 기적도 없다. 문제는 기적을 창조하는 씨앗과도 같다. 문제 속에 기적의 씨앗이 담겨 있다. 고난은 창조의 재료가 되고, 큰 문제는 큰 기적을 가져온다. 그러나 그들은 그 문제에 대해 하나님과 함께할 수 없기에 자신과 문제 간의 대립 구도는 여전할 수밖에 없다. 그리스도인은 문제가 기도를 만나면 기도 속에서 문제는 하나님의 문제가 되고, 아사왕처럼 우리 인생의 새로운 문을 여는 열쇠가 되는 것이다. 이스라엘 백성은 아사왕의 기도를 통해 도무지 인간의 힘으로는 불가항력인 백만대군 문제가 오히려 이스라엘 백성이 하나님의 기적을 목도하는 기회가 되는 것이다.

신앙생활은 유람선이 아니라 전투함을 타는 것이다. 우리가 신앙생활을 제대로 하려고 하면, 우리 앞에 한 번씩 백만대군이 쳐들어온다. 성도들의 기도 카드를 보면 백만 가지의 근심과 우수사려(憂愁思慮)가 있다. 그것을 나 혼자 해결하려고 하면 백만 가지 문제의 무게에 깔려 옴짝달싹할 수 없다. 백만 가지 우수사려를 혼자 처리하려다 보면 오히려 더 큰 우울증에 빠질 수 있다. 백만 가지 문제를 주님의 이름에 의탁하라. 이를 위해 토비새에 나오고, 다락방에서 함께 기도하라.

"하나님밖에 도와주실 분이 없다"라고 고백만 하지 말고, 몸으로 기도하는 현장에서 기도의 지팡이를 들고, 하나님께 전적으로 의탁하라. "백만 가지 우수사려를 치러 토비새에 왔나이다, 기도의 지팡이를 들고 왔나이다." 좋으신 하나님께서 그 문제를 우리의 문제가 아닌 하나님의 문제로 여기시며, 우리 인생을 가로막는 구스의 백만대군을 처리해주실 것이다.

여호와는 내 편이시라, 누가 우리를 대적하리요

아사의 기도를 신약적 관점에서 본다면 로마서 8장 31절이다. "그런즉 이 일에 대하여 우리가 무슨 말 하리요 만일 하나님이 우리를 위하시면 누가 우리를 대적하리요." 이 구절에서 중요한 단어는 "우리를"이다. 도대체 "우리"가 누구기에, 하나님은 우리의 대적을 하나님 자신의 대적으로 여기시는가? 이 구절에서 "우리"는 30절에서 하나님께서 예정하시고 부르시고 "의롭게 만든" 자들이다. 하나님의 주권적 은혜를 입은 자들이다. 그러므로 이 말씀은 하나님께서 우리의 대적을 자신의 대적으로 여기심을 보여준다.

"주는 우리 하나님이시다"라는 고백은 이런 뜻이다. 우리가 하나님을 선택하는 것이 아니라, 하나님이 우리를 선택하신 것이다. 좀 더 강하게 말하면, 이 전쟁에서 우리가 지면 하나님의 백성이 지는 것이다. 이것이 일상에서 우리가 기도할 수 있는 최고의 부흥을 위한 기도라고 생각한다.

주님이 우리 하나님이시면 우리는 하나님의 백성이다. 우리가 주님을 대변하는 것이다. 우리가 주님의 대사이고 주님의 향기이다. 일상에서 주님의 대표선수이고 걸어 다니는 교회이다. 그러므로 "주는 우리 하나님"이라는 말에는 어마어마한 뜻이 들어 있다.

우리가 진짜 하나님의 백성이라면 내가 지면 하나님이 지시는 것이다. 그래서 다윗은 "여호와는 내 편이시라 내가 두려워하지 아니하리니 사람이 내게 어찌할까"(시 118:6)라고 담대하게 선포한 것이다.

우리를 좌절하게 하는 것은 눈에 보이는 높은 파도, 험한 폭풍우가 아니라, 이 가운데 '하나님이 내 편인가' 하는 것이다. 하나님이 당신의 편이라면, 아무도 당신을 대적할 수 없다. 이 사실을 믿고 다시 한번 일어날 수 있기를 바란다. 어린아이가 동네를 가는데, 평소에 자신을 괴롭히던 아이가 골목 끝에 있는 것을 발견하더라도, '아빠가 내 편'이므로 아빠 손을 꽉 잡고 담대하게 지나갈 수 있다.

사실, 우리가 진다고 하나님이 지시는 것도 아니다. 우리가 어떻든 하나님께 무슨 영향이 있겠는가? 그런데 삶의 절박함 가운데 있다 보면 백만 가지 문제 앞에서 절박한 우리에게는, 하나님이 내 편이신 것은 너무나 중요하다.

교회 내에서는 고담준론(高談峻論)을 하지 말아야 한다. 똑똑하다는 사람들은 이걸 '유치하다'라고 생각한다. 그리고 "하나님이 내 편이라고 하지 말고 네가 하나님 편이 되라"라고 얘기한다. 물론 '내가 하나님 편인 것'이 중요하고, 그럴 때 하나님 편에 서야 하는 것도 맞다. 그런데 생사의 갈림길에서는 "오, 하나님이 내 편이 아니면 저는 죽습니다"라고 절박하게 엎드려야만 하는 때가 있다. 전쟁이 일어났는데, 아사와 이스라엘의 생사가 달려 있는데, 매일이 치열한 삶의 현장인데, 날 것의 기도가 입술에서 흘러나오는 것을 신학적으로 무엇이라 할 수 있겠는가?

위기에 처했을 때 하나님의 도우심에 관한 지식과 실제 믿음은 별개다

감리교 창시자였던 존 웨슬리는 자신이 속한 홀리 클럽 회원들이 독일인 그리스도인들과 함께 예배를 드리면서 크게 각성하게 된다. 예배 중에 갑자기 돌풍이 불어오자 사람들이 크게 겁을 먹고 비명을 질렀다. 영국인 그리스도인들은 곧 죽기라도 할 듯 크게 비명을 지르고 야단법석을 떨었다. 반면에 독일인들은 동요하지 않고 부르던 시편 찬송을 계속 불렀다. 이 순간 웨슬리는 하나님의 임재하심에 대한 각성을 하게 되었다. 그는 독일인들에게 "무섭지 않은가요?"라고 물었다. 독일인들은 "하나님이 함께하시기 때문에 두렵지 않습니다"라고 대답했다.

여러분은 어떤가? 인생의 폭풍 앞에서 삶이 내동댕이쳐질 때, 어떤 태도를 보이는가? 두려워 떠는 사람이 있고, 평안을 가지는 사람이 있을 것이다. 이러한 극명한 태도 차이는 하나님이 나와 함께하심을 지식적으로만 아는 것과 실제 삶에서 믿음으로 아는 것은 같지 않음을 보여준다.

우리가 기도의 지팡이를 드는 이유가 뭔가? 절박함이다. 우리가 지면 하나님이 지시는 것이 아니냐고 할 정도로 하나님께 도와달라고 간절하게 기도하는 것이다. 우리가 살기 위해 갈급함으로 매달리는 것이다. 언어를 바르게 독해하려면 문법을 알아야 하듯, 성경을 제대로 이해하려면 성경의 독특한 문법을 알아야 한다. 성경의 독특한 문법 중 하나가 "하나님께서는 자기 백성을 하나님 자신과 동일시하신다"라는 것이다. 이것을 이해하지 못하면 성경 말씀이나 사건을 깊이 이해할 수 없다.

창세기 12장은 하나님의 언약 사상을 보여주는 중요한 본문으로, 하나님은 "아브라함을 복의 근원으로 삼겠다"라고 약속하셨다. 그런데 이 약속의 기초석처럼 보이는 어구가 "너를 저주하는 자에게는 내가 저주하리니…"(창 12:3)이다. 이 말씀의 속뜻은 "너를 대적하는 것은 나를 대적하는 것이다. 그러므로 너를 저주하면 내가 그를 저주할 것"이라는 의미이다. 나중에 앗수르가 이스라엘을 침략했을 때, "만군의 여호와의 말씀에 내가 네[앗수르] 대적이 되어"(나 2:13)라고 하셨다. 이스라엘의 대적이 하나님의 대적이라는 말씀이다. 이것은 하나님께서 아브라함과 맺은 언약에 충실하시기 때문에 불가피한 것이다.

하나님께서 우리를 대적하는 자를 대적하시는 이유는 하나님께서 그의 자녀를 자신과 동일시하시기 때문이다. 이런 의미에서 하나님의 자녀가 된다는 것은 실로 어마어마한 일이요 경천동지(驚天動地)할 사건이다.

"주님은 나의 하나님이시다", "주님은 우리의 하나님이시다", "주님은 우리 교회의 하나님이시다", "주님은 대한민국의 하나님이시다!" 우리가 이 사실을 믿는다면, 매일의 어떤 상황, 어떤 환경에서도 영적인 기백을 가지고 살아갈 수 있다. 우리가 분명히 말씀 위에 서 있고, 복음에 사로잡힌 삶을 살고 있다면, 서슴없이 "아, 나를 대적하는 자는 하나님을 대적하는 것이다"라고 담대하게 전진할 수 있다.

다윗의 위대함은 그가 이룬 업적에 있지 않고, 하나님을 향한 터질듯한 사랑과 갈망에 있다. 다윗의 가슴 터지는 고백을 다시 들어 보라.

"여호와는 내 편이시라 내가 두려워하지 아니하리니 사람이 내게 어찌할까"(시 118:6).

우리의 일상은 하나님을 반역하고 무신론적인 세속 문화의 소용돌이 속에 있다. 이 시대의 산당과 우상이 너무 많다. 우리가 세상의 중력을 떨치고 거스르기 위해서는 세상을 향한 다윗의 노골적인 자신감과 하나님을 향한 무조건적인 믿음이 필요하다. "여호와는 내 편"이라고 소리치는, 가슴속에서 솟구치는 다윗의 담력과 영적 기백과 거룩한 희열이 우리 것이 되어야 한다.

이런 담력과 영적 기백이 있을 때, 히브리서 기자의 고백처럼 주님과 더욱 가까워질 것이다. "때를 따라 돕는 은혜를 얻기 위하여 은혜의 보좌 앞에 담대히 나아갈 것이니라"(히 4:16). 담대함으로 하나님께 나아가자.

사람이 주를 이기지 못하게 하옵소서

"원컨대 사람이 주를 이기지 못하게 하옵소서"(11절) 이 짧은 문장 안에는 많은 것이 담겨 있다. 대적을 압도하는 승리가 담겨 있다. 어떻게 피조물이 창조주 하나님을 이길 수 있겠는가? 제한된 인간이 감히 창조주 하나님을 이길 수 있겠는가?

결론적으로 우리가 묵상할 구절이 13절이다. "아사와 그와 함께한 백성이 구스 사람들을 추격하여 그랄까지 이르매 이에 구스 사람들이 엎드러지고 살아남은 자가 없었으니 이는 여호와 앞에서와 그의 군대 앞에서 패망하였음이라 노략한 물건이 매우 많았더라." 구스의 백만대군이 엎드러지고 살아남은 자가 없었다. 무엇 때문인가? 하나님께서 처리해주셨기 때문이다.

성경 기자는 남왕국 군대를 그동안 "아사의 군대"(8절)라고 했는데, 아사의 기도(11절) 후에는 남왕국 군대를 "그의 군대"(His army, 13절), 즉 "여호와의 군대"라고 표현했다. '내 군대'가 아니고 '하나님의 군대'가 되는 것이다. 내 가정이 아니라 하나님의 가정이 되는 것이다. 이런 은혜를 받으면 내 자식이 아니라 하나님의 자녀가 되는 것이다. 대한민국도 하나님의 국가가 되고, 교회도 내 교회가 아니라 하나님의 교회가 되는 것이다. 이것이 아사가 드린 기도의 핵심이고, 우리 삶에 다시 활력을 불어넣는 부흥의 기도이다. 인생의 부흥이 일어나면 데만과 바란 광야에서도 하나님의 영광을 체험할 수 있다.

인생의 바란 산에서 하나님의 찬란한 영광을 경험하라

성경에서 부흥에 관한 가장 강력하고 영감 있는 말씀을 찾는다면, "여호와여 주는 주의 일을 이 수년 내에 부흥하게 하옵소서"(합 3:2)를 들 수 있다. 신앙의 연조가 깊은 사람이라면 이것은 익숙한 구절이다. 그런데 진짜 부흥의 실체가 무엇인지, 부흥의 내용이 무엇인지는 깊이 생각하지 못하고 지나친다.

부흥이 일어나면 어떤 일이 일어나는가? 3절이다. "하나님이 데만에서부터 오시며 거룩한 자가 바란 산에서부터 오시는도다 그의 영광이 하늘을 덮었고 그의 찬송이 세계에 가득하도다." 부흥이 일어나면 가장 두드러지는 현상은 하나님의 거룩한 임재이다. 그런데 이스라엘 백성이 부흥을 경험한 곳은 광야였다. 데만과 바란은 에돔 땅에 있는 지명이다. 아마도 이스라엘 백성은 데만과 바란에서 가장 장엄하고 영광스러운 일출을 보았던 것 같다(3:4). 그런데 지금 하박국은 태양의 찬란함이 아니라 그곳에서 경험한 하나님이 그러했다는 것을 말하고 있는 것이다.

신앙인에게 인생의 광야는 이스라엘 백성처럼 내 것을 의지해서는 살 수 없는 곳이다. 그럴 때 더 이상 내 것을 움켜쥐지 않고 하나님을 의지하는 광야에서 데만과 바란에서부터 하나님의 영광스러운 임재가 시작된다.

신앙생활은 기본적으로 삶의 주어가 누구인가가 핵심이다. 기본적으로 기도는 주어를 바꾸는 거룩한 작업이다. 삶의 주권이 내게 있는 것이 아니라, 하나님께 있음을 각성하고 체질화하는 것이 진짜 기도의 모습이다. 이렇게 될 때 놀라운 일이 벌어진다.

무신론이 활개 치고 하나님을 적대하는 반기독교적인 언론매체가 온라인에 우상처럼 곳곳에 세워지는 지금, "주님밖에 도와줄 이가 없습니다", "주는 우리 하나님이십니다", "사람이 주를 이기지 못하게 하옵소서"라고 부르짖는 아사의 기도가 어느 때보다 절실하고 절박하다. "대한민국이 사람이 하나님을 이기지 못하는 나라가 되게 하옵소서. 사람의 간교한 방식, 온갖 계략, 온갖 전략, 온갖 음모,

이런 것들이 감히 주님을 이기지 못하는 나라가 되게 해주십시오."
나라뿐만 아니라, 우리의 삶과 가정이 "주는 우리 하나님입니다",
"주밖에 도와줄 자가 없습니다"라는 고백을 통해 사람이 하나님을
이기지 못하는 현장이 되기를 바란다.

인생의 백만대군 앞에서 "주밖에 도울 자가 없나이다"라고 고백하는 자의 기도

인생의 낭떠러지와 벼랑 끝 앞에서 주밖에 도와줄 자가 없사오니, 우리
하나님 여호와여! 우리를 도와주옵소서.
주여! 도와주실 하나님께 의탁하지 않고 내가 싸우려고 하다가 내 눈에
서 피눈물을 흘리며 낙심에 빠지지 않게 하시고, 도와주실 하나님께 의탁
함으로 하나님께서 해결해주시는 은혜를 경험하게 하옵소서.

IV 부

부흥의

Revival Vision

비전

19

신앙의 깊이
측정

에스겔 47:1-5

신앙생활을 오래했음에도 조금의 사나운 세풍(世風)이 조금만 불어도 흔들리는 신자들이 있다. 신앙의 뿌리가 깊지 않기 때문이다. 신앙의 뿌리는 시간의 장단이 아니라 하나님께 나아가는 시간의 밀도에 의해 결정된다. 어떻게 하면 우리의 신앙이 세상의 가뭄에도 마르지 않고 세파(世波)에도 흔들리지 않으면서 튼실한 가지를 뻗으며 더 풍성한 열매를 맺을 수 있을까?

신앙의 방향을 결정하는 것은 바람이 아니라 돛이다
우리는 신앙생활을 잘하려고 하는데 세상의 바람이 너무 세서 힘들다고 말한다. 세상의 거친 바람 때문에 신앙의 방향을 잡기가 어렵다는 것이다. 하지만 기억하라. "방향을 결정하는 것은 바람이 아니라 뜻이다." 똑같은 역경이나 상황을 만날 때 자기 연민이나 우울증에 빠지는 사람이 있고, 더 큰 결심과 결의를 다지는 사람이 있다. 어떤 사람은 침몰하고 어떤 사람은 믿기 어려운 결과를 얻는다. 비바람으로 인생이 좌절의 위기에 있는가? 먼저 신앙의 돛이 제대로 펴 있는지 살펴야 한다.

신앙은 길이가 아니라 깊이로 결정된다

신앙은 길이가 아니라 깊이에 의해 결정된다. 10년을 적당히 교회 다닌 사람과, 깊이 있게 1년을 제자훈련받으며 사명을 가슴에 장착한 사람 중에 누가 더 신앙의 깊이가 있다고 말할 수 있겠는가?

마태복음 20장의 포도원 일꾼 비유에 "나중 된 자로서 먼저 되고 먼저 된 자로서 나중되리라"라는 말씀이 있다. 이것은 신앙이 경력이나 시간의 장단보다 깊이에 의해 결정되는 것을 보여주는 사례라 할 수 있다.

그런데 이 비유에는 더 깊은 의미가 있다. 우리 신앙의 깊이는 자신의 의지나 노력보다는 반드시 하나님의 주권적 은혜에 기초한다는 것이다. 단지 우리가 노력하고 애쓰는 것으로 신앙이 깊어지는 것이 아님을 말씀한다. 포도원 비유 앞뒤에서 예수님께서는 "먼저 된 자로서 나중 되고 나중 된 자로서 먼저 된다"라고 동일한 말씀을 하신 이유가 있는 것이다.

로이드 존스는 이 비유를 통찰력 있게 정리했다. "이 비유에서 말하는 말씀의 원리에 집중해야 한다. 그 원리가 무엇인가? 그리스도인의 삶은 처음부터 끝까지 은혜로 이루어진다는 것이다." 그러므로 신앙의 깊이를 원하는가? 늘 하나님의 은혜를 사모하고 갈망하며 살아야 한다. 나의 노력이 내 신앙을 결정하는 것이 아니다. 내

신앙을 결정하는 것은 하나님의 은혜라는 사실을 가슴에 새기고 살아야 한다.

이것은 자연법칙에도 적용된다. 나무의 높이는 뿌리의 깊이에 의해 결정되고, 건물의 높이도 기초공사가 얼마나 튼실히 깊이 내려져 있는지로 결정된다. 우리는 이 사실을 상식적으로 알고 있지만, 나의 것으로는 깊이 받아들이지 못한다. 깊이는 당장 눈에 보이지 않기 때문이다. 신앙의 깊은 뿌리가 내려져 있으면 핍박의 열기로 이글거릴 때라도, 어떤 환난 가운데서도 은밀한 신앙의 샘에 잇닿아 있어서 잎사귀가 마르지 않는 것이다.

선대 어른들은 사방이 거북이 등처럼 쩍쩍 갈라지는 가뭄에도 잎사귀가 청청한 신앙을 '지성소 신앙'이라고 했다. 어떻게 하면 우리가 지성소 신앙이 될 수 있는지, 우리 신앙의 깊이를 본문을 통해 측정해보자.

노력이 아니라 하나님의 은혜가 신앙의 깊이를 결정한다

본문은 에스겔이 본 '마른 뼈 환상'과 함께 에스겔서에서 가장 잘 알려져 있고 영광스러운 환상이다. 개인과 공동체가 어떻게 회복을 넘어 부흥으로 나아가고, 어떻게 일평생 축복의 근원으로서 삶의 파도에 흔들리지 않는 깊은 신앙, 지성소 신앙을 유지할 수 있는지, 그 비밀을 알려주는 에스겔서의 노른자에 해당하는 말씀이다.

에스겔은 남왕국이 완전히 패망하기 전, 25세의 나이로 바벨론에 포로로 끌려갔다. 바벨론에서 포로 생활을 5년간 한 후 그곳에서 소명을 받고(BC 593) 22년간 주님이 주신 말씀을 예언하며 사명을 감당했다.

에스겔은 그의 인생이 척박할 때, 나라는 망하고 미래는 암울한 상황 속에서 그발 강가에서 이 놀라운 환상을 보았다. 본문의 환상은 성전에서 흘러나오는 물이 큰 강을 이루어 죽은 바다를 살리고, 강물이 닿는 곳마다 생물들이 살아나고 식물이 풍성한 열매를 맺는 완전한 회복을 보여주시는 말씀이다. 희망 없는 절망의 상황에서, 희망은 오직 주님의 보좌로부터 물이 흘러나오지 않으면 있을 수 없음을 보여주신 것이다.

천사가 에스겔을 데리고 성전 문으로 갔다. 에스겔은 성전 문지방 밑에서 물이 흘러나오는 것을 보았다. 이 물이 안뜰로 흘러내려 번제단 남쪽으로 흘러갔다.

> "그가 나를 데리고 성전 문에 이르시니 … 그 문지방 밑에서 물이 나와 … 성전 오른쪽 제단 남쪽으로 흘러내리더라"(1절).

성전에서 나오기 시작한 물이 어디로 흘러가는지 보기 위해, 천사가 에스겔을 데리고 성전 밖으로 데리고 나가 보니 오른쪽에서 물이 솟아 나오고 있었다.

> "… 물이 그 오른쪽에서 스며 나오더라"(2절).

그 천사는 줄을 가지고 동쪽으로 흐르는 물줄기를 따라 천 척(약 525-550미터)을 측량했다. '측량하다'는 단어에는 '상태를 진단하다'라는 뜻이 있다. 오늘 우리의 신앙 상태가 어떠한지 진단하는 것과 비슷하다. 천사가 줄로 약 500미터를 재더니, 에스겔에게 물을 건너 보라고 했다. 에스겔이 강물을 건너보니 물이 발목에 올랐다.

"물이 발목에 오르더니"(3절).

천사가 다시 줄을 가지고 물줄기를 따라 천 척을 재고, 그 지점에서 에스겔에게 물을 건너라고 했다. 에스겔이 건너보니 물이 무릎까지 올라왔다. 그리고 천사는 또다시 물줄기를 따라 천 척 길이를 재고, 그 지점에서 에스겔에게 건너라고 해서 건너보니 물이 허리까지 올라왔다.

"물이 허리에 오르고"(4절).

천사는 또다시 천 척 길이를 쟀는데, 그 지점에서는 건널 수 없는 강이 되었다.

"물이 내가 건너지 못할 강이 된지라 그 물이 가득하여 헤엄칠 만한 물이요 사람이 능히 건너지 못할 강이더라"(5절).

정리하면, 물의 근원인 성전으로부터 약 500미터 되는 지점에는 물이 발목에 찼고, 약 1킬로미터 되는 지점에서는 무릎까지, 약 1.5 킬로미터 지점에서는 허리까지, 약 2킬로미터 지점에서는 성인의 키를 넘는 깊은 수심이 된 것이다. 물의 양이 점점 많아졌다는 것이다.

그렇다. 생명의 물줄기가 길어질수록 그 수심이 점점 더 깊어졌다. 우리가 십자가의 길을 따라가다 보면, 때로는 더뎌 보여도 끊임없이 생수의 강물을 공급받기만 하면 신앙이 자라는 것이다. 본문에 나온 수심의 깊이를 가지고 신앙적인 차원에서 이렇게 해석할 수 있다. 어떤 사람은 발목까지 오는 정도의 신앙이 있고, 어떤 사람은 무릎 정도의 신앙이 있고, 어떤 사람은 허리까지, 어떤 사람은 온몸을 충만히 채우는 신앙이 있다. 소위 신앙 깊이의 단계라고 할 수 있는데, 무리한 해석은 아니라고 본다.

성전의 세 부분으로 구분한 신앙의 세 단계

첫째, '성전 뜰 신앙'이 있다. 성전 뜰은 모든 사람이 볼 수 있는 성전 외곽지대이다. 여기에는 누구나 들어갈 수 있었고, 모든 외적 종교의 예배 의식이 거기서 이루어졌다. 그래서 성전 뜰 신앙이란 "무늬만 그리스도인"을 말한다. 찰싹거리는 얕은 물가에 머물다가 하늘의 능력을 맛보지 못하고, 피곤한 종교 행위만 하는 신앙이다. 기도를 한다 하더라도, 성전 뜰 기도는 자기중심적인 유아적 기도, 자신을 넘지 못하는 수준의 기도이다.

둘째, '성소 신앙'이 있다. 성소는 제사장들만 들어가서 밖에서 가져온 피와 향과 빵과 기름을 하나님께 드리는 곳이다. 그래서 성소 신앙이란, 번제단과 물두멍을 지나 성전 뜰을 지나 믿음으로 전진해서 성소에 들어온 신앙이다. 예수님의 이름으로 봉사도 하고 남을 위해 기도도 하는 사람이다.

셋째, '지성소 신앙'이다. 제사장들조차도 지성소 안으로는 들어가지 못했다. 하나님의 지성소, 소위 하나님의 존전(尊前)에 가까이 나아갈 수가 없었다. 대제사장만 1년에 한 번씩 일시적으로 들어갔다. 그곳에 들어갈 때는 목숨을 걸어야 했다(레 16:2). 구약시대의 지성소는 어떻게 보면 두려움의 자리였고 자기 죽음의 자리였다.

그런데 신약의 지성소는 우리의 대제사장 되시는 예수 그리스도의 보혈의 피로, 성소와 지성소를 가르는 휘장을 위로부터 아래로 찢어낸 후, 하나님의 크신 은혜가 임하는 새로운 자리가 되었다. 더 이상 두려움의 장소가 아니라, 은혜의 장소가 되었다. 신약판 지성소 신앙은 머리로만 알던 신앙이 이제는 하나님의 임재와 교제의 장소로 들어가는 것이다.

'성전 뜰'은 그냥 걸어 다니면서 밟으면 되는 곳이고, '성소'는 마음의 무릎을 꿇고 기어서 들어가는 곳이다. '지성소'는 대제사장이 완전히 납작 엎드려서 죽은 것 같이 들어가는 곳이다.

여기에는 신앙의 깊은 차원의 경지가 있다. 사도 바울은 고린도전서 3장에서 신약판 신앙의 단계를 말했다. 예수님을 믿는다고 하면서도, 아직까지 세상적 사고방식에 그대로 영향을 받는 사람을 "육신에 속한 신앙인"이라 했다. 예수님을 믿는다고 하면서도 점집에 가고, 직분 받았는데도 삶은 변하지 않고, 세속적인 스타일은 그대로인 이들에 대해, 젖을 먹을 정도의 신앙, 유아 신앙이라고 했다. "주님 사랑해요. 예수님의 신실한 제자되기 원합니다" 하다가도 누가 옆에서 자기 자존심, 프라이드를 건드리면 옛 본성이 그대로 튀어나오면서 감당이 안 되는 분들이 있다. 이것이 유아 신앙이요, 자기중심 신앙인이다.

기독교 신비주의의 특징

기독교에는 신비적인 요소들이 존재한다. 바울은 고린도후서 12장 2절에서, 셋째 하늘로 사로잡혀 올라간 신비한 경험을 말하고 있다. 교회 역사 내내, 기독교 신앙은 신비주의적인 요소와 어느 정도 연관되어 있었다. 이교적인 신비주의와 기독교 신비주의의 차이점은, 기독교는 개인적인 정체성을 소멸시키거나 자아를 상실시키는 것을 결코 신앙의 목표로 삼지 않는다는 데 있다. 오히려 자아는 하나님과 연관되면서 자기 이해가 높아진다. 이는 개개인의 정체성이 구속(redemption)되는 것이며 파괴가 아니다.

기독교 신앙은 인격의 파괴가 아니라 구속을 제공한다. 죽음조차도 개인적인 정체성을 파괴하지 않는다. 우리는 죽을 때에도 의식적이고 개별적인 정체성이 계속될 것을 믿는다. 우리는 몸이 죽더라도 영혼은 개인적 실존의 지속이라고 부르는 상태로 계속 존재할 것을 믿는다. 이교적인 신비주의의 궁극적 목표는 개인적인 정체성을 상실하고 신과 하나가 되는 것이다. 그러나 기독교는 우리 구원의 목표가 합일(unio)이 아니라 교통(communio)이라고 말했다. 그리스도와 그리스도의 백성 사이의 신비적 연합이 존재한다는 의미다.

신앙의 높은 경지를 구하는 이유

신비한 체험을 함으로써 무슨 영적인 권세를 부리기 원하는가? 그렇다면 신비 체험은 없는 게 낫다. 사도 바울은 셋째 하늘만 올라간 것이 아니다. 환상도 보았다(행 18:9). 그런데 이러한 경험 후에 그가 고백한 것은 무엇인가? "살든지 죽든지 내 몸에서 그리스도가 존귀하게 되게 하려 하나니 이는 내게 사는 것이 그리스도니 죽는 것도 유익함이라"(빌 1:21).

사도 바울은 신비한 체험 후에 영적 권세를 부린 것이 아니라, 오히려 "내게 사는 것이 그리스도니"라고 고백하고 있다. 이것이 우리가 사도 바울처럼 신앙의 깊은 경지를 구하는 이유이다. 자신을 위해서가 아니라 오직 그리스도를 존귀하게 하려고, 내게 사는 것이 그리스도임을 드러내기 위해서이다.

어떤 사람은 장성한 신앙인이 되어 단단한 식물을 먹는 사람이 있다. "단단한 음식은 장성한 자의 것이니"(히 5:14). 단단한 식물을 먹을 수 있기에 장성한 사람이고, 믿음이 담대한 용기 있는 신앙인, 지성소 신앙인으로 살아간다.

목회자는 성도의 영적 상태에 늘 관심이 있다. 성도들이 성전 뜰 신앙에서 성소 신앙으로 성숙하기 바라고, 성소 신앙은 지성소 신앙으로 성숙하기를 바란다.

교회만 왔다 갔다 하는 사람을 '라'군, 예배의 은혜와 신앙의 순도를 나름대로 유지하는 사람은 '다'군, 예배뿐만 아니라 훈련에 참여하면서 사명을 체화하는 사람은 '나'군, 그리고 다른 사람을 말씀으로 섬기는 사람을 '가'군으로 나눈다면, '라'군은 '다'군으로 올라가기를 바라고, '다'에 속한 분들은 '나'군으로, '나'군은 '가'군으로 성장하고 성숙되는 것이 우리를 향한 예수님의 바람이다. 교회 내에서 등급을 나누자는 것이 아니라, 하나님의 나라를 세우기 위해 요구되는 순전한 헌신과 충성의 정도를 말하는 것이다(딤후 2:2).

젊은 시절 선교 단체에서 훈련을 받을 때, 예수 믿고 구원받은 사람을 회심자(convert)라고 하고, 예수님의 제자로 주님을 사랑하고 그리스도의 주인 되심을 인정하고 훈련받은 사람을 제자(Disciple)라고 했다. 말씀으로 다른 사람을 양육하는 사람을 제자 만드는 사람(Disciple Maker), 그렇게 제자 만드는 사람을 키워내고 영적으로 깊은 은혜에 도달하는 사람을 제자 만드는 사람의 리더(Leader of Disciple Maker)라고 했다. 이런 신앙의 단계들은 우리가 깊이 있는 신앙생활을 하는 이유가 하나님 나라를 세우는 데 있음을 보여준다.

초대교회는 성도들을 훈련할 때, 예수님을 주로 고백한 후에도 2~3년 동안 지속적으로 기독교 신앙의 핵심과 그리스도인의 인격과 영적 성장에 관한 교육을 받게 했다. 심지어, 어떤 시기는 헌신적으로 신앙생활을 해도 2~3년은 성찬이 허락되지 않았으며, 신앙의 깊이를 확인한 다음에야 참여하게 했다.

이렇게 될 때 세례식에 깊이가 있고, 주님의 살과 피를 기념하는 성만찬의 은혜는 말로 다 할 수 없었다. 이렇게 진리와 말씀의 깊이로 무장되어 세상으로 보냄받은 확실한 소명자가 되었다. 이러한 신앙의 깊이를 가졌을 때, 교회에 침투해 혼란을 야기하려는 이단자들을 분별하고 쫓아낼 수 있었다. 그래서 초대교회의 순수함과 전투력을 계속 유지할 수 있었던 것이다.

　　초대교회의 전투력은 오늘날에는 제자훈련을 통해 이루어지고, 이단들은 걸러지고 있다. 이를 통해 교회가 이단이나 거짓 신자에게 휘둘리지 않는 것이다. 새가족모임을 통해 "예수 그리스도는 누구신가? 성경은 무엇인가? 구원은 무엇인가? 교회는 무엇인가"를 배우고, 등록한 분들은 다락방을 통해 확인되며, 제자훈련과 사역훈련을 통해 계속 점검된다. 양육과정, 제자훈련, 사역훈련 등의 여러 과정을 계속 반복하면서, 껍데기 신앙, 얄팍한 신앙이 아니라, 깊이 있는 신앙생활로 들어가게 되는 것이다. 이러한 과정을 거치며 결국 보냄받은 소명자로서 충실한 사명을 잘 감당하는 신앙, 지성소 신앙을 검증하는 것이다.

　　이렇게 우리가 '지성소 신앙' 수준을 사모하면, 세상 사람들은 "그게 뭐가 좋냐?" 하면서 의아해한다. 특새에 새벽 두 시 반부터 와 있는 사람들을 보면, 신앙생활의 초보나 믿지 않는 사람이 보면 "정신이 나가도 이렇게 나갈 수가 없다"라고 생각할 것이다.

　　깊이 있는 신앙 고백을 하는 분들은, "주님 앞에 설 때, 죽기 전에 설레며 죽고 싶다", "예수님의 재림에 대해서는 1초의 망설임도 없다"라고 말한다. 이들은 죽음에 대해 겁이 없고, 대신 "사명이 목숨보다 중요하다"라고 생각하는 분들이다. "살아서는 충성, 죽어서는 영광!" 이런 게 깊이 있는 신앙생활 아니겠는가!

지성소 신앙의 경지에 들어가는 두 가지 길

첫째, 자아가 깨어지고, 자기 십자가를 지고, 자기 죽음을 선언해야 한다. 소위 자기 십자가와 자기 죽음을 측정해야 한다.

여기에는 예외가 없다. 지성소가 열리기 위해서는 내 삶에서 희생제물의 죽음이 필요하다. 구약에서는 수소와 염소, 양이라는 제물이, 신약에서는 예수님의 십자가의 죽음이, 그리고 신약시대를 사는 우리에게는 날마다 자신을 십자가에 못 박는 자기 죽음이 요구된다.

예수 그리스도의 대속의 죽음으로 우리에게는 하나님께 나아가는 은혜의 지성소, 새롭고 자유로운 길이 열렸다. 우리도 지성소 신앙을 경험하려면 갈라디아서 2장 20절 말씀처럼 자신을 십자가에 못 박는 자기 죽음이 따라야 한다.

지성소와 희생제물의 죽음은 한 세트처럼 연결된다. 희생제물 없이는, 즉 제물을 드리는 죽음의 제사가 없이는 지성소는 열리지 않는다. 이스라엘에게 1년 중 가장 거룩한 날은 대속죄일이었다. 그날에 대제사장은 백성의 죄, 민족의 죄를 속하기 위해 지성소에 들어갔는데, 까다로운 3중 절차를 행해야 했다.

먼저, 대제사장은 어린 수송아지를 취해 '자신과 가족의 죄'에 대한 속죄제로 드렸다. 대제사장은 그 피의 일부를 지성소 안으로 가져가 여호와 앞에 뿌렸다. 그렇게 대제사장은 자신을 정결하게 한 후, 두 번째 절차로 염소 두 마리를 취하여 제비를 뽑아, 한 마리는 이스라엘 백성의 죄를 속하기 위해 잡아 그 피의 일부를 지성소 안으로 가져가 수소의 피로 한 것처럼 거룩한 제단 위에 뿌렸다. 세 번째로, 대제사장은 또 다른 염소에게 안수하고 백성의 죄를 지고 광야로 보냈다. "아사셀을 위하여 광야로 보낼지니라"(레 16:10).

대속죄일에 대제사장이 지성소에 들어가기 위해 수소와 염소의 죽음이 필요함을 언급한 이유는, 지성소가 열리기 위해서는 반드시 희생제물의 죽음이 필요하며, 우리가 지성소의 은혜를 경험하려면 사도 바울처럼 "자신을 십자가에 못 박는"(갈 5:24) 자기 죽음이 따라야 함을 설명하기 위함이다.

구약에서는 수소와 염소의 죽음으로 지성소가 열렸다면, 신약에서는 예수님의 십자가 죽음으로 지성소가 열렸고, 오늘날 우리는 자신을 십자가에 못 박는 자기 죽음으로 우리 심령에 지성소가 열린다. 자기 십자가를 지지 않는 사람, 자기를 십자가에 못 박지 않는 사람은 지성소에 들어갈 수 없다. '지성소 신앙'에 문제가 있다면, 대부분은 십자가에 자신을 못 박지 않기 때문에 생기는 것이다.

둘째, 주님을 향한 신뢰와 사랑을 측정해야 한다. 자기 죽음만 통과하면 뭐 하겠는가? 그다음이 중요하다. 주님을 더 사랑하고, 더 신뢰하도록 영의 눈이 열려야 한다. 교회에 등록한 후에 주님을 더 사랑해야 하고, 결혼한 후에 주님 더 사랑해야 하고, 직분을 받고 나서 주님을 더 사랑해야 한다. 그런데 등록하고, 결혼하고, 직분받고 나서 신앙이 더 떨어지면 이것은 신앙의 퇴행이 아닐 수 없다. 그렇게 되면 성소와 지성소 신앙에서 떨어져 나가는 것이다.

결국 신앙생활이란 "어떤 경우에도 주님을 사랑하느냐"가 핵심이다. 어떤 경우에도 가면 갈수록 자기를 사랑하는 것이 아니라, 주님을 더 사랑하는 것이 지성소 신앙으로 들어가는 열쇠다. 갑자기 큰 병이 생겼을 때도 자신을 더 사랑하는 자가 있고, 예수님을 더 사랑하는 자가 있다. 병 때문에 슬퍼하는 사람이 있고, 병 때문에 천국을 더 소망하는 사람이 있다. 생존 확률을 따지면서 평안과 불안을 반복하는 사람이 있고, 생명은 하나님께 속한 것이라고 고백하며 평안을 누리는 사람이 있다.

믿음으로 기도하는 것은 응답의 확신으로만 끝나지 않는다. 기도는 우리 자신보다 우리를 더 잘 아시는 전지전능하며 사랑이 많으신 하나님을 신뢰한다는 고백이다. 이것이 지성소 신앙의 깊이다. 지성소 신앙에 깊이 들어가면, 하나님께서 아브라함에게 "네가 네 아들보다 나를 더 사랑하느냐"라고 물으신 것처럼, 예수님께서 베드로에게 "시몬아 네가 이 사람들보다 나를 더 사랑하느냐"라고 물으신 것처럼, 우리에게도 질문하신다.

하나님을 더 사랑하기를 소원하는 은혜의 강물이 흐르고 있는가?
쇼핑보다 하나님을 더 사랑하는가? 스포츠나 게임보다 하나님을 더 사랑하는가? 골프보다, 멋진 차보다 하나님을 더 사랑하는가? 고백하는 것만으로는 충분하지 않다. 자끄 엘뤌은 우리가 아브라함과 욥으로부터 배워야 할 것은 "나는 돈보다 하나님을 더 사랑합니다"라고 고백하는 것으로는 부족하며 그것을 행동으로 보여주는 것이라고 했다. 아브라함과 욥은 재물보다 하나님을 더 사랑하는 것을 행동으로 보였다. 예수님께서 십자가를 지신 것은 자신보다 아버지 하나님을 더 사랑했기 때문임을 기억하라.

인디언 선교사의 아버지로 불리는 데이비드 브레이너드의 일기에는 깊이 흐르는 강물이 있다. 그것은 바로 "오, 하나님을 더 사랑하고 더 찬양하기를, 하나님을 더 기쁘시게 할 수 있기를"이라고 부르짖게 하는 은혜의 강물이다. 그의 일기에 쓰인 단어마다 하나님을 더 사랑하고자 하는 간절함으로 젖어 있다.

기도와 찬양도 마찬가지다. 성전 뜰 기도와 찬양이 있고, 지성소 기도와 찬양이 있다. 그냥 습관적인 수준으로 찬송을 부를 때가 있다. 예를 들어 〈이 천지간 만물들아〉 찬송이 있는데, 여러 사람이 그

찬송을 좋아했다. 이유를 물으니 "예배 마칠 때 부르는 찬송이어서"라고 했다. 어떤 사람은 같은 이유로 주기도문송을 좋아했다. 이런 것이 성전 뜰 찬양이다.

그런데 지성소 찬양은 찬양이 기도가 되고, 기도가 찬양이 되면서 새 노래가 되고, 높은 찬양(High Praise)으로 올라가는 것이다. 찬송을 뱉는 것이(sing out) 아니라 들이마셔야(sing in) 높은 찬양의 경지에 올라갈 수 있다. 높은 찬양을 하게 되면 자연스럽게 성령께서 우리를 장악하신다.

"그들의 입에는 하나님에 대한 찬양이 있고 그들의 손에는 두 날 가진 칼이 있도다"(시 149:6).

그들의 손에 있는 "두 날 가진 칼"은 물리적으로 손에 칼을 쥐고 있다기보다는 백성이 하나님을 높임으로 무장했다는 의미로 해석한다. 시인은 전쟁에서 승리하게 하는 것은, 전적으로 하나님께 달려 있다는 것을 노래한다.

우리는 왜 지성소로 들어가야 하는가?

앤드류 머레이는 지성소로 들어가라는 말씀을 다섯 가지로 풀고 있다.

지성소로 들어가라! 지금까지는 머리로만 신앙생활을 했다면, 이제는 두 발을 떼어 하나님 임재와 교제의 장소로 들어가는 것이다. 지성소 신앙은 행동하는 신앙이다.

지성소로 들어가라! 이것은 히브리인들에게 살아계신 하나님을 떠나게 만드는 불신앙과 나태의 삶에서 빠져나와 약속의 땅과 하나님의 안식과 은총과 교제의 삶으로 들어가라는 부르심이다. 그저 죄가 용서된다는 소망으로 만족하면서 성막의 바깥 뜰에서 머무르지 말라는 부르심이다. 지성소에서 하나님과 친밀히 교제하는 더 영광스러운 삶이 있는데, 성전 뜰에서 혹은 성소에서만 머물지 말라.

지성소로 들어가라! 예수님께서 하신 사역의 열매이자, 그리스도 안에서 성도가 누리는 완전한 구원의 현장을 누려라.

지성소로 들어가라! 지성소는 하나님의 특별한 계시 장소이다. 그곳에서 하나님의 계시의 소리를 들으라.

지성소로 들어가라! 구약시대는 "들어가지 말라"였지만, 이제 부르심의 말씀은 "들어가라"이다. 들어와서 하나님의 품에 안겨라.

찰스 스펄전은 지성소로 들어가지 않고 밖에만 머무는 사람들을 두고 "정문을 놓아두고 뒷문으로 와서 뼈다귀들과 바싹 마른 빵조각을 얻고자 하는 거지들"이라고 표현했다. 지성소로 들어가면 하나님이 차려 놓으신 풍성하고 훌륭한 음식들이 가득한데, 밖에서 굶주린 배를 채우기 위해 애쓰는 것은 어리석은 일이다.

하나님 앞에서 자신을 완전히 드릴 수 있는 공간

지성소는 더 이상 특정한 물리적인 장소를 의미하지 않는다. 가정에서든 직장에서든, 심지어 길을 가다가도 하나님의 임재가 있다면 그곳이 지성소이다. 그러므로 주일을 비롯한 교회의 공적 예배는 물론이요, 우리의 가정이, 직장이, 다락방이 하나님께서 임재하는 지성소가 되기를 바란다.

필립 얀시는 "하나님 앞에서 100퍼센트 자신을 드릴 수 있는 공간"이 지성소라고 말한다. 그래서 마음을 전부 드릴 수 있는 장소가 있는지 살피고, 어디에서든 이를 위한 마음의 지성소를 짓고, 그곳에서 주님을 발견할 수 있기를 바란다. 충만한 지성소 신앙을 우리만 갖고 있지 말고, 서로서로 축복하면서 같이 가질 수 있도록 해야 한다. 성전 뜰 신앙에서 성소 신앙으로, 성소 신앙에서 지성소 신앙으로 올라갈 수 있도록 축복하면 좋겠다.

그러면 내가 지성소 신앙인지 성소 신앙인지 성전 뜰 신앙인이 어떻게 알 수 있을까? 가족 중이나 주위 사람 중에도 지성소 신앙이 있고 성소 신앙이 있을 텐데, 성전 뜰 신앙보다 성소 신앙이 먼저 사과하고 손 내밀어 보듬어서 한 단계 더 올라가는 것이다. 욕심으로 올라가는 것이 아니라, 희생으로 올라가는 것이다. 십자가와 사랑으로 올라가는 것이다. 이런 것이 신앙의 깊이를 측정하는 지표가 될 것이다.

언제 어디서나 하나님의 임재를 경험하는 지성소 신앙을 소원하는 자의 기도

자비로우신 하나님 아버지, 나무의 높이는 뿌리의 깊이에 의해 결정되듯, 신앙의 성숙은 길이가 아니라, 깊이에 의해 결정되는 줄 믿습니다. 찰랑거리는 얕은 물가에 머물러 있던 성전 뜰 신앙에서 이제 은혜의 만조를 경험하는 지성소 신앙의 깊이로 들어가게 하여주옵소서.
나라는 망하고 미래는 암울했던 에스겔에게 하나님께서 소망의 계시로 임재하신 것처럼, 사방이 막혀 낙심하고 있는 성도들에게 주 보좌로부터 임재의 물이 흘러나와 참 소망을 주시고 치유하여 주옵소서.

20

생수의 강이
흘러나오리라

요한복음 6:35, 7:37-38

"나도 너희를 보내노라" 말씀에 담긴 놀라운 무게감

제자훈련하는 교회는 '말씀 사역'과 '성령 사역'의 균형을 갖춰야 열매가 있다. 이를 위해 제자훈련 하는 교회는 사도성을 계승해야 할 사명이 있다. 사도성에 대해서는 사도 요한이 요한복음 20장 21절에서 잘 드러내고 있다. "아버지께서 나를 보내신 것같이 나도 너희를 보내노라." 하나님께서 예수님을 이 땅에 보내신 것은 신구약 전체를 관통하는 성경의 핵심이다. 그런데 예수님께서도 "나도 너희를 보내노라"라고 말씀하셨다. 하나님이 예수님을 이 땅에 보내실 때의 무게감과 예수님께서 우리를 세상에 보낼 때의 무게감이 중첩되고 있다. 이것은 세상에 보냄받은 소명자에게 얼마나 크고 놀라운 무게감이 부여되었는지를 보여준다.

"아버지께서 나를 보내신 것같이 나도 너희를 보내노라"라고 하신 것은 '부름받은 자의 특권'뿐만 아니라 '보냄받은 자의 소명'으로 살아가라는 것이다. 이것을 '사도성 계승'이라 한다. 오늘날 교회에는 초대교회 시대의 사도는 없지만, 초대교회의 사도성은 계승해야 한다. 이것은 비바람과 폭우가 쏟아져도 교회가 시대적 사명으로 감당해야 할 몫이다.

사도성은 어떻게 계승되는가? 주님이 제자들에게 "나도 너희를 보내노라"라고 말씀하시고, 첫 일성(一聲)으로 터트리신 것이 "성령을 받으라"(요 20:22)였다. 이 내용은 아무리 강조해도 지나치지 않다. 사실 우리같이 평범한 사람에게는 엄청난 말씀이다. '사도성 계승'과 '소명 완수'는 성령을 받아야만 가능하다는 것이다. 예수님께서 우리에게 주신 소명을 완수하게 하시고, 예수님께서 하신 사역 방식을 우리가 감당하고 재현할 수 있도록 하신 분이 성령님이시다. 예수님의 사역이 성령님을 통하여 우리에게 사역의 바통으로 이어진 것이다.

의존과 순종의 관계를 통해 하나님의 무한한 자원에 참여한다
신앙이란 무엇인가? 성령님을 통해 생수의 강이 흘러넘치는 경험이다. 그리고 하나님께 의존하고 순종하는 관계로 이것이 가능하다. 의존은 특권이고 순종은 의무다. 우리의 온전한 순종은 성령의 도우심으로 주어지는 것이지만 동시에 우리가 순종할 때 하나님께서는 성령을 주신다(행 5:32). 또한, 우리가 하나님의 자녀로서 그분의 사명을 이루기 위해서는 성령님께 전적으로 의존해야 한다. 사도 바울은 "오직 성령께서 가르치신 것으로"(고전 2:13) 했고, "다만 성령의 나타나심과 능력으로"(고전 2:4) 사명을 감당했다.

질그릇 같은 연약한 인생이 주님을 의지하는 것이 얼마나 큰 특권인가! 〈빛나고 높은 보좌와 그 위에 앉으신〉 찬송을 부르면서 우리의 영은 하나님이 주시는 은혜로 성령님과 공명(共鳴)한다. "주님의 보좌 있는 데 천한 몸 이르러 그 영광 몸소 뵈올 때 내 기쁨 넘치네." 이 가사가 입술에서 흘러나올 때, 부족한 인생이 영광스러운 하나님을 심령에 모실 수 있다는 감격으로 뜨거운 눈물이 눈가를 적시며 흐르는 것을 세상의 무엇으로 형용할 수 있을까! 우리 인생 마지막 순간에도 창조주 하나님을 의존할 수 있다는 것은 말로 다할 수 없는 특권이다.

신앙에 있어 또 하나의 중요한 관계는 순종이다. 하나님은 우리에게 순종의 의무를 주셨는데, 이 순종은 우리를 위한 것이다. 아담은 하나님 말씀에 불순종했지만 불순종한 아담 대신에 예수님이 이 땅에 오셔서 십자가를 지심으로 말미암아 순종의 본을 보여주셨다.

의존과 순종, 이 두 가지 관계를 통해 그리스도인은 하나님의 무한하신 자원에 참여할 수 있다. 의존과 순종을 통해 하늘의 은사를 받아 성령의 열매를 맺고, 영적 진리를 깨달아 시련과 고난 가운데 소망과 평안을 누리고, 기쁨으로 섬김을 행하는 능력을 받는 것이다. 이것은 주님이 주신 위대한 약속이요, 연약한 인생이 거친 세상을 돌파하는 길이다.

예수님의 십자가 사건 이후, 제자들은 문을 걸어 잠그고 방 한쪽 구석에서 움츠러들어 벌벌 떨고 있었다. 그런데 갑자기 부활하신 예수님이 그 자리에 나타나셔서 비겁하고 겁많은 제자들을 향해 단도직입적으로 "성령을 받으라"라고 말씀하셨다(요 20:22).

오늘날도 마찬가지다. 이 답답한 시대에, 마음이 괴롭고 제자들처럼 한쪽 구석에서 몸을 웅크린 채 떨고 있는 분들이 있다면, 해결하는 방법은 오직 하나뿐이다. 성령의 능력을 받아야 한다.

오늘날 가장 필요한 것은 성령의 역사이다

로이드 존스는 그의 친구이자 동역자인 레슬리 랜드에게 보내는 편지에서 이렇게 썼다.

"오늘날 가장 필요한 것은 개인 속에서 그리고 개인을 통해 성령의 능력이 나타나는 일임을 깊이 깨닫고 있습니다. 올바른 신학은 필수적이지만 성령이 주시는 능력이 없이는 아무것도 이룰 수 없습니다."

오늘날 그리스도인에게 가장 필요한 것은 성령의 능력이라는 로이드 존스의 깊은 통찰이 우리에게도 각성이 되기를 바란다. 우리는 자기 힘으로 자신이 원하는 여러 가지 일을 이루어간다. 그런데 성령이 주시는 능력 없이는 하나님이 원하시는 어떤 일도 이룰 수 없다. 메마르고 답답한 삶에서 하나님이 원하시는 인생의 문을 열기를 소원하는가? 지금 당신에게 가장 필요한 것은 성령의 능력이다.

앤드류 머레이도 같은 말을 했다. "삶과 일에 있어 필요한 유일한 것은 성령으로 말미암아 계시되는 그리스도의 내주하심이다. 오늘날 교회에서 성령의 능력보다 필요한 것은 없다. 교회가 약하고 형식주의에 빠지고 세속적으로 되는 까닭과 개인적인 헌신과 거룩한 열정이 부족한 이유는 성령을 존중하지 않고 능력의 원천인 성령께 굴복하지 않기 때문이다."

예수님께서 주시는 생수를 마시려면

우리는 늘 하나님께 "나를 주님의 도구로 사용해 주세요"라고 기도한다. 그런데 도구가 된다고 해도 성령의 능력이 없으면 무력할 수밖에 없다. 그래서 스펄전은 "성령의 불을 당신 삶의 경기장에 던지라"라고 말한다. 무력하고 답답한 삶, 메마른 삶이 다시 뜨겁게 타오를 것이다.

이제 말씀을 통해 21세기를 살아가는 우리가 사도성을 계승하고 무한하신 자원에 참여하고, 우리를 떨게 하고 위축시키는 두려움을 해결하는 방법을 하나하나 살펴보자.

"명절 끝날 곧 큰 날"(7:37). 이 명절은 초막절이다. "유대인의 명절인 초막절이 가까운지라"(요 7:2). 이스라엘 백성은 초막절 동안 초막에서 거주하며 하나님께서 출애굽한 백성들에게 광야에서 베푸신 보호와 공급을 떠올리며 그 은혜를 기리는 시간을 갖는다. 이 초막절을 지키면서, 하나님께서 광야 40년 동안 그들의 의복이 낡아지지 않게 하시고, 하늘에서 만나를 공급하시고, 불기둥과 구름기둥으로 인도해주신 것을 감사하면서 유일하신 하나님만 의지하는 것을 마음에 새긴다.

특히, 메마른 광야에서 제일 절실했던 것이 물이었기 때문에, 하나님께서 반석에서 생수가 터져 나오게 하신 것을 감사하고 기억했다. 반석에서 생수가 터져 나온 것을 생각하며 초막절 일주일 동안 제사장들이 새벽마다 실로암 연못에서 물을 길어 예루살렘 성전까지 행진한 후, 성전 앞 바위 제단에 물을 붓는 의식을 행했다. 많을 때는 3천 명의 레위인이 행진했는데, 이들이 성전 제단에 물을 부으면 찬양대가 큰 소리로 "할렐루야" 찬송을 불렀다. 얼마나 장엄하고 놀랍고 위엄 가득한 장면이었을지 상상만해도 가슴이 뛴다.

본문은 이렇게 7일간 초막절 절기가 끝나고, 제8일째 명절 끝날에 수많은 사람이 성회로 모였을 때, 예수님께서 서서 큰 소리로 외치신 때를 배경으로 한다.

"누구든지 목마르거든 내게로 와서 마시라"(37절).

예수님은 사방천지의 사람들에게 "목마르거든 내게 와서 마시라"라고 하셨다. 이 말씀은, 하나님의 무한하신 자원에 참여하고 싶다면 영혼의 갈증이 있어야 한다는 의미이다. 영혼이 메마르고 탈수증이 걸려 있다고 해도 자각하지 못하면 예수님께 나아올 수 없다. '이렇게 살다가는 내가 죽겠구나!' 하는 영혼의 갈증을 느껴야 한다. 자신의 영적인 상태에 대한 거룩한 자각이 있어야 한다는 뜻이다. 그렇지 않으면 예수님께서 "내가 주는 생수를 마셔라. 이 생수를 마시면 영원히 목마르지 아니하리라" 하고 아무리 외쳐도 그분께 나아올 수가 없다.

또 하나는 영적 부익부의 갈증이다. 무슨 뜻인가? 하나님의 은혜를 경험할수록 하나님의 더 큰 은혜를 사모함이 깊어지는 데서 오는 거룩한 갈증이다. 성경은 분명히 가진 자는 더 가질 것이라는 영적인 부익부 원칙을 말한다(마 25:29). 하나님을 위해 자신이 가진 은사를 사용하는 사람은 더 큰 은사를 사모함으로 더욱 받지만, 받은 은사를 사용하지 않으면 있는 것도 빼앗기는 원리를 말한다.

"무릇 있는 자는 받아 풍족하게 되고 없는 자는 그 있는 것까지 빼앗기리라"(마 25:29).

이 땅에서의 사도성 계승을 위해서는 하나님 나라에 대한 목마름이 필요하다. 40여 년 사역하면서 체화된 것이 있다. 하나님께서는 우리가 사명자로 살도록, 사도성 계승을 잘 할 수 있도록 우리 믿음의 용량을 키우시려고 계속 목마르게 하신다는 것이다. 주님께 대한 타는 목마름을 계속 갖도록 우리를 그 방향으로 몰아가신다. 그래서 때때로 우리의 문제가 쉽게 해결되지 않도록 놓아두시고, 우리 마음에 갈등을 주실 때가 있다. 하나님은 우리에게 어떤 고난이나 짐을 지게 하시고, 우리 앞에 놓인 온갖 시련을 사용하기도 하시며, 우리를 찌르는 죄와 상한 감정, 상처와 아픔, 오랫동안 응답되지 않은 기도 제목을 통해 계속 하나님 앞에서 목마르게 하신다.

사도 요한은 요한계시록 마지막 장에서 "목마른 자도 올 것이요"(계 22:17)라고 했다. 우리에게 타는 목마름과 거룩한 갈증을 주셔서 생수의 강을 사모하게 하신다. 타오르는 목마름을 외면하지 말고 그 목마름에 불을 붙이라. '주님, 저는 다른 어떤 것보다도 생수의 강에 대해 목마릅니다.' 마음속에 이런 외침, 이런 야성이 있어야 한다.

그렇다면 이러한 목마름은 어떻게 해결해야 하는가?

예수님을 마셔야 내 속에서 생수의 강이 흘러넘친다

예수님은 누구든지 목마르거든 와서 마시라고 하셨다. 이것은 말씀을 그저 듣거나 해석하고 평가만 하면 안 되고, "마시면 시원하겠다"라고 생각만 해서도 안 되고, 지금 마셔야 한다는 의미이다. 해갈을 위해 지금 마셔야 한다. 예수님은 38절에서 "나를 믿는 자는 … 생수의 강이 흘러나오리라"라고 하셨고, 요한복음 6장 35절에서는 "나를 믿는 자는 영원히 목마르지 아니하리라"라고 하셨다. 두 구절을 연결해 풀어보면, 목마른 자가 '마시면' 생수의 강이 흘러 목마르지 않게 되는데, 예수님의 구주되심을 '믿는 자'는 그렇게 목마르지 않는다. 즉, 마시는 것이 믿는 것이고, 믿는 것이 마시는 것이다.

그렇다면 우리는 믿는데도 왜 자꾸만 목이 마를까? 그것은 '흘러넘치는 것'을 이해하지 못했기 때문이다. 흘러넘친다는 것이 무슨 뜻인가? 나만 만족하는 것이 아니라, 나를 통해 많은 사람이 해갈되는 것이다. 우리 뱃속에서 생수의 근원이 터지면, 우리가 '축복의 근원', '생수의 근원'이 되어 다른 사람을 해갈시키는 것이다. 이것이 이사야 58장에서 말씀하는 "물댄 동산"이요, 요한복음 4장에서 말쏨하는 "날마다 솟는 샘물"이요, 사랑의교회 용어로 말하면 "은혜의 저수지"이다. 참으로 하나님의 위대한 약속이다.

믿는 것이 마시는 것이고, 마시는 것이 믿는 것이다. 이럴 때 우리의 타는 목마름과 갈증이 해갈된다. 이 갈증 해결을 다르게 말한 것이 "배에서 생수가 흐른다"는 표현이다. 우리가 예수님을 마시면 우리 속에서 그렇게 자신을 괴롭히던 고질적인 문제들, 악습이 뚫리고 기도 제목들이 응답된다. 즉, 우리 내면에 변화되지 않는 욕심, 욕망 등이 처리되어 거기서 생수의 강이 콸콸 흘러넘친다.

희한하게도 내 속에서 은혜가 넘치면, 그것이 갈증을 느끼는 다른 사람에게 흘러 들어간다. 적당한 정도가 아니라, 물댄 동산처럼 흘러넘친다. 물댄 동산으로, 날마다 솟는 샘물로, 은혜의 저수지가 되어 자신만이 아니라 주변을 적시는 것이다.

요한복음 4장에 등장하는 우물가의 여인은 남편 다섯이 있어도 도무지 갈증이 해갈되지 않았다. 그런데 예수님을 만나서 그 배에서 생수의 강이 터져버렸다. 그 여인의 뱃속에 있는 욕심과 욕망과 허무가 처리되었다. 그렇게 자신을 옥죄였던 목마름이 해갈되고 뻥 뚫려 흘러넘치게 되니, 물동이를 버려두고 마을에 들어가 예수님을 전하게 된다.

영혼의 갈증은 넘쳐서 주변을 적실 때 해갈된다

우리의 깊은 갈망, 목마름은 예수님을 믿고 마셔서 생수를 체험하면 해결되는데, 이것은 나 혼자만으로 만족하는 것이 아니라, 내 속에서 흘러넘쳐서 다른 사람을 해갈할 때 비로소 영혼의 깊은 갈증과 갈망이 멈추고 처리된다. 이것은 정말 가슴에 새겨 평생 붙잡고 살아야 하는 진리이다. 다시 말해, 그리스도인의 깊은 갈망은 자기 혼자 생수를 마심으로써 해결되는 것이 아니고, 내 속에서 생수가 콸 콸 흘러넘쳐 나와 다른 영혼에게 흘러갈 때 비로소 해결되며 참 만 족을 갖게 된다. 이것이 "목마르거든 와서 마셔라", "믿는 자는 목마 르지 아니하리라"라는 말씀의 핵심이다.

그렇기에 "나는 예수님만으로 참 만족을 누립니다. 세상 영광을 다 준대도 주님과 바꾸지 않습니다" 이렇게 고백하는 사람은 절대 로 혼자 잘사는 것, 혼자 잘되는 것으로 만족하지 않는다. 자신을 통 해 수많은 사람이 생수를 경험하게 한다. 그리고 그런 사람만이 자 기 안에 타는 목마름이 해결된다. 이러한 영적 통찰이 없으면 예수 님을 믿어도 결코 어느 수준 이상으로 올라갈 수 없다.

'생수의 강'은 복수형이다. River가 아니고, Rivers이다. 이 강은 '하 나의 강'이 아니다. 영어로 말하면 Rivers of living water, 생수의 '강 들'이다. 이렇게 상상할 수 있다. 한강, 낙동강, 영산강, 대동강, 심지 어 세계적인 강들, 미시시피강, 나일강, 아마존강, 양쯔강, 장강 등 을 모두 합친 것을 생각해보라. 여기에 더하여 나이아가라폭포라든 지, 빅토리아폭포, 이과수폭포 등 모든 것을 합친 것보다도 더 놀라 운, 고갈되지 않는 강이라는 것이다. '강들'이 모여 흘러넘쳐 강력한 파도를 이룰 때, 우리 앞에 떡 버티고 서 있는 벽들을 무너뜨리는 강 력한 폭포수의 역사를 경험하게 된다. 우리를 비겁하게 만드는 모든 것을 무너뜨리는 흘러넘치는 강들의 역사가 일어나는 것이다.

여기에 대해서는 19세기 영국의 청교도 목회자 J. C. 라일이 잘 통찰했다. "성령이 역사하면 그 사람은 은혜를 전달하는 통로인 생 수의 강이 된다. 심지어 회개한 강도도 비록 회개한 후 시간이 짧기 는 했지만 수많은 영혼에게 축복의 근원이 되었던 것이다."

나는 하나님의 은혜를 전달하는 생수의 강이 되고 있는가? 나를 통해 다른 사람이 하나님의 은혜를 받는 축복의 통로가 되고 있는 가? 그렇다면 당신은 성령의 역사를 통해 내면이 변화된 사람이다.

성령의 역사를 통한 근본적인 변화에 대해, 앤드류 머레이는 "성령이 우리 속에서 새로운 영적 생명을 일으키는 것"으로 표현한다. 그리고 찰스 스펄전은 성도의 내면에 일어난 근본적인 변화는 "우리 속에 있는 죄의 뿌리를 성령의 도끼로 찍어 잘라내는 것"이라고 했다. 오늘 성령의 역사가 우리 속에 일어나므로 우리 안에 있는 죄의 뿌리가 끊어지는 놀라운 생명의 역사가 일어나기를 바란다.

성령의 역사를 통해 우리 안에 근본적인 변화가 일어났음을 보여주는 증거

성령은 진리의 영(요 16:13)이시기 때문에 우리 속의 거짓을 고치시고, 성결의 영(롬 1:4)이시기 때문에 부패하고 부정한 것을 깨끗하게 하시고, 생명의 영(롬 8:2)이기 때문에 죄로 화인 맞은 양심을 살리시며, 은혜의 영(히 10:29)이시기 때문에 우리의 부족함을 채워주신다.

성령을 통한 내면의 근본적인 변화에 대해 제임스 패커는 이렇게 정리했다. "내면이 새로워지는 이 중대한 변화를 성경은 출생에 비유한다. 처음에는 속에서부터 달라져 점차 그 변화된 마음이 겉으로 드러난다. 신학자들은 성령의 이 역사를 중생이라고 부른다. 이렇게 성령의 활동으로 새롭게 태어난 그리스도인은 인식과 동기와 삶 전체가 초자연적으로 변한다. 그래서 하나님과 함께, 하나님을 위해, 하나님 아래서, 하나님의 능력으로 새로운 차원으로 살아간다."

사실 죄로 타락한 우리가 하나님을 위하여, 하나님과 함께, 하나님 아래서, 하나님의 능력으로 새롭게 살아간다는 사실 자체가 이미 우리 내면에서 초자연적인 변화가 일어났음을 의미한다. 지금 당신의 마음이 하나님을 위하여, 하나님과 함께, 하나님의 능력으로 살기를 원한다면, 이미 당신의 내면은 초자연적인 변화를 경험하고 있는 것이다.

"누구든지" 그리고 "얼마든지"의 은혜

예수님이 말씀하신 이 강들은 엄청나고 대단하므로 인간의 생각을 뛰어넘는다. 그래서 주님은 "누구든지 목마르거든"이라 말씀하셨다. '누구든지' 즉, '어떤 사람도 예외 없이'이다. 이 안에는 과거에 살인자도, 간통자도, 도둑도, 실패자도, 절망에 빠진 자도, 불만을 가진 자도, 화가 가득한 자도, 자살 직전의 사람도, 마약과 술에 빠진 자도, 감옥에 있는 자도 다 포함된다.

풍성한 생수의 강은 '누구든지'에게 열려 있다. 경험 많은 선교사, 목회자, 풀타임 사역자들처럼 소명받아 생애 전체를 주님 앞에 드린 사람만 받는 것이 아니다. 예수 믿고 구원받고, 이 말씀을 확신하는 사람이라면 누구든지 경험할 수 있다. 생수의 강은 '성령의 보편성'을 보여준다.

오죽하면 구약에서도 예표로 주셨다. 예를 들어, 광야에서 불평 불만하는 이스라엘 백성으로 인해 모세가 힘겨워하자, 하나님께서 모세에게 그의 짐을 함께 담당할 70명의 장로를 회막에 소집시키라 하시고 그들에게도 영을 내리시겠다고 하셨다(민 11:16-17). 그런데 엘 닷과 메닷이란 두 장로가 모세의 명을 거부하고 자기 진영에 머물러 있었는데 그들에게도 하나님의 영이 임해 예언을 했다. 이걸 본 모세의 시종 여호수아가 모세에게 그들을 말려달라고 청했다. 이때 모세가 '성령의 보편성'을 담보하는 위대한 기도를 드렸다.

> "여호와께서 그의 영을 그의 모든 백성에게 주사 다 선지자가 되게
> 하시기를 원하노라"(민 11:29).

모세의 기도는 허공으로 사라진 것이 아니라, 나중에 요엘 선지

자의 "내가 내 영을 만민에게 부어주리니"(욜 2:28) 예언으로 응답되었다. 쉽게 말하면, "여호와께서 그의 영을 그의 모든 백성에게 주사"라는 모세의 꿈같은 기도가 응답된다. 그리고 이 기도는 오순절 성령 강림 때 예루살렘에서 현실이 되었다. 사도 베드로는 오순절 성령 강림 사건을 설교하며 요엘서 말씀("말세에 내가 내 영으로 모든 육체에게 부어주리라", 욜 2:28 이하)을 인용해 설명했다. 성별, 사회 위치, 직분, 나이, 인종과 국가, 시대, 형편에 상관없이, 어떤 상황에서도 '누구든지'이다.

이 내용은 사실 충격적이다. 그래서 "성령의 선물을 받으리니 이 약속은 … 주 우리 하나님이 얼마든지 부르시는 자"(행 2:38-39)에 대한 것이라고 했다. 얼마든지, 누구든지의 은혜이다. 이 말씀에 대해 영안이 열리고, 귀가 열리는 사람이라면 '누구든지'에 해당된다.

이 영광스러운 말씀이 바로 나 자신의 말씀이 되려면 두 가지 기도를 드려야 한다.

"흘러넘치는 생수의 강으로 나를 온통 지배하여 주십시오"

"생수의 강을 통해 나를 온통 장악하여 주십시오. 성령님께서 오셔서 나를 완전히 지배해주십시오." 성령의 지배성과 장악성에 관한 것이다. 나를 50, 60퍼센트가 아니라, 100퍼센트 완전히 장악해달라는 것이다.

이 지배의 문제를 언급하면 늘상 나오는 이야기가 있다. 젊은이들은 성령께서 100퍼센트 지배하시면 자신이 누리던 즐거움이 없어질까 염려하고, 어떤 사람은 성령이 나를 지배하면, 꼭두각시 노릇을 할 것 같아 불편해한다. 성령님이 나를 지배하시면 인생의 즐거움이 다 사라지고, 손해 보는 게 아닌가 생각하는데, 사실은 정반대이다. 성령께서 나를 장악하시는 순간, 세상과 나는 간곳없고 하늘의 영광을 누리게 되고, 주가 나와 동행하시면서 나를 친구 삼으심으로 내가 받은 은혜를 세상 사람은 알지 못하는 놀라운 일이 벌어진다.

주님이 주시는 기쁨은 세상 즐거움과는 비교가 안 된다. 세상은 아무리 즐겁고 좋은 것을 다 해도 결국 또다시 목마르다. 바닷물을 마시는 것처럼 계속 목마르다. 이 세상의 모든 즐거움은 아무리 즐거워도 결국 또 다른 갈증을 부를 뿐이다. 그런데 생수의 강들이, 한두 방울이 아니라 압도적으로, 강둑을 무너뜨릴 만큼 충만하게 임하면, 그때부터 완전히 새로운 차원이 열리게 된다.

성령께서 우리를 지배하시면 넘침의 은혜를 받는다. "생수의 강이 흘러넘친다"라고 하셨다(38절). 그렇다. 신앙은 흘러넘쳐야 한다. 비축만 하면 안 되고 흘러넘치게 하는 것이다. "나 스스로 만족하는 것"과 "내게서 흘러넘치는 것"은 다르다. 축적이나 비축이 아니라 흘러넘치는 은혜를 받아야 한다. 우리 속에서 흘러넘치는 은혜를 통해 기가 막힌 일이 일어난다.

"광야에서 물이 솟겠고 사막에서 시내가 흐를 것임이라. 뜨거운 사막이 변하여 못이 될 것이며 메마른 땅이 변하여 원천이 될 것이[다]"(사 35:6-7).

광야에는 물이 없고 사막에는 길이 없다. 그런데 어린양의 보좌 아래로 흐르는 생명수의 강이 흘러넘치면 광야에 물이, 사막에 길이 생긴다. 그러므로 우리는 흘러넘치는 생수의 강이 나를 지배해달라고 기도해야 한다.

"주여, 나를 제한 없이 사용하여 주옵소서"
이것은 우리 속에서 흘러넘치게 되면 자연스럽게 나타나는 기도 제목이다. 믿음의 용량이 커지는 기도를 하게 된다. 성령의 장악이 있는 곳에는 희한하게도 우리 입술에서, 심령에서 이런 기도가 흘러나온다.

"주여, 나를 제한 없이 사용하여 주옵소서. 나는 비록 연약하고 부족하지만, 생수의 강을 흘러넘치게 주시는 주님은 모자라지 않사오니 나를 사용하옵소서. 나는 모자라고 부끄러운 것 많지만, 의존과 순종의 관계를 통해 생수의 강이 흘러넘쳐 무한하신 자원에 참여하여, 사도성을 계승할 수 있도록 나를 제한 없이 사용해주옵소서."

이럴 때 내 뱃속에서 뻥 뚫리는 영적 스파크가 일어난다. 우리 내면이 바뀌게 된다. 우리의 진짜 문제가 근본적으로 해결되는 역사가 일어난다. 은혜의 만조를 경험하게 되고, 그야말로 천수답(天水畓)이 아니라 관수답(灌水畓) 인생이 된다.

예수님을 마심으로 내 배에서 흘러넘치는 생수의 강을 소원하는 자의 기도

분주하고 갈급하고 메마른 세상 속에서, 온전한 의존과 온전한 순종을 통해 무한하신 생수의 강에 참여하게 하여주옵소서. 생수의 강이신 예수님으로 인하여 우리 안에서 생수의 샘이 콸콸 흘러넘치게 하사 이 생수를 혼자만 경험하지 말게 하시고, 내 안에 있는 욕심과 욕망과 허무를 처리해주셔서, 주위에까지 폭포수 같은 생수의 강이 흘러넘치게 하옵소서.

21

기쁨의 부흥을
갈망하다

느헤미야 8:9-12

교회 안에는 세 종류의 그리스도인이 있다. 첫째, 많이 아는 그리스도인(informed christian)이다. 주로 어릴 적부터 신앙생활하고, 모태 교인으로 주일학교에 착실히 출석하면서 풍부한 성경 상식을 가지고 있다. "성경이 몇 장"이냐고 하면 1,189장, "성경에서 절수가 가장 긴 곳이 어디냐"라고 물으면 시편 119편이라고 대답한다. 심지어 성경 유머에도 능하다. "성경에서 백인들만 사는 곳이 어디냐"라고 하면 '흰놈의 골짜기', "성경의 왕 중에서 가장 빨리 왕이 된 사람이 누구냐"라고 하면 '바로 왕', "가장 비참하게 죽은 사람이 누구냐"라고 물으면 '압살롬'이라고 지체 없이 대답한다. 성경 퀴즈 대회를 하면 곧잘 1등을 한다. 그런데 "생명과 변화, 기쁨의 역사"에는 동참하지 못하는 사람이다. 이런 분들에게 전도하라고 하면 벌벌 떤다.

둘째, 동화된 그리스도인이다(confirmed christian). 장로교회나 순복음교회 등 어떤 특정 교단이나 교회 문화에 최적화된 사람이다. 어떤 교단이나 교파에 몇 대에 걸쳐 교적(教籍)을 두는 오랜 신앙 이력을 가지고 있지만, 정작 그리스도인으로서 참된 변화나 성령의 역사를 경험하지 못하는 부류이다.

셋째, 변화된 그리스도인이다(transformed christian). 이들에게는 로마서 12장 2절 말씀이 가슴에 박혀 있다. 그래서 하나님의 뜻이 무엇인지 알고 순종하는 사람들이다. "너희는 이 세대를 본받지 말고 오직 마음을 새롭게 함으로 변화를 받아 하나님의 선하시고 기뻐하시고 온전하신 뜻이 무엇인지 분별하도록 하라." 세상 사람들은 그리스도인에게서 신령한 기쁨과 생명의 능력으로 변화된 모습을 보기 원한다.

목회자로서 심히 궁금한 것이 있다. 신앙 이력이 30년이 되고 오랫동안 신자로서 예배를 드렸는데, 30년을 예배드린 사람에게 삶의 변화와 기쁨과 능력이 과연 있는가? 낚시 30년을 다닌 사람은 낚시에 고수가 되어 있고, 어떤 운동을 30년 하면 그 분야에 선수 못지 않은 기량을 보이는데, 30년 신앙생활하면서 신앙인의 변화와 향기가 없다면 도대체 어떻게 된 일인가?

변화된 그리스도인은 말씀에 대한 태도가 다르다. 하나님의 말씀에 깊이 귀를 기울이며(3절) 율법책을 펼 때 일어서고, 하나님을 송축할 때 두 손을 들고 아멘으로 화답하며 몸을 굽혀 얼굴을 땅에 대고 하나님을 경배한다(느 8:5-6). 하나님의 말씀을 존귀하게 여기는 진실한 자세를 보인다. 한마디로 변화된 그리스도인은 말씀의 능력을 체험한 사람이다.

"모든 백성이… 크게 즐거워하니 이는 그들이 그 읽어 들려준 말을 밝히 앎이라"(12절). 본문은 이처럼 말씀의 능력을 체험한 사람에게 나타나는 두 가지 특징을 보여준다.

말씀 앞에 서서 울다

백성은 하나님의 율법책을 들으면서 울었다. "백성이 율법의 말씀을 듣고 다 우는지라"(9절). 왜 말씀을 듣고 울었을까? 살아 있고 능력 있는 말씀 앞에서 자신을 돌아보니, 자신의 연약함과 한계, 부족함 때문에 하나님을 제대로 섬기지 못한 과거의 죄악이 가슴에 와 닿아 그 회한으로 울었을 것이다. 그럼에도 자신들을 바벨론 포로에서 예루살렘으로 다시 인도하신 하나님의 은혜와 긍휼에 감격하여 감사의 눈물을 흘렸을 것이다.

인간은 하나님의 말씀으로 창조된 존재이기에 오직 말씀 앞에서만 진정한 모습을 깨닫고 이해할 수 있다. 인간은 말씀 외의 것으로는 결코 본연의 모습을 파악할 수 없다. 말씀이 "우리의 혼과 영과 관절과 골수를 쪼개고 마음의 생각과 뜻을 판단"(히 4:12)하여 하나님 앞에서 만물을 벌거벗은 것같이 다 드러내기 때문이다(히 4:13). 그렇기에 말씀을 제대로 깨달으면 자신의 부끄러운 모습에 눈물이 나오고 자기 죄의 행적 때문에 회개가 나오는 것이다.

본문과 비슷한 상황이 에스라 10장 1절에 나온다.

"에스라가 하나님의 성전 앞에 엎드려 울며 기도하여 죄를 자복할 때에 많은 백성이 크게 통곡하매 이스라엘 중에서 백성의 남녀와 어린아이의 큰 무리가 그 앞에 모인지라."

남녀노소 모두가 말씀의 거울에 자신을 비추어 죄악 된 모습을 보고 회개의 눈물을 흘리는 것이다. 한 주 혹은 한 달이 지나도 말씀의 도전에 찔리거나 반응이 없다면 문제가 있는 것이다. 좌우에 날선 어떤 검보다 예리한 살아 있는 말씀이 혼과 영과 관절을 찔러 쪼개는데도 아무런 반응이 없다면 그 심령은 죽은 것과 다름없기 때문이다.

우리가 말씀 앞에 서야 하는 이유가 무엇인가?

사탄은 말씀 앞에서 무장 해제되기 때문이다. 이것은 칼을 든 강도가 공격하다가 총을 꺼내면 도망하는 것과 같다. 우리가 무엇으로 사탄을 대적할 수 있을까? 하나님의 살아있는 말씀으로만 맞설 수 있다. "죄악의 왕이 아무리 흉악해도 우리를 조금도 해치지 못하도다. 왜인가? 그의 멸망이 결정되었으니 한 마디 주의 말씀으로도 쓰러뜨릴 수 있도다." 루터의 말이다.

또한, 말씀의 저울 위에서 우리 삶을 재평가할 수 있기 때문이다. 지금 내가 진정으로 의미 있는 삶을 살고 있는지를 무엇으로 알 수 있을까? 그리스도인은 오직 말씀의 저울 위에서만 삶의 무게를 잴 수 있다. 가끔 보면 자신이 하나님을 위해 얼마나 큰일을 했는지 드러내는 사람이 있다. 그런데 말씀 앞에 서면, 내가 하나님께 큰일을 해드리는 것이 아니라, 하나님이 나를 위해 큰일을 하신 것을 각성하게 된다.

그리고 세상이 씌운 가면을 벗기 위해서이다. 본회퍼는 우리가 말씀 앞에 서야 하는 이유는 세상이 우리에게 씌운 가면을 벗기 위해서라고 했다. 세상은 늘 가장무도회를 열고 있는데, 말씀 앞에 서지 않으면 그 가면을 쓴 채 이상한 깃을 달고 분장한 상태로 살아가게 된다고 말한다. 지금 당신은 세상이 씌운 가면에 자신을 숨기며 살고 있지는 않은가?

말씀의 기쁨으로 다시 서다

9-11절에 "오늘은 성일(聖日)이니"이라는 말이 여러 번 나오는데, "오늘은 성일이니, 슬퍼하지 말고, 근심하지 말라"라고 말씀하신다. 왜 그러한가? "여호와로 인하여 기뻐하는 것이 너희의 힘"(10절)이기 때문이다. "여호와로 인하여 기뻐하는 것"은 다른 말로 하면, "여호와께서 주시는 기쁨"으로 사는 것을 의미한다. 하나님께서 그의 백성을 위해 예비하신 기쁨이다.

참된 눈물을 통과한 영혼의 창에는 이제 기쁨의 빛이 들어오기 시작한다. 축복된 말씀의 창을 통해 자신을 돌아보고 회개의 눈물로 더러운 것이 닦여질 때, 나도 모르게 기쁨과 감격의 빛이 들어온다. 진정 통회하고, 죄책감을 처리하고 자신을 하나님 앞에 돌아보면 기쁨이 생긴다.

왜 기쁨이 생기는가? 용서받은 기쁨, 보혈의 능력을 통해 얻게 된 기쁨이다. "예수의 흘린 피, 날 희게 하오니" 찬양할 때 자연스럽게 회복되는 기쁨이다. 자기의 죄에 대해 애통하는 자가 하나님이 주시는 위로 덕분에 생긴 기쁨이다. "애통하는 자는 복이 있나니 그들이 위로를 받을 것임이요"(마 5:4).

왜 기쁨이 생기는가? 구원받은 기쁨이다. "여호와의 속량함을 받은 자들이 돌아오되 노래하며 시온에 이르러 그들의 머리 위에 영영한 희락을 띠고 기쁨과 즐거움을 얻으리니 슬픔과 탄식이 사라지리로다"(사 35:10). 구원하신 궁극적인 결과가 영영한 희락을 띠고 기쁨과 즐거움을 얻는 것으로 나타난다. 슬픔과 탄식이 사라지고 영원한 기쁨을 누리는 것, 이것이 피조물 된 우리가 구원받은 중요한 목적이다. 그래서 예수님을 믿고 구원받은 우리는 슬픔과 탄식 가운데서도 이 기쁨을 놓치지 않는다.

왜 기쁨이 생기는가? 예배하는 기쁨이다. "여호와를 경외함으로 즐거움을 삼을 것이며"(사 11:3). 성도는 하나님을 경외함으로 즐거워하게 된다. 우리 삶에 수많은 고난이 밀려드는 현실 속에서도, 하나님을 예배하면 진정한 기쁨이 우리 속에서 샘솟는 것이다.

이렇게 말하면, "좋은 게 있어야 기뻐하지, 상황이 힘들고 감정이 안 따라오는데 어떻게 좋을 수 있습니까?"라고 묻는 분들이 있다. 우리는 바울이 옥중에서 썼던 "주 안에서 항상 기뻐하라. 내가 다시 말하노니 기뻐하라"(빌 4:4)라는 말씀과, 흩어져 있는 신자들에게 야고보가 명령한 "여러 가지 시험을 당하거든 온전히 기뻐하라"(약 1:2)라는 말씀을 다시 한번 깊이 들여다보아야 한다. 이 두 구절에 흐르는 맥락은 같다. 기뻐할 수 없는 상황에서도 기뻐하라는 것이다. 그럴 때 성령님께서 우리를 도우셔서 기쁨으로 인도하신다(롬 15:13).

영적 즐거움을 추구하라

나이가 들고 몸이 쇠약해질수록 우리는 청교도 목사 리처드 백스터로부터, 영적인 즐거움을 구하는 노력을 게을리하지 말아야 하는 이유를 배울 수 있다. 그는 이렇게 기도했다. "성도들의 분깃과 평안이 되시는 살아 계신 하나님, 우리의 세속적인 마음을 영적으로 만드시고, 세상에 속한 마음을 하늘에 속한 마음으로 바꾸어주셔서, 주를 사랑하고 주를 기뻐하는 것이 우리 인생의 과업이 되게 하소서."

J. I. 패커는 백스터의 삶의 원동력을 이렇게 묘사했다. "하늘에 대한 소망이 그에게 기쁨을 가져다주었고, 그 기쁨은 힘을 주었다. 그전에 살았던 요한 칼빈과 그 후에 살았던 조지 휫필드도 그러했으며, 사도 바울도 그러했을 것이다. 그는 하나님이 주신 기쁨으로 놀라울 정도로 열심히 일할 수 있었고, 한 사람의 생애에서 가능할 것 같지 않은 많은 일을 해낼 수 있었다."

하나님 안에서 즐거움을 추구하면 인내하는 힘을 얻을 뿐만 아니라 천국으로 가는 우리 여정에서 사탄의 세력을 이길 수 있는 열쇠가 되기도 한다. 청교도 목사 매튜 헨리의 말이다. "주를 기뻐하는 것은 영적인 대적의 공격에 대하여 우리를 무장시키며, 사탄이 미끼로 유혹하는 쾌락을 맛보지 않도록 우리 입을 지켜줄 것이다."

"여호와를 기뻐하는 것이 너희의 힘이라"

"여호와로 인하여 기뻐하는 것이 너희의 힘"이라는 구절에는 "기쁨의 근원은 내 형편과 상황이 아닌 하나님"이라는 의미가 담겨 있다. 중요한 것은 '힘'이라는 단어의 의미다. 힘에 해당하는 히브리어는 '마오즈'(מָעוֹז)인데, "요새, 피난처, 보호자"라는 뜻이 있다. 그러니 느헤미야가 이렇게 외치는 셈이다. "여러분에게 피난처가 있다. 성곽이 있다. 요새가 있다. 참 힘이 있다."

당신의 인생을 무엇으로 보호할 수 있을까? 피난처와 요새가 될 것은 무엇인가? 세상은 이러저러한 것을 말하겠지만, 그리스도인에게는 '하나님을 기뻐하는 것'에 달려 있다. 하나님 자체가 기쁨이므로, 우리가 하나님을 우리의 성곽, 피난처, 요새, 보호, 힘으로 믿고 살면 삶의 어떤 환경에서도 기쁨을 놓치지 않을 수 있다.

지금 모든 근심을 던져두고, 대신 그 기쁨의 성채 안으로, 기쁨의 집으로, 기쁨의 요새 안으로 들어가라. 그럴 때 주님이 우리의 기쁨의 피난처가 되실 것이다.

눈물도, 참회도, 거룩한 두려움도 다 좋고 귀한 것이지만, 기쁨 없이 두려워하고, 기쁨 없이 눈물만 흘린다면 진정한 요새가 되어주지 못한다. 그런 의미에서 결국은 하나님 자체를 기뻐하는 것이 진정한 우리의 피난처, 요새가 된다.

나이가 들고 육신의 몸이 힘을 잃어갈수록 우리는 이 땅의 육신의 힘, 자연적인 힘 정도가 아니라 영적인 즐거움으로부터 힘을 얻는 지혜가 필요하다. 이것을 위해 마음도 쓰고 노력하며 배워야 한다. 하나님을 기뻐하는 것이 인생의 가장 중요한 자원이 되도록 해야 우리에게 주신 사명을 끝까지, 한결같이 지치지 않고 감당할 수 있다.

지난 40년 목회 생활을 돌아보면 몸이 지치고 마음이 괴로워 힘든 적은 있지만, 이상하게 그 와중에도 내면에 근본적으로 '희락의 강'을 놓치지 않았다. 많은 분이 "오 목사, 사역의 비결이 뭔가요?" 물었을 때, 좋은 평신도 지도자를 만나고, 시대정신에 예민하기도 한 것을 들 수도 있지만, 근본적으로는 하나님의 크신 은혜로 어려운 시기에도 기쁨을 잃지 않았다는 것이 사역의 가장 큰 비밀이라고 생각한다.

세상은 결코 기뻐할 수 없는 상황에서도 그리스도인은 기뻐할 수 있는 이유는 무엇인가?

사도 바울은 자신을 죄인 중에 괴수라고 하면서 주님 앞에 거룩한 슬픔을 가졌지만, 환난 중에도 즐거워한다고도 했다. 그 이유는 환난 속에서도, 인내 속에서도 소망을 놓치지 않기 때문이다(롬 5:3-4). 인내와 연단과 소망의 집합체가 십자가이다. 환난 중에서 "십자가의 깊은 비의(秘意)"를 깨닫게 되니 기뻐하는 것이다. 환난 중에서도 하나님의 영광을 바라보게 되기 때문이다.

이렇게 주님을 기뻐할 때, 그 기쁨이 우리의 피난처가 되고 성곽이 되고 요새가 되어 모든 영적 전쟁과 사탄의 공격으로부터 우리를 놀랍도록 보호하실 것이다.

기쁨이 먼저인가? 소원이 먼저인가?

이것은 우리가 기쁨에 대해 생각할 때 점검해야 할 중요한 질문이다. 기쁨이 먼저인가, 보호가 먼저인가? 기쁨이 먼저인가, 소원이 먼저인가? 다른 말로 하면, 하나님이 나를 보호하시므로 기뻐하는가? 하나님이 내 소원을 들어주시므로 기뻐하는가? 아니면 내가 하나님을 기뻐하므로 보호를 받는가? 내가 하나님을 기뻐하므로 소원을 이루어주시는가?

이 질문은 그리스도인이 이 땅을 살아가는 데 매우 중요한 삶의 기준을 제시한다. 대부분 그리스도인은 하나님이 나를 보호하시므로 기뻐하는 수준에 머문다. 하나님이 내게 무엇을 해주시니까, 그로 인해 하나님을 기뻐하는 것이다. 그런데 성경은 우리에게 다른 차원의 우선순위를 말씀한다.

"여호와를 기뻐하라 그가 네 마음의 소원을 네게 이루어 주시리로다"(시 37:4).

이 세상은 소원이 기쁨보다 앞서지만, 성경에서는 기쁨이 소원보다 선행한다. 소원이 기쁨보다 앞선다는 것은 내 소원이 이루어지니까 기뻐하는 것이다. 세상에서는 합격하니까 기뻐하고, 승진하니까 기뻐한다.

그런데 성경은 다르다. 성경은 주님 안에서의 순전한 기쁨이 소원보다 선행한다. "내가 예수님 안에서 얼마나 기뻐하느냐"가 내 소원이 얼마나 이루어지느냐를 결정하는 것이다. 기뻐하는 것이 내 소원을 좌우하는 것이다. 그런데 우리는 이 원칙을 너무도 자주 반대로 사용한다. 예를 들어, 성경학자들은 사라가 나이 많았음에도 임신해서 웃었다고 말하는데, 레너드 스윗은 "사라가 웃었기 때문에 나이 많아도 임신할 수 있었다"라고 재미있게 해석하기도 했다.

여호와를 기뻐하는 것이란 무슨 뜻일까?

찰스 스펄전은 "하나님을 기뻐한다는 것은, 기쁨의 원천이신 예수 님, 즉 기쁨의 바다의 가장 깊은 심연 속으로 몸을 던지는 것"이라 고 표현했다. 이것은 예수님이 내게 무엇을 해주시면 기뻐하는 수준 이 아니라, 내가 마주하는 상황과는 상관없이 예수님이라는 기쁨의 바닷속으로 몸을 던지는 것이다. 스펄전은 여기서 한 가지를 덧붙인 다. "성도 여러분, 무덤에서 나오십시오. 예수님은 거기에 계시지 않 는데 여러분은 왜 거기 있으려고 합니까?"

많은 사람은 자신이 직면한 어려운 환경이 해결되면 주님을 기뻐 할 것이라고 말한다. 그래서 어려운 환경이 해결될 때까지 무덤 같은 속에서 머물며 고군분투한다. 하지만 순서가 틀렸다. 먼저 기쁨이신 주님께 자신을 던지면 그다음은 주님께서 인도해주시는 것이다.

당신을 답답하게 하는 무덤에서 나오라. 예수님이 무덤 속에 계시 지 않는데, 왜 계속 거기에서 우울해하는가? 예수님 때문에 무덤에 서 나오면, 다시 기뻐하게 될 것이다. 예수님 때문에 웃게 될 것이다.

우리 생애에서 신앙의 순전함을 갖고, 어떤 불순물도 끼지 않고 하나님을 기뻐하는 경험을 언제 해볼 수 있겠는가? 하나님만을 기 뻐하는 순전함을 회복하라. 자다가도 일어나서, 〈나의 소망 나의 기 쁨 되시며〉, 〈주 예수보다도 귀한 것은 없네〉 찬송을 읊조려보라. 주 님 이외에 다른 것을 추가하지 말고 주님 자체로 기뻐하자.

예를 들어, 한 남자가 약혼녀에게 약혼반지를 주었는데, 약혼녀가 반지를 준 약혼자보다 그 반지를 더 좋아한다면 그것은 남자를 진심으로 사랑하는 것이 아니다. 우리가 선물을 주신 하나님보다 선물을 더 사랑하고 있다면 그건 하나님의 자녀 된 모습일 수 없다. 하나님께서 주신 것을 즐기느라 기쁨을 주신 하나님을 잊어버리고 있다면 심히 안타까운 것이다.

목회자로서 나에게는 소망이 있다. 성도들이 바울처럼 진짜 기쁨을 얻도록 돕는 것이다. "너희 기쁨을 돕는 자가 되려 함이니"(고후 1:24). 가정의 가장들이여, 다락방의 순장들이여, 주일학교의 교사들이여! 가족이, 순원이, 학생이 기쁨으로 가득할 수 있도록 그들의 기쁨을 돕는 자가 되자. '기쁨을 돕는 자'로 사는 것, 생각만 해도 가슴 뛰는 사명이다.

우리가 제자훈련 할 때, 늘 하는 얘기가 있다. 예수님 믿기 전에 인생 바다는 가끔 즐거움이 출렁이는, "슬픔의 깊은 바다"이다. 그런데 예수 믿고 은혜를 받아 예수님 자체로 기뻐하면 인생 자체가 "기쁨의 깊은 바다"가 된다. 우리에게도 당연히 슬픈 일이 일어난다. 그런데 기쁨의 깊은 바다에 슬픔의 파도가 약간 찰랑거릴 뿐이다. 갓난아기는 하루에 400번 웃는데, 어른은 15번 정도 웃는다고 한다. 자신과 환경을 보면, 하루에 15번도 웃기 힘들 수 있지만, 순전하게 하나님을 바라본다면 어린아이처럼 400번을 웃을 수 있다. 보통 어른들보다 30배 더 기뻐할 수 있다. 이것이 생활 속에서 "여호와를 기뻐하는 것이 우리의 힘"(10절)이라는 의미이다.

신앙생활은 억지로 되지 않는다. 소가 코뚜레에 코가 뚫려 잡혀 끌려가는 것처럼 어떻게 그렇게 하겠는가? 우리에게 고난도 있고 어려움도 많지만, 그걸 능히 이겨낼 만한 주님과 나만이 아는 은밀한 기쁨이 있어야 신앙생활을 잘할 수 있다. 여호와로 인하여 기뻐하라! 이것이 거친 인생길에서 어떤 상황에서도 기쁨의 미소를 잃지 않는 유일한 길이다.

피조물의 행복은 어디에 있는가?

피조물의 행복은 어디에 있는가? 바로 하나님께 순종하는 데 있다. 시편 기자는 "그에게 수종 들며 그 뜻을 행하는 모든 천군이여, 여호와를 송축하라"(시 103:21)라고 외쳤다. 하늘의 천사들이 완전한 자유와 최고의 행복을 맛볼 때는 하나님의 말씀에 순종할 때이다.

시편 말씀은 하나님을 예배하고 그 뜻에 순종하는 것이 천군 천사에게는 최고의 기쁨임을 너무도 박진감 있게 보여준다. 세상은 지금도 온갖 종류의 행복을 찾기 위해 혈안이 되어 있다. 자기 행복을 위해 남을 짓밟는 일도 허다하다. 그러나 성경은 분명하게 말씀한다. 하나님을 수종들며 그 뜻을 행하는 것이 완전한 기쁨의 원천이라고! 수종든다는 것은 예배한다는 것이다. 진정으로 행복하길 원하는가? 예배의 자리에서 벗어나지 말라. 그리고 하나님의 뜻을 행하라. 그러면 어떤 상황에서도 하나님을 찬양하는 기쁨, 감사, 감격이 샘솟는다.

순종이 기독교의 기본인데, 순종도 그냥 되는 것이 아니다. 기쁨의 기름이 흘러야 '순종의 바퀴'도 잘 굴러간다. 탁월한 복음주의 신학자 D. A. 카슨은 "예수님은 아버지께 순종하셨으므로 완전한 열매를 맺는 기쁨을 체험하셨다"라고 말했다. 예수님께서 성부 하나님의 뜻대로 십자가를 지는 순종을 하셨기에 영원한 기쁨을 얻으셨음을 의미한다(히 12:2). 반면에 세상과 조금씩 타협하고 불순종의 삶을 살아가면 우리의 기쁨은 무력화될 것이다.

개혁주의 신학자이자 목회자인 싱클레어 퍼거슨은 "우리는 오직 순종 가운데서만 하나님 뜻의 가장 위대한 기쁨을 발견할 수 있다"

라고 말했다. 즉, 순종하지 않으면 하나님께서 그 뜻 속에 간직하고 계신 궁극적 기쁨을 찾아낼 수 없다는 것이다. 카슨이나 퍼거슨 모두 순종과 기쁨은 동전의 양면처럼 같이 간다고 말한다.

우리가 하나님의 뜻에 순종하면 기쁨이 온다고 말할 때, 그 기쁨은 어떤 기쁨인가?

그저 만사형통할 때 오는 기쁨인가? 데이비드 플랫이 가슴 뛰는 표현을 했다. "복음에 토대를 둔 순종은 복음으로 충만한 기쁨을 낳는다." 우리는 말씀에 순종할 때, 우리가 받는 기쁨은 세상적인 축복에서 오는 기쁨보다는 복음으로 충만한 기쁨이다. 복음으로 충만한 기쁨은 나 혼자 잘 먹고 잘사는 기쁨이 아니라, 생명을 살리는 기쁨, 내 영혼이 사는 기쁨, 다른 사람을 살리는 기쁨, 나아가 가정이 사는 기쁨, 공동체가 사는 기쁨이다. 이것이 진짜 기쁨이다.

순종이라는 바퀴가 잘 굴러가려면 반드시 기쁨이 함께해야 한다. 매튜 헨리는 "거룩한 기쁨은 순종이라는 바퀴의 기름이 된다"라고 말했다. 기쁨이 없는 그리스도인에게는 하나님의 뜻을 행하는 것이 고되고 무거운 짐처럼 느껴지지만, 기쁨을 누리는 사람에게는 하나님 뜻을 행하는 순종의 바퀴가 기쁨의 윤활유로 인하여 즐거움의 여정이 될 것이다. 이런 점에서 순종과 기쁨은 선순환 관계다. 기쁨이 있으니 즐겁게 순종할 수 있고, 하나님의 뜻에 순종하니 기쁨이 있고, 기쁨이 있으니 더 순종한다. 계속 선순환이다. 기쁨은 우리에게 순종하도록 거룩한 동기를 부여한다. 이런 점에서 순종은 의무를 넘어 하나님의 사랑과 은혜에 대한 기쁨에 찬 응답이라고 할 수 있다.

기쁨의 동력인 순종도 배워야 잘할 수 있다

순종을 통해 하늘의 기쁨을 누릴 수 있음을 안다고 해도 이러한 지식이 우리를 곧바로 순종으로 이끄는 것은 아니다. 왜 그리스도인은 어려운 상황에서 끌려가듯 순종하지 않아야 하는가? 그 이유를 예수님의 삶이 보여준다.

수영은 지식으로 배우는 것이 아니라 반드시 물에서만 배울 수 있듯, 순종도 하나님의 뜻을 행하고 경험함으로 배울 수 있다. 그런데 순종의 문으로 들어가는 가장 큰 걸음은 자신의 뜻을 꺾는 것에서 시작한다. 예수님은 십자가의 잔이 지나가길 원하셨지만, 하나님의 뜻에 순종하기 위해 자기 뜻을 꺾으셨다(마 26:39). 찰스 스펄전의 말이다. "순종을 배우는 최고의 길은 고난의 학교에 입학하는 것이다. 고난은 순종을 배우는 최고의 학교이다. 그래서 히브리서 기자는 히브리서 5장 8절에서 예수님도 고난으로 순종함을 배웠다고 말씀했다. 순종은 그리스도인의 삶을 완성하는 마지막 황금열쇠이다."

성경은 예수님조차도 "순종함을 배워서 온전하게 되셨은즉"(히 5:6-7)이라고 말한다. 예수님도 순종을 통해 온전하게 되셨다면, 우리는 어떠하겠는가. 순종 없는 성화, 순종 없는 온전한 신앙생활은 불가능하다. 진정으로 신앙생활을 잘하고 싶은 열망이 있다면 순종의 문으로 들어가야 한다. 그리스도인이 어려운 상황을 만났을 때 끌려가듯 순종하는 것이 아니라, 감사한 마음으로 순종해야 하는 이유는 순종을 통해 우리 신앙생활이 더욱 온전해지기 때문이다.

예수님은 고난 속에서 직접 경험하며 순종을 배우셨다. 그렇다면 힘겹게 삶의 길을 걷는 우리가 주님의 온전한 순종을 배우기 위해서는 어떻게 해야 할까? 바로 순종의 길을 잘 아시는 분을 의지하며 그분의 인도를 따라 예수님과 함께 걸어 갈 때, 주님의 순종을 배워 나갈 수 있을 것이다.

일평생 하나님을 나의 힘이요, 기쁨으로 살기를 소원하는 자의 기도

하나님 아버지! 거룩하신 말씀 앞에서 머리끝부터 발끝까지 나의 죄 때문에 애통하며 울게 하시고 통곡하게 하여주옵소서. 깊은 환난 가운데서도 인내와 소망의 십자가를 바라보며 기뻐하게 하여주옵소서! 압도적이고 선제적인 기쁨으로 미래를 힘차게 열어가는 부흥의 고속도로를 활짝 열게 하여주옵소서.

22

성령을 한량없이
부어주시리라

요엘 2:28-30

삶의 모든 것이 무너졌을 때, 세상은 먼저 자기를 추스르며 전문가를 찾고 새로운 관점으로 상황을 보라고 말한다. 우리는 하늘의 시민권을 가진 그리스도인이다. 그럼에도 인생의 큰 문제 앞에서 우리 생각이 세상의 그것과 같지는 않는가? 인생의 벼랑 끝에 선 당신의 머리에 떠오르는 탈출구는 무엇인가? 성경은 어떤 상황에서도 그리스도인답게 살아가는 분명한 길, 세상은 상상조차 할 수 없는 방식을 보여준다.

요엘 선지자는 신약시대를 사는 모든 사람을 위해 엄청난 말씀을 예언했다. 세상의 모든 역사는 태초부터 삼위 하나님의 역사이기에 특정한 시기를 삼위 하나님 중에서 한 위격에 국한해 말하는 것은 적절하지 않다. 하지만 우리가 성경을 읽으며 구약시대에는 성부 하나님, 신약시대에는 성자 예수님, 교회시대에는 성령 하나님을 더욱 뚜렷하게 느끼는 것도 사실이다. 요엘은 본문에서 머지않아 성령 하나님께서 이전과는 다른 모습으로 임할 것을 예언한 것이다.

그렇다면 요엘이 예언한 성령의 사역은 이전과는 어떻게 다른가? 구약시대 성령의 사역은 제한적이었다. 제사장이나 선지나, 왕 혹은 모세 시대의 70인 장로처럼 제한적으로 임했다. 그러나 요엘은 지위고하를 구분하지 않고, 남녀노소 차별 없이 모든 이들에게 제한 없이 임하는 성령의 새로운 사역을 예언하고 있다. 본문에 나타나는 요엘의 예언은 신약의 종말 시대를 사는 우리에게 형언할 수 없는 축복된 말씀이다. 이 말씀에 눈이 열리면 하나님의 자녀 된 우리가 이 땅에서 어떤 상황에서도 그리스도인답게 사는 능력을 붙잡을 수 있을 것이다.

종말의 시대에 역사하시는 성령님

28절은 "그 후에"로 시작되는데, 사도행전 2장에서 베드로 사도가 요엘서 말씀을 인용하면서 본문의 "그 후에"를 "말세에"라고 했다. 그러니 이 말씀은 과거의 기록이 아니라, 지금 말세를 사는 우리에게 주시는 말씀이다.

말세에 주신 말씀이 무엇인가? "내가 내 영을 만민에게 부어 주리니"(28a절)

첫째, "내가"는 하나님의 절대 주권을 의미한다. 하나님이 주시는 것이다.

둘째, "내 영을"은 "하나님의 영, 성령님, 즉 인격적 성령님"을 의미한다. 성령님의 인격성을 통해 말씀을 통한 임재, 말씀을 통한 깨달음, 말씀을 통한 변화를 주시는 것이다.

셋째, "부어"는 한두 방울이 아니라, 아낌없이 쏟아붓는 것을 의미한다. 하나님의 충만하심을 말씀하는 것이다.

넷째, "주리니"는 하나님의 간절한 의도, 우리 식으로 말하면 '선한 목자의 심정'으로 주시는 것이다. 여기에 하나님의 결심, 하나님의 심정이 나타난다.

그러므로 이 구절은 참으로 위대하고 영광스러운 선언이다. "절대 주권자이신 하나님이 인격적인 성령을 목자의 심정으로 아낌없이 부어주겠다"라는 선포이기 때문이다. 이 말씀은 우리 삶에 '변화의 불'이 떨어지게 하는 '대선언'이요, 신성한 '마그나 카르타'(Magna Carta)라고 할 수 있다.

하나님께서 우리 삶에 '변화의 불'을 붙여주시는 것에 대해서는 30절에서 징조로 보여주신다. "내가 이적을 하늘과 땅에 베풀리니 곧 피와 불과 연기 기둥이라." '피, 불, 연기', 이 얼마나 장엄한가! 얼마나 전율하게 하며, 우리를 장악하시는 말씀인가! "내가 내 영을 부어주겠다"라는 대선언, 마그나 카르타는 '피와 불과 연기'가 사실적인 현상이듯, '성령의 부으심' 또한 확실한 실재라고 선언한다.

하나님께서 사람들에게 성령을 부어주시면(요 3:34) 그 누구라도 전과는 다른 인생을 살게 된다. 그러니 예수 믿는다는 것은 단순히 "예수 천국, 영원히 죽지 않고 사는 것" 정도가 아니다. 우리에게 성령을 부어주셔서 영이신 하나님과 교제하면서 이 땅에서도 천국을 맛보면서 사는 것이다. 공관복음의 "하나님 나라, 천국"이란 단어가 요한복음에는 "영생"으로 대치되었는데, 예수님께서는 "내 말을 듣고 또 나 보내신 이를 믿는 자는 영생을 얻었고[현재형]"라고 하셨다(요 5:24). 이 말씀은 '실현된 종말론'을 의미한다. 우리는 먼 미래에만 천국을 경험하는 것이 아니라, 이 땅에서도 천국을 맛볼 수 있다는 의미이다. 이것은 성령님을 통해 주님과 인격적인 교제 속에서 주님을 경험함으로 가능하며(요 17:3), 세상 사람들은 결코 알 수 없는 하나님 자녀의 특권이다.

"성령을 한두 방울이 아니라, 쏟아부어 주신다"라는 것은 하늘의 수문이 열린다는 것이다. "성령의 비가 내리네. 하늘의 문을 열어주소서"라는 찬송처럼 하늘에서 성령의 비, 생수의 강을 쏟아부어 주신다는 것이다. 절대적 주권자이신 하나님이 이렇게 하신다.

성령은 우리를 전진하게 하신다

베드로는 요엘서 2장 말씀을 사도행전 2장에서 재선포했다. 그렇게 했던 이유가 무엇인가? 첫째는 요엘의 예언이 이제 성취됨을 말씀한 것이다. 또한 종말론적으로 하나님의 마지막 사역, 땅끝까지 복음을 전하는 세계 선교의 시작이 성령님의 기름부으심을 통해 본격적으로 시작되었음을 알리고 하나님의 구원계획이 신속하게 이루어질 것을 선포한 것이다.

사도행전 2장은 오순절 성령 강림의 놀라운 역사를 보여준다. 마가의 다락방에 120문도가 모여 전심으로 기도할 때 오순절 성령이 하늘로부터 급하고 강한 바람처럼, 불의 혀처럼 임했다. 그들이 다 성령 충만을 받고 성령이 말하게 하심을 따라 각국 방언으로 말하기 시작하자(행 2:2-4), 예루살렘을 방문한 해외 디아스포라들이 깜짝 놀랐다. 심지어, 어떤 이들은 생전 처음 보는 기이한 현상을 이해할 수 없어 "새 술에 취하였다"(13절)라고 조롱하기도 했다. 예루살렘에 모인 사람들이 하나같이 충격에 빠져 "이게 무슨 일이지?"라고 놀라고 있을 때, 베드로가 요엘서를 인용해 설교를 시작했다.

이렇게 강력한 성령의 부어주심으로 어떤 일이 일어났는가? 베드로의 설교에 3천 명이 회심했다. 한마디로, 하나님 나라가 하나님의 때에 확장되고, 발전하고, 성숙했다. 성령이 역사하는 곳에 하나님의 뜻은 결코 퇴보하지 않는다. 성령의 부어주심은 항상 우리가 믿음으로 전진하게 하고, 더 성숙하게 하고, 더 발전하게 한다.

이것이 왜 중요한가? 우리가 살다 보면, 흔들리는 일도 있고, 낙심되어 그만두고 싶을 때도 있다. 사회 환경이나 변화나 전쟁 같은 안타까운 일들, 좌절할 수 있는 많은 일이 일어나고 있다. 그러나 결국 하나님의 뜻은 세상 논리나 상식을 초월하여 이루어지고, 그 뜻은 변하지 않고, 확장될 것이다. 이것이 말세에 성령의 기름부으심으로 확신하는 진리이다. 1세기에 초라한 어부들에게 하늘과 땅의 모든 권세를 주겠다고 하시고, 모든 민족을 제자로 삼으라는 세계 비전을 심어주셨는데, 이는 성령의 부어주심의 역사가 있었기 때문에 가능한 일이다.

"내가 내 영을 부어주겠다"라는 말씀에는 항상 거룩한 승리와 하나님의 뜻이 이루어짐과 영적인 전진과 성숙이 담겨 있다. 지금 우리에게도 하나님의 일은 전진하고 확장되고 있다. 내가 지속해서 강조하는 구호가 있다. "토비새에 나오면 평범한 인생이 비범한 인생이 되고, 버려진 돌이 모퉁이돌 인생이 되며, 영적인 균형감각을 갖춰 거룩한 영향력이 생긴다." 이 모든 것이 곧 하나님이 우리를 통해 역사하시고, 하나님의 사역이 전진하고 확장되는 실재임을 보여준다.

성령이 부어지면 우리 삶은 확장되고 전진한다. 아브라함의 믿음이 이삭의 순종으로, 이삭의 순종은 야곱의 최선으로, 야곱의 최선이 요셉의 형통으로 이어진 것처럼, 모세의 출애굽은 여호수아의 가나안 정복으로, 여호수아의 가나안 정복은 다윗 왕국으로, 다윗 왕국은 예수님을 통한 하나님 나라 도래로, 그리고 열두 제자와 70인 전도대와 마가의 다락방 120문도, 예수님 부활을 목격한 500여 형제, 초대교회 3천 명, 5천 명 회심 성도 등으로 확장되었다.

하나님의 사람은 죽을지 몰라도 하나님의 일은 결코 멈추지 않으며, 하나님의 뜻은 결코 죽지 않는다. 하나님의 사람이 땅에 묻힐 때도 하나님의 일은 땅에 묻히지 않는다. 지금도 하나님은 성령님을 통하여 일하시고, 우리에게 성령을 한없이 부어주시기 때문이다.

허드슨 테일러는 오래전에 천국의 부름을 받았지만 중국내지선교회는 OMF로 이어지고 있다. OM 창시자 조지 버워는 본향으로 돌아갔지만, 로고스 선교선은 지금도 전 세계를 누비고 있다. 왜 그런가? 하나님이 살아계셔서 성령을 부어주시기 때문이다. 하나님의 일이 믿음으로 전진하고 확장되는 이유는, 우리 하나님이 지금도 살아 계셔서 일하시고 성령을 부어주시기 때문이다. 그러므로 하나님 나라의 백성이라는 우리의 삶이 전진하지 못하고 확장되지 못한다면 하나님 나라의 시민으로 제대로 살고 있지 못한 것이다.

예나 지금이나 사람들은 안전이라는 두꺼운 껍질 속에 안주하기를 원한다.

"우리 시대가 내세우는 모토는 '안전 제일주의'이다. 많은 젊은이가 자기 둥지를 틀고 미래를 보장받고 자기 생명을 안전하게 지키고, 온갖 위험은 피하며, 두둑한 연금으로 퇴직할 수 있는 무난한 직장을 찾고 있다. 장래 대비가 잘못은 아니지만 이러한 정신이 우리 생활에 침투하여 삶은 나약해지고 솜으로 칭칭 감아 모험이라고는 다 없어졌다."

이 글을 언제 누가 썼을까? 아마도 최근 젊은이들의 모습이라고 생각할 테지만, 이 글은 존 뉴톤의 뒤를 이어 1772년 애스톤 샌드

포드 교회의 담임목사가 되었던 토마스 스코트가 당시 《크루세이드》라는 잡지에 쓴 것이다. 스코트의 그다음 말이 가슴에 더욱 와닿는다.

"솜으로 하도 두껍게 에워쌌기 때문에 우리는 세상의 고통도 느낄 수 없고 하나님의 말씀을 들을 수도 없다. 예수님은 위험한 지역에 들어오셔서 오염의 위험을 겪으셨는데 우리가 어떻게 안전을 열망하는 삶을 살 수 있단 말인가?"

자신을 안전하게 지켜줄 것처럼 보이는 재물, 인맥, 건강같은 것들로 우리를 둘러싸서 안전을 도모하느라 앞으로 나가지 못하는 것은 믿음으로 전진하는 신앙인의 모습일 수 없다.

개척자 되시는 성령

신앙인의 삶에는 매일 새로운 영적 미개척지가 펼쳐져 있다. 그러면 우리가 앞에 놓인 미지의 땅을 어떻게 바르게 지날 수 있을까? 성령님을 의지하는 것에 열쇠가 있다. 예수님께서 제자들에게 약속하신 말씀이 있다.

"진리의 성령이 오시면 그가 너희를 모든 진리 가운데로 인도하시리니"(요 16:13).

성령께서 인도하심으로 우리는 영적 미지의 세계를 개척자 의식을 가지고 전진할 수 있다. 이에 대해 예수원의 대천덕 원장은 이렇게 정리했다. "성령께서는 계속해서 우리의 인도자가 되셔서 우리로 가만히 있지 않고 앞으로 앞으로 나아가게 하신다. 바로 개척자가 된다. 이를 위해 성령은 우리에게 지혜를 주신다. 시편 119편

100절 말씀에 그렇게 기록하고 있다. '주의 법도들을 지키므로 나의 명철함이 노인보다 나으니이다.' 주의 법을 실행하는 사람이 인생의 경험을 많이 한 노인보다 지혜가 많다는 의미이다. 성령께서는 우리를 앞으로 인도하시기 때문이다. 우리가 길을 잃어버리지 않도록 성령께서 인도하시는 것이다."

이러한 개척자 의식은 성령의 속성과도 연결되어 있다. 마귀는 우리의 눈이 과거를 바라보게 하지만, 성령은 미래를 조망하게 하기 때문이다.

신약성경에는 성령의 충만함을 받아 다양한 방식으로 개척자 의식을 발휘한 사람들의 사례가 나온다.

베드로는 백부장 고넬료의 가정을 시작으로 이방인 가정에 처음으로 복음을 전했다. 이방인들에게도 성령의 기름부음이 있었다(행 10:45). 이것은 당시 예루살렘 교회의 복음 전도에 대한 인식을 뒤바꾸어 놓았던 획기적인 사건이었다.

사도 바울은 이스라엘을 넘어 이방 지역에 처음으로 복음을 전했다. 그의 선교여행은 장애물로 가득했지만 성령님의 인도로 지혜와 용기를 발휘하며 개척 사역을 할 수 있었다(행 13:2-4).

전도자 빌립은 유대인들이 발 내딛기를 꺼렸던 사마리아에 복음을 전했다. 그는 성령의 인도하심을 통해 에디오피아 관리에게 복음을 전함으로 오늘날 에디오피아가 기독교 국가가 되는 데 크게 기여했다. 그의 행동은 기독교의 경계를 확장하는 데 도움을 주었다.

스데반은 성령으로 충만하여 최초의 기독교 순교자가 되었다. 두려움 없는 복음 선포와 믿음을 위해 기꺼이 순교하였던 그의 모습은 수많은 사람이 복음을 위해 기꺼이 목숨을 내어놓게 하였다.

주목할 것은 위의 모든 사례는 개인 의지가 아니라 모두 성령님의 인도하심으로 이루어진 일이라는 점이다. 베드로는 성령의 환상을 보았고(행 10:45), 바울은 성령으로 인도함을 받았다(행 13:2). 그리고 빌립은 성령으로 에디오피아 내시에게 나아갔고(행 8:29), 스데반은 성령으로 충만하여 복음을 전했다(행 8:55).

성령의 기름부으심은 반드시 복음의 개척으로 이어졌다. 새로운 종족에게 복음을 전하고, 새로운 지역에 복음을 전하고, 이전에 없던 새로운 사역을 행하고, 믿음을 위해 목숨을 내어놓는 모든 것이 성령님을 통한 개척자 의식에서 비롯된다. 성령을 통한 복음의 개척정신은 영적인 것은 물론 사회적 영역의 개척까지도 포함한다.

많은 사람이 "종말이 되면, 말세가 되면 고난도 닥칠 거야"라고 말한다. 이 말도 사실이다. 고난도 받고 환경적으로 어려움도 클 것이다. 그러나 이보다 중요한 것이 있다. "말세에 내가 내 영을 부어주겠다"라고 하신 말씀이다. 이것이 핵심이다. 성령의 기름부으심이 임하면 하나님은 소멸하는 불이 되셔서 내 삶을 어렵게 하고 막아서는 모든 장애물을 태워주신다.

차별 없이 임하시는 성령 하나님

놀랍게도 하나님은 성령을 모든 사람에게 부어주시겠다고 약속하셨다. 성령의 임재는 특정 지도자 한 사람에게만 주어지는 것이 아니다. 누구든지 주의 이름을 부르는 자에게 구원을 주신다고 했다(32절). 특정 계층이 아닌 남녀노소, 빈부귀천을 막론하고 말이다. 성령님은 차별하지 않으시는데, 사람들은 차별한다. 우리는 서로 비슷한 이들끼리만 집단을 형성하고 교제하려고 하기 때문이다.

성령님은 어떻게 차별 없이 부어주시는가?

첫째, 하나님은 나이를 차별하지 않으신다. 성령의 부어주심은 세대 차이가 없다. "늙은이는 꿈을 꾸고, 젊은이는 이상을 보고, 자녀들은 장래 일을 말한다"라고 했다. 당시 이스라엘에서는 나이 많은 자유인이 가장 높은 위치에 있었다. 여기서 늙은이를 장로, 지도자로 보아도 무리가 없다. 한마디로 권위자다.

늙은이가 꿈을 꾼다는 말은, 육신의 장막 집이 흔들릴지라도, 가슴에 하나님 나라 꿈이 있으면 영혼이 젊다는 뜻이다. 성령의 기름 부음을 받은 어른들은 나이가 들어도 말과 행동에 젊음의 기운이 있고, 꿈은 20대처럼 꾸기에 젊은이들과 세대 차이가 없다.

젊은이가 이상(幻想)을 본다는 것은 성령의 부어주심을 통해 인생의 가장 영광스러운 날을 고대하는 것이다. 너무나 멋지지 않은가! 이런 의미에서 최고의 꿈은 아직 꾸지 않았다. 최고의 노래는 아직 불리지 않았고, 최고의 시는 아직 쓰이지 않았고, 최고의 설교도 아직 선포되지 않았고, 최고의 믿음의 작품은 아직 완성되지 않았다고 말할 수 있다. 이런 의미에서 아직 나의 신앙 전성기도 오지 않은 것이다. 그래서 꿈을 가지고 설렘으로 사는 자는 우리가 이 땅을 떠나는 그 순간이 신앙의 정점(peak)이다.

자녀들이 장래 일을 말한다는 것은 미래에 대해 예언하는 것 정도가 아니다. 담대하게 예수 그리스도의 메시지를 선포하는 '증인됨'을 의미한다. 대변자로서 군중 앞에서 "예수님이 그리스도이시다"라고 선포한다는 것이다.

그러므로 1대 늙은이는 꿈을 꾸고, 2대 젊은이는 이상을 보고 3대 자녀들은 예언한다는 말씀은 어느 한 세대도 차별 없이, 빠짐없이 성령 부어주심을 체험한다는 것이다.

둘째는, 사람을 성별로 차별하지 않으신다. 하나님 앞에서는 남녀 차이가 없다.

"내 영을 남종과 여종에게"(29절).

셋째, 사회 계층으로 차별하지 않으신다. '종'은 히브리어로 '노예'이다. 하나님은 남녀 차별 없이, 사회계층 차별 없이 성령을 부어주신다. 이것이 성령의 부어주심의 보편성이다. 하나님은 성령을 가난한 자에게도, 부유한 자에게도 종에게도 남녀에게도 다 부어주신다.

차별 없이 모든 사람에게 임하는 성령의 부어주심은 구원 역사와도 연결된다. 배운 사람도 못 배운 사람도, 세상에서 '저 사람은 좀 아니다' 하는 사람도, 병든 자와 연약한 자도, 몸이 불편한 자나 낙담한 사람도, 소망 없는 사람도, 극단적인 선택의 기로에 있는 사람도, 성령의 부어주심을 통한 구원의 능력에서 그 누구도 제외되지 않는다.

모든 장애와 문제를 태우시는 하나님의 불로 시작하라
목회자로서 그토록 성령 사역을 추구하는 것은 무슨 은사를 받고, 무슨 능력을 받기 위해서가 아니라 차별 없는 성령의 역사를 통해 모든 사람이 성령의 부어주심을 체험함으로, 우리 속의 모든 상하고 병든 것이 치유되고, 꺾어지고 부러진 것이 다시 회복되며, 메마르고 죽게 된 것이 소생하게 되기를 소원하기 때문이다.

성령의 충만한 기름부으심이 임하면 위기에 빠진 결혼생활이 해결되고, 꿈 없이 사는 젊은이들이 소망을 가질 것이며, 연세 드신 어른들이 남은 생애를 독수리같이 새롭게 하는 힘으로 살아갈 수 있는 것이다.

그렇다면 치유하고 회복시키며 소성하게 하는 성령의 역사를 어떻게 경험할 수 있겠는가? "구하는 자에게 성령을 주시지 않겠느냐"(눅 11:13)라는 말씀을 그대로 받고, 어떤 상황에서도 포기하지 말고 부르짖어야 한다.

미국 브루클린테버너클교회의 짐 심발라 목사에게 딸이 있었는데, 첫째 딸이 16세쯤 방황을 시작했다. 완전히 하나님을 떠나 신앙을 버렸다. 심발라 목사는 이렇게 말했다.

"별별 시도를 다 해보았다. 딸에게 빌어도 보고, 사정도 해보고, 야단도 쳐보고, 울어도 보고, 싸워도 보고, 돈으로 어떻게 마음을 돌려볼까도 했다. 뒤돌아보니 모두 부질없는 행동이었다. 아무 소용 없고 아이는 더욱 완악해져 갔다. 우리 눈에 날라리 같은 남자 친구가 그 아이에게는 전부였다. 그때 내가 어떻게 목사 노릇을 했는지도 모르겠다. 주일이면 정장을 입고 차를 몰아 교회에 갔다. 그때 나는 울었다. '하나님, 오늘 어떻게 세 번 예배를 인도합니까? 내 영혼이 바람 앞에 촛불처럼 흔들리고 있습니다. 주님, 부디 딸을 구해주십시오.' 그러나 내가 애를 쓸수록 상황은 더 나빠졌다.

크리스마스가 지나고 2월이 왔다. 그러던 어느 날, 교인들과 함께 아이를 위해 기도했다. 내 기억에 그때의 기도는 '해산하는 여인의 부르짖음'과도 같았다. 그리고 집에 돌아와 아내에게 말했다. '이제 다 끝났소.' '무엇이 끝나요?' '하나님이 계시다면 이제 악몽은 끝났어요.' 그리고 32시간이 지난 후 목요일 아침, 딸이 집으로 돌아왔다. 갑자기 딸이 정색을 하고 나에게 물었다. '아빠, 누가 나를 위해 기도한 것 같아요. 누가 기도해 주었어요? 한밤중에 하나님이 나를 깨워서, 내가 끝없는 잘못된 구덩이로 향하고 있는 것을 보여주셨어요. 그리고 하나님 같은 분이 나를 꼭 끌어안으면서 너를 사랑한다고 말해주셨어요. 아빠 대답해주세요. 그날 밤 누가 나를 위해 기도했어요?' 이 사건을 통해 우리 부부는 포기하지 않는 기도는 성령의 망치로 사단의 가장 강력한 요새도 부순다는 사실을 분명히 배웠다. 이 어려운 세상을 사는 그리스도인들에게 그 외의 길은 정말 없다. 그래서 나는 성도들에게, '하나님 외에는 도울 수 없는 어려운 상황에 처한 분들에게 '일어나 하나님께 부르짖으라'라고 했다."

아마 우리 가운데는 불가능하다고 느껴 포기해버린 많은 일이 있을 것이다. 예를 들면, 부모의 가슴을 무너뜨린 자녀, 세상 길로 떠나버린 자녀, 영적으로 무기력한 생활, 사면초가의 결혼생활, 파산 지경의 재정문제, 삶에 원수 같은 사람, 도저히 치유가 안 되는 질병 등이 있을 것이다.

이런 문제 앞에서 '이제 더 이상 소망이 없다'라고 포기했을지 모른다. 이런 것은 우리의 능력과 노력만으로는 안 된다. 그런데 히브리서 12장 29절에 보면, "우리 하나님은 소멸하는 불"이라고 했다. 우리가 이 땅에 살면서 인생 경주를 하는데, 인간의 애씀이나 노력만으로는 불가능한 일이 너무 많다. 하나님의 불이 있어야 한다. 지금 삶이 위태롭고 절망 속에 있는가? 그렇다면 성령의 부으심을 기대하면서 부르짖으라. 우리의 모든 장애와 문제를 태우시는 하나님의 불, 성령의 불로 다시 시작하라.

성령의 관통하는 역사가 문제를 해결한다

우리를 살리는 것은 영이다(요 6:63). 위로부터 임하는 능력이 아니고서는 우리 문제가 결코 해결될 수 없다. A. W. 토저는 성령의 특성 중 하나로 관통(침투)하시는 능력을 꼽았다. 성령님은 우리의 정신과 마음을 관통하시고 좌정하신다. 성령의 관통하시는 은혜가 내면을 뚫고 임하셔서 성령님과 하나 되는 역사가 삶에 일어나야 한다. 토저는 성령이 우리 속에 관통하시고 우리와 하나 되는 것을 이렇게 비유했다.

"조각을 불에 넣고 풀무질을 하면, 처음에는 두 개의 분명한 물질, 즉 쇳조각과 불이 보인다. 처음에는 불이 쇳조각을 관통하는데, 조금 후면 쇳조각도 불을 관통한다. 그리고 이 둘은 별개의 물질이지만 서로 혼합되고 관통해 이제 둘이 하나가 되는 지경에 이른다. 불 속에 쇠가 있고, 쇠 속에 불이 있는 것이다."

성령의 불이 우리 속에 임하고, 그 불로 인해 우리가 성령님과 하나가 되는 역사를 소원하라! 우리의 깊은 문제를 해결하자면 우리 심령에 위로부터 임하는 성령의 불이 관통하지 않고는 불가능하다.

하나님은 우리가 절망에 빠졌을 때도 포기하시는 분이 아니다. 성령을 통해 내 삶에 새로운 일을 시작하셨는데, 과연 나를 버리고 가시겠는가? 하나님의 소원은 모든 이에게 차별 없이 성령을 부어주시는 것이다. 문제는 하나님이 아니라 나 자신에게 있다. 성령님을 통해 누구나 차별 없이 충만케 하시고, 확장하시며, 성숙하게 하시는 하나님의 뜻을 믿자. 그러면 새로운 믿음의 모험이 우리를 기다리고 있을 것이다.

공동체에 임하셔서 기름부으시는 성령 하나님

복잡한 환경, 테러와 자연재해와 이단의 발호, 시대의 도덕적 타락 가운데서 여전히 우리에게 고난도 있지만, 마지막 때 성령의 부어주심을 기대하자. 성령을 부어주시면, 성도들 가운데 하나님의 임재가 느껴질 것이다. 성령님은 오순절 성령 강림이 그러했듯 하나님 백성, 성도들의 공동체 안에 임하신다. 우리는 성령님 덕분에 주님의 거룩하신 이름을 사모하고 한자리에 모인다. 그래서 삶이 어려울수록, 인생의 돌파구를 찾을수록 하나님의 자녀가 모이는 공동체 예배에 온 마음을 다하여 참석해 공동체에 임하시는 성령의 기름부음을 받아야 한다.

　이 같은 성령의 임재가 있을 때, 공동체는 더 이상 차갑고 생동감 없는 모노톤의 지루함에서 벗어난다. 교회가 새로운 능력을 입게 되는 것이다. 성령의 기름부음을 통해 새 생명을 얻게 된다. 성령과 함께한다면 결코 죽지 않는다. 생명이 넘치고 냉정함이 사라지게 된다. 마치 시체와 같이 말랐던 것들이 성령의 강수 속에서 다시 살아나게 될 것이다.

성령님의 기름부으심으로 매일의 삶이 최선의 날이 되기를 소원하는 자의 기도

자비로우신 하나님 아버지, 하나님의 충만하심을 오늘, 바로 지금 우리에게 한두 방울이 아니라, 하늘의 수문을 여시고 성령의 비로, 생수의 강으로 부어주옵소서. 우리 가정과 일터와 교회와 사회와 국가에 성령을 한량없이 부어주옵소서.
성령이 부어지는 곳마다, 하나님의 뜻이 이루어지는 줄 믿사오니, 믿음으로 전진하고 성숙하여 발전하게 하여주옵소서. 아직 최선은 오지 않은 줄 믿사오니 성령을 부어주셔서 가장 영광스러운 날이 오게 하여주옵소서.

23

세상을 바꾸는
기도

다니엘 9:1-19

성경에는 하나님의 구원역사와 관련하여 세상을 바꾸는 기도가 곳곳에서 보석처럼 빛을 발하고 있다. 대표적으로 모세가 시내산 위에 있을 때, 이스라엘 백성이 금송아지를 만들어 민족이 멸절될 뻔했는데, 모세의 생명을 건 기도로 백성은 자기들이 왜 살아남은지도 모른 채 생존할 수 있었다(출 32장). 모세의 중보기도는 이스라엘 역사의 '영적 지형도'를 바꾸었다. 갈멜산의 엘리야 기도는 하나님의 하나님 되심을 드러냄으로 '영적 부흥의 기폭제'가 되었다(왕상 18장). 예수님의 겟세마네 기도를 통해서는 세상이 바뀌고 인류 역사가 완전히 새롭게 되는 길이 열렸다(마 26장). 마가의 다락방에 모인 120문도의 기도를 통해(행 1장) 오순절 성령 강림의 역사가 일어났고, 그리스도의 몸 된 교회, 공교회가 탄생했다. 우주적 교회의 신약시대가 본격적으로 시작된 것이다.

세계 선교의 지형도를 바꾸었던 역사적인 기도들

교회사적으로도 평신도의 기도를 통해, 기독교 역사의 선교적 틀을 바꾸었던 기도회가 있다. 바로 모라비안 기도운동이다. 1727년에 시작되어 1847년까지 연중무휴로 기도가 이어졌다. 구체적으로 말해, 1727년 독일의 헤른후트(Herrnhut)에서 시작한 기도가 24시간 종일 기도가 되었다. 이 기도회는 한 세기 넘게 지속되었다. 이 기도 모임은 나중에 선교의 모판이 되었고, 카리브해, 아프리카, 아메리카, 아시아, 심지어 그린란드까지 선교사를 파송하면서 세계 선교의 지형도를 바꾸었다.

우리나라에는 전쟁의 역사를 바꾸어 놓은 '초량교회 기도회'가 있다. 1950년 8월 30일경, 낙동강 전선에서 치열한 공방전이 벌어지던 때 초량교회에서 구국기도회가 시작됐다. 당시 초량교회 담임목사인 한상동 목사님과 고려신학교 교장인 박윤선 목사님이 전국 피란민 목회자 기도 집회를 열었다. 그때 목사님들은 6·25동란을 "우리가 범한 죄에 대한 진노의 칼"이라며 잘못을 고백하고 회개했다.

기도회 사흘째에는 교회 전체가 울음바다가 됐다. 전체 기도회는 예정을 넘겨 9월 15일에 마무리됐는데, 기도회를 마친 그날 부산 전역에는 "인천상륙작전의 성공"을 알리는 호외가 배포됐다. 기도회 시작 후 몇 일 만에 맥아더 장군이 인천상륙작전을 감행했고, 졸지에 보급로가 차단된 인민군은 우왕좌왕 갈피를 잡지 못하고 퇴각하기 시작했다. 인천상륙작전은 7일간의 밤낮 없는 회개 기도 후 3일

만에 이루어졌다. 낙동강 전선에서 공산군이 패퇴하며 전세가 역전됐고, 9월 28일에는 서울을 수복하기에 이르렀다.

우리가 세상을 바꾸는 기도를 소원하는 이유

이처럼 기도가 세계를 바꾼 예들을 언급하는 것은, 단순히 기도의 힘을 드러내려는 것이 아니라, 하나님이 통치하시는 나라가 이 땅에 세워지길 바라기 때문이다. 우리 기도로 세상이 변화한다면, 가정 또한 기도로 변화하지 않겠는가? 가정이 기도로 변화한다는 것은 바로 가정이 하나님 통치의 장이 되었음을 의미한다.

예수님을 믿는다는 가정을 들여다보면 여러 기도 제목이 있다. 예를 들면, 가족이 모여 예배드리고 싶지만 여러 상황으로 그렇게 하지 못하는 가정이 적지 않다. 인간적인 방법으로 애써도 안 되는 경우가 있다. 그럴 때 우리의 기도가 이러한 상황을 바꿀 수 있다. 신앙적으로 배우자와 소통하고 싶고 자녀들과도 마음을 함께하고 싶은데, 이러한 때 믿는 자가 가장 먼저 할 수 있는 것은 세상 처세를 생각하기 전에 먼저 하나님께 엎드리는 것이다. 하나님께서 나의 기도를 들으시고 역사하실 것을 믿기 때문이다. 이것이 세상을 바꾸는 기도의 핵심이다.

나의 기도를 통해 가정이 변화되고, 이웃이 바뀌고, 내가 일하는 곳에 하나님의 주권적인 통치가 이루어질 수 있다면? 이것이 다니엘의 기도를 통해 세상을 바꾸는 기도를 배우려는 이유이다. 다니엘서 9장은 기도에 대해 우리의 영혼을 움직이는 말씀이다.

성경에 '주여 삼창'이 있음을 아는가? '주여 삼창'은 한국 교회가 소유한 독특한 기도자본인데, 제자훈련하는 교회나 지성인이 많은 교회는 조금 어색해한다. 그런데 주여 삼창의 원조가 다니엘이다.

"주여 들으소서. 주여 용서하소서. 주여 귀를 기울이시고 행하소서"

(19절)·

한국 교회의 영적 자본인 주여 삼창의 기도 소리에 대해, 1907년 평양대부흥 당시 블레어 선교사는 "기도 소리는 마치 폭포수 소리와 같아, 기도의 대파도가 하나님의 보좌로 밀어 올리는 것 같았다"라고 증언했다.

본문은 성경에서 가장 강력한 기도 중 하나다. 이 기도를 노트에 몇 번 쓰면서 마음을 다해 큰 소리로 두세 번 읽으면, 이 기도에 담긴 능력의 물줄기에 영혼이 젖고 어느덧 기도를 사모하는 심령이 될 것이다.

다니엘은 하루 세 번씩 예루살렘 성전을 향하여 창을 열고 기도하는 신실하고 경건한 사람이었다. 다니엘의 기도에서 1-11절까지는 하나님 앞에 이스라엘 민족의 죄를 고백하고 있고, 12-14절은 민족의 죄 때문에 하나님이 어떻게 심판하셨는가를 보여준다. 그리고 15-19절까지는 민족의 죄 때문에 생긴 심판이 있지만, 다니엘이 민족을 사랑하는 애끓는 마음으로 낙심하지 않고, 세상을 바꾸는 기도를 통해 하나님의 은총이 임함을 보여준다.

'역사를 바꾸는 기도, 세상을 바꾸는 기도'는 두 개의 기둥 위에 세워져 있다.

첫째, 말씀과 기도가 같이 가야 세상을 바꾼다
2절에 "다니엘이 책을 통해"라는 말이 나온다. 한글 성경에는 '책'이지만, 원문에는 '책들'이다. 무슨 책들인가? 아마도 다니엘의 삶을 붙잡아준 성경이었을 것이다. 기도를 위해 말씀을 붙들어야 하는 이유는 무엇인가? 말씀의 깊이가 기도의 깊이를 결정하기 때문이다. 기도의 깊이가 말씀의 깊이와 연결된다.

다니엘은 철저하게 한 손에는 하나님께서 주시는 예언의 말씀인 성경을, 다른 한 손에는 지금 마주하고 있는 역사적 현실을 들고 있었을 것이다. 즉, 다니엘은 하나님 말씀을 통해 현실 역사를 꿰뚫는 영적 통찰력을 가졌다. 특히 다니엘은 예레미야 말씀을 읽으면서 '바벨론 포로 기간 70년'을 이해하게 되었다. 다니엘은 성령의 감동과 환상으로 예레미야에게 알려주신 것을 통해 하나님께서 계획하신 징계 연수를 깨달은 것이다.

> "여호와께서 이와 같이 말씀하시니라 바벨론에서 칠십 년이 차면 내가 너희를 돌보고 나의 선한 말을 너희에게 성취하여 너희를 이곳으로 돌아오게 하리라"(렘 29:10).

'70'은 '7'과 '10'의 합성어이다. 7과 10은 성경에서 회복을 의미한다. 이제 이스라엘 백성의 포로 시기가 끝나고 예루살렘으로 귀환하는 것을 깨달았다. 이때가 다니엘이 1차 포로로 끌려간지 66년쯤 된 무렵이었다. 말씀의 예언을 깊이 묵상하니 앞으로 3~4년이면 포로생활이 끝나는 것을 깨닫게 되었다. 역사 현장에서 성경 말씀이 어떻게 이루어지는지, 말씀이 어떻게 살아있는 실체로 작동하는지 깨달은 것이다.

그러면 말씀의 깊이와 기도의 깊이는 어떻게 같이 가는가? 다니엘 입장에서는 "3~4년 뒤에 고난의 시기가 끝나는구나"라고 생각하면서 마음 놓고 여유를 가질 수도 있었지만, 말씀을 깨닫고 난 다음에 그는 "내가 금식하며 베옷을 입고 재를 덮어쓰고 하나님께 기도하며 간구하기를 결심하고", "내 하나님 여호와께 기도하며 자복하여" 기도의 무릎을 꿇었다. 또한 다니엘은 자신의 문제를 아뢰는 것에서 시작하지 않고, 하나님의 언약에 의지해서 기도했다. "크시고 두려워할 주 하나님, 주를 사랑하고 주의 계명을 지키는 자를 위하여 언약을 지키시고 그에게 인자를 베푸시는 이시여"(4절).

모든 그리스도인은 하나님의 언약을 먹고 언약을 입고 사는 사람이다. 세상은 돈을 먹고, 돈을 입고 살지만, 우리는 언약을 먹고 입고 살아간다. 하나님이 주신 언약이 있는 한, 거친 세상을 보면서 겁날 것도 없고 두려워할 것도 없다.

언약은 하나님께서 우리를 위해 자신을 우리와 묶어놓으신 속박이다

제임스 패커는 하나님의 언약에 대한 귀한 통찰을 다음과 같이 정리했다. "하나님의 언약은 무엇인가? 그것은 하나님 자신이 먼저 우리에게 스스로 묶어놓으시고, 우리의 축복을 위해 하나님의 모든 자원을 이용할 수 있도록 서약하신 속박입니다. 하나님의 언약에 대해 성경은 결혼 관계로 예증한다. 이 관계는 남자가 먼저 남편으로서 신부를 사랑하고 소중히 여기고 돌보기 위해 스스로 서약함으로써 시작되기 때문이다. 그러므로 하나님은 자기 백성에게 좋은 것을 약속하시고, 몇 번이고 반복해서 자기 자신을 백성에게 주신다. 이러한 헌신적인 관계 그 자체가 하나님이 우리를 축복하신다는 사실을 보장한다."

우리는 종종 스스로를 하나님께 얽매인 존재로 여기곤 한다. 마치 로봇과 같이 하나님의 뜻에 억지로 순응하는 부자유한 존재라고 생각하는 것이다. 그런데 제임스 패커는 정반대로 이야기한다. 하나님의 언약은 "내가 너희를 위하여 나 자신을 너희에게 묶어버렸다"라는 표현이라고 하는 것이다. 어린 자녀가 자기 마음대로 돌아다니다가 길을 잃을까 봐 자녀의 손목에 줄을 묶고 그 줄을 부모의 손에 다시 묶어둔 경험이 있을 것이다. 이러한 속박으로 가장 부자유한 것은 자녀가 아니라 부모다. 자녀에게 묶어둔 줄이 끊어질까 봐 언제나 부모의 시선은 자녀에게로 가 있다.

이것이 제임스 패커가 말하는 하나님의 언약에 담긴 깊은 의미다. 하 나님의 언약은 바로 하나님께서 스스로를 우리에게 묶어두신 속박이다. 지금도 하나님은 여러분을 위하여 스스로 자신을 묶어두고 계신다. 하나 님의 언약 속에 뿌리내린 하나님의 이 절절한 심정에 눈을 떠야 새 차원 의 신앙으로 진입할 수 있다.

하나님의 언약을 누리려면 언약과 믿음의 역동적 관계를 깨달아야 한다
하나님의 언약을 먹고 입고 사는 것은 성도에게만 주어진 특권이 다. 스펄전은 이에 대해 "성도에게는 언약의 긍휼에 대한 권리가 주 어졌다"라고 표현한다. 그리고 "이 권리는 우리의 신앙 성숙에 달려 있지 않고 언약 자체에 달려 있으므로 신앙의 수준과는 상관없이 언제나 어떤 상황에서도 담대하게 누릴 수 있다"라고 말했다.

그렇다면 성도는 자신에게 주어진 언약의 소중함을 어떻게 누릴 수 있을까? 모든 믿는 자에게는 언약의 특권이 주어지지만 모든 성 도가 이 특권을 누리며 사는 것은 아니다. 스펄전은 언약의 가치와 특권을 삶 속에서 누리는 데 있어 가장 중요한 도구가 바로 '믿음'이 라고 했다. "믿음은 언약의 소중함을 누릴 정도를 가늠하는 지표가 아니라, 언약 안에서 우리가 누릴 수 있는 기업의 증표이다."

말씀과 기도가 같이 갈 때 절박한 기도를 드릴 수 있다
다니엘이 이렇게 기도한 이유는, 바벨론 대제국 황제가 세계를 움직 이는 것이 아니라, 하나님께서 세계 역사를 움직이는 것을 알고 있었기 때문이다. 한마디로 다니엘은 진짜 시세를 아는 사람이었다. "시세(時世)를 안다"라는 것은 '세상이 어떻게 돌아가는지, 세상 축이 무엇을 중심으로 도는지를 아는 것'이다. 이것은 하나님께서 세상 역사를 어떻게 움직이시는가를 이해하는 지혜이다. 다니엘의 이러한 지혜는 세상 통찰로 주어진 것이 아니라 하나님께서 주신 것이다. 세상의 지혜와 통찰은 나름의 이치를 밝히지만, 역사의 커튼 뒤에 운행하시는 하나님의 섭리는 볼 수 없다. "다니엘아 내가 이제 네게 지혜와 총명을 주려고 왔느니라"(22절).

말씀을 깊이 깨닫고 이해할수록 하나님의 섭리를 보게 되고, 그 말씀이 우리를 뒤흔들어 더욱 기도하도록 이끈다. 그러므로 인생 문제를 풀 때, 말씀에 의존하여 기도를 시작하지 않는 사람은 어리석은 자요 지혜가 없는 사람이다. 기도의 바퀴는 반드시 말씀의 바퀴와 같이 가야 인생은 하나님 뜻대로 굴러간다.

다시 말해, 한 손에는 예언의 말씀을 붙잡고, 다른 한 손에는 역사적 현실을 붙잡은 채 기도의 간절함이 뿜어나올 때 하나님의 역사가 이루어진다. 기도 없는 성경은 자기 지식으로 흐를 수 있고, 성경 없는 기도는 자기 감정으로 끝날 수 있다. 말씀에 근거하지 않는 기도는 하나님이 원하시는 방향과 목적에서 벗어나게 되고, 기도가 따르지 않는 말씀은 율법주의적 조문, 비판과 정죄의 도구로 전락할 수 있다. 말씀과 기도가 따로국밥처럼 가면 하나님의 역사가 일어날 수 없다. 말씀의 깊이와 기도의 깊이가 같이 가야 세상을 바꾼다.

말씀과 기도가 같이 가면, 자연스럽게 '절박한 기도'가 나온다. 모세가 시내산 위에서 하나님의 말씀을 받고 깨달았을 때 생명을 거는 기도를 할 수 있었고(출 32장), 하나님의 말씀이 엘리야에게 임함으로(왕상 17:2, 8, 18:1) 엘리야는 말씀을 받아 갈멜산에서 목숨을 건 기도를 할 수 있었다. 아사왕이 우상을 척결하고 백성에게 말씀을 가까이하게 하면서 자신도 말씀을 깊이 깨달으니, "강한 자와 약한 자 사이에 주밖에 도우실 이가 없다"(대하 14장)라는 절박한 기도가 나오는 것이다. 가장 절박한 기도는 예수님의 기도였다. "그는 육체에 계실 때에 자기를 죽음에서 능히 구원하실 이에게 심한 통곡과 눈물로 간구와 소원을 올렸고 그의 경건하심으로 말미암아 들으심을 얻었느니라"(히 5:7).

지금 이 땅의 60세 이상은 후진국에서 태어났고, 40-50대는 중진국에서 태어났고, 20-30대는 선진국에서 태어났다. 한 집안에서 서로 다른 종족이 사는 느낌이다. 나의 절박한 기도는 '이 세 세대를 어떻게 하나로 묶을 수 있을까' 하는 것이다. 그런데 세대가 달라도 초월할 수 있는 것이 있다. 말씀을 중심으로 한 절박한 기도는 세대를 뛰어넘을 수 있다.

에베소서 6장에 보면 영적 전쟁을 표현하는 중에 성령의 검이 하나님의 말씀이라는 내용이 나온다. 그 외에도 "진리의 허리띠, 의의 호심경, 믿음의 방패" 등 여러 영적 전쟁의 무기들이 소개되고 있다. 영적 전쟁을 위한 대단한 무기들을 언급한 후에, 마지막으로 기도를 이야기한다.

"모든 기도와 간구를 하되 항상 성령 안에서 기도하고 이를 위하여 깨어 구하기를 항상 힘쓰며 여러 성도를 위하여 구하라"(엡 6:18).

무슨 말인가? 영적 전쟁에서 무기가 아무리 강력해도 그 기능을 충분히 발휘하려면 반드시 기도가 함께해야 함을 말씀한다. 이처럼 참된 기도, 세상을 바꾸는 기도는 말씀으로 하는 기도이다. 말씀으로 기도하는 것이 큰 축복이다. 말씀이 기도가 될 때 왜 역사가 일어나는지 요한복음 15장 7절에서는 말씀한다.

"너희가 내 안에 거하고 내 말이 너희 안에 거하면 무엇이든지 원하는 대로 구하라 그리하면 이루리라." "내 말이 너희 안에 거한다" 라는 것은 말씀에 대한 순종, 말씀으로 기도하는 것을 의미한다. 말씀이 내 속에서 뿌리가 되고, 말씀이 기도가 될 때 역사가 일어난다.

둘째, 함께 기도의 짐을 져야 세상을 바꾼다

세상을 바꾸는 기도의 두 번째 기둥은 기도의 짐을 지는 것이다. 5-19절에서 다니엘은 민족의 죄악을 고발하는 것이 아니라, 민족의 죄를 자신이 지었다고 생각하고, 민족의 죄와 자신의 죄를 동일시하여 기도의 무릎을 꿇었다. 민족의 죄를 고발한 것이 아니라, 민족의 죄를 자신의 죄로 여겨 회개의 무릎을 꿇은 것이다.

5절을 보라. "우리는 이미 범죄하여 패역하며 행악하며 반역하여 주의 법도와 규례를 떠났사오며." '죄를 짓는다'라는 말은 여기서 여러 가지로 표현된다. 범죄했다, 패역하다, 행악하다, 반역하다, 주의 법도와 규례를 떠났다…. 다니엘은 민족의 죄를 가슴 아파하며, 자신도 똑같이 죄를 범했다고 말하고 회개했다. 거의 모든 절에서 이러한 표현이 나온다(5, 6, 7, 8, 9, 10, 11, 13, 14, 15, 16, 19절).

이것이 너무나 놀랍다. 다니엘처럼 깨끗한 사람이 어디 있는가? 성경 인물 중 위대하다고 여기는 요셉은 어릴 적 형제들의 잘못을 고발했고, 사무엘도 자식 농사를 망친 흠이 있지만, 다니엘은 흠결을 찾아볼 수 없다. 에스겔 14장 14절에는 하나님께서 친히 '의롭다' 라고 인정하시는 세 명의 인물이 나오는데, 그중 한 명이 다니엘이다. "비록 노아, 다니엘, 욥, 이 세 사람이 거기에 있을지라도 그들은 자기의 공의로 자기의 생명만 건지리라." 이렇게 성경 어디에도 다니엘의 죄가 나오지 않는다. 이렇게 깨끗한 다니엘이 하나님 앞에서 '범죄했다. 패역했다. 행악했다, 반역했다'라고 고백하는 것은 대단한 일이다.

한 가지 더 생각할 것이 있다. 사실 다니엘처럼 억울한 사람이 어디 있는가? 다니엘은 10대 때 포로로 잡혀갔다. 그에게 왜 꿈이 없었겠는가? 10대, 20대, 30대의 꿈이 있었을 텐데, 포로로 잡혀가서 온갖 고생과 어려움을 당하면서 모든 꿈이 산산조각났다. 포로 생활이 40~50년이 지나도 끝나지 않는 것이다. 이제 고국으로 돌아갈 사람은 가야 하는데, 자기 동족들이 상재(商才)에 능하여 바벨론에서 부를 이루고, 바벨론에 정착해 타락한 문화에 동화되는 것을 보면서 다니엘 입장에서는 큰 상처가 되었다.

실제로, 1차 귀환 때는 5만 명도 안 되는 사람이 돌아갔을 뿐이다. 그런 백성을 보면서, 다니엘은 한탄하며 비판할 수도 있었는데, 그는 놀랍게도 다르게 행동한다. "주님, 제가 죄를 지었습니다. 제가 부패했습니다. 제가 행악자입니다. 제가 주님 앞에 부끄러운 사람입니다"라고 한 것이다. 민족의 죄를 자신의 죄로 동일시해, 민족의 죄를 고발하지 않고, 짊어지고 가면서, 어떻게든 자기 민족을 하나님 앞에 순결한 신부로 세우려는 마음은 목자의 심정에서 비롯된 것이리라.

민족의 죄를 나의 죄로 여기며 드리는 기도

민족의 죄의 짐을 지고 하나님께 엎드리는 다니엘을 보며 우리는 어떤 교훈을 얻을 수 있는가? 그는 자신의 정결함을 다른 이들을 정죄하고 고발하는 데 도구로 삼지 않았다. 다니엘처럼 정결하게 살면 자기 의에 사로잡혀 남을 정죄하기 쉬운데, 다니엘은 민족적인 죄의 짐을 지고 기도의 자리에 섰다. 이는 자신의 정결함을 하나님의 은혜로 돌릴 줄 아는 진정한 겸손의 자세다.

오늘날 교회 내에 교회 문제, 성도 문제, 목회자 문제에 대해 선지자적 사명을 가졌다고 자처하며 비판과 정죄의 목소리를 높이는 사람들이 없다고 할 수 있는가? 그렇다면 이들은 양상만 다르지 실제로는 자기 의에 사로잡혀 세리를 비난하는 바리새인과 다를 바가 무엇인가?(눅 18:1-14)

기도의 짐을 지지 않고서는 하나님의 역사가 일어나지 않는다. 내가 기도의 짐을 지고 있는지, 아니면 바리새인의 자리에 있는지를 어떻게 알 수 있을까? 그 사람을 통해 영혼이 구원받고, 교회가 세워지며, 복음이 확장되고, 성도가 더욱 하나님을 가까이하는가? 다니엘처럼 형제의 문제를 내 문제로, 교회의 문제를 내 문제로 여겨 같이 울고 같이 아파할 때, 세상을 바꾸는 역사가 일어나는 것이다.

간음한 여인을 예수님 앞에 팽개치면서 유대 지도자들이 행한 것을 보라. 그들은 모세의 율법에 의하면 돌로 치라고 하는데 선생은 어떻게 하겠느냐며 예수님을 시험했다. 만일 그 간음한 여인이 자기 딸이고, 자기 가족이면 그렇게 얘기하겠는가? 같이 울어주고, 같이 통곡하는 것이 정상 아닌가! 예수님은 그 마음을 가지시고, "죄 없는 자가 돌로 치라"라고 하셨다. 기도의 짐을 진다는 것은 예수님의 마음을 갖는 것이다.

다니엘처럼 민족의 죄를 고발하지 않고 죄의 짐을 대신 지고 가는 사람을 통해 역사가 일어난다. 이런 사람에게는 '거룩한 기도의 짐'을 지워주시는 것이다. '기도의 짐'은 거룩한 삼각형의 모습을 띤다. 왼쪽은 기도자(기도의 짐을 진 자), 오른쪽은 기도 대상자(기도 제목), 꼭대기는 응답하시는 하나님, 이것이 세상을 바꾸는 기도의 골든 트라이앵글(Golden Triangle)이다. 우리가 기도의 짐을 지고 하나님께 나아갈 수 있는 이유는 하나님께서 우리의 기도를 응답하심을 믿기 때문이다.

다니엘이 기도의 짐을 지고 나아갔던 하나님은 어떤 분이신가? 경이롭고 약속을 지키시는 하나님(4절), 의로우신 하나님(7절), 용서하시는 하나님(9절), 위대하신 하나님(15절), 자비로우신 하나님(18절)이다. 우리가 믿고 섬기는 하나님이 이런 분이시기에 우리는 담대하게 기도의 짐을 지고 그의 보좌 앞으로 나아갈 수 있다.

더 놀라운 것은 우리가 기도의 짐을 지기 시작할 때, 하나님은 바로 응답하실 준비를 하신다는 사실이다. 23절에 보면, 가브리엘 천사가 다니엘에게 와서 이렇게 말했다. "네가 기도를 시작할 즈음에 명령이 내렸으므로." 다니엘이 3절에서 '민족의 짐'을 지고 기도할 것을 결심하고 기도했는데, 하나님께서는 그때 이미 응답하셨다. 그렇다. 먼저 우리가 기도의 짐을 지기 시작하면, 하나님께서 바로 응답하신다. 우리가 기도한 후 아직 현실에서는 응답으로 이루어지지 않았지만, 하나님께서는 이미 응답하신 것이다. 그러니 기도의 짐을 지는 기도는 미래 이력서를 쓰는 강력한 통로이다.

기도의 짐은 개인의 걱정과는 구별된다

개인의 걱정 때문에 생긴 기도는 '내 중심'에서 시작된다. 그런데 하나님이 지워주시는 기도의 짐은 '하나님 중심, 하나님 나라 중심'이 된다. 개인의 걱정은 환경에 많이 영향받는다. 그러나 하나님이 지워주시는 거룩한 근심, 기도의 짐은 하나님 나라에 마음이 모아진다. 하나님께서 우리에게 기도의 마음을 주시고 거룩한 부담을 주실 때, 하나님은 이미 응답을 준비하셨음을 잊지 말아야 한다.

　내 문제를 내가 해결하려고 하면 안 된다. 기도의 짐을 지고 하나님께 엎드릴 때, 하나님은 나의 그릇을 크게 하시고 용량을 넓히신다. 나의 용량이 커지면 하나님은 나를 그 용량에 걸맞은 그릇으로 빚어주신다. 그럴 때 내 문제가 자연스럽게 해결된다.

　그렇다면 지금 하나님께서 이 민족을 위해 내게 지워주시는 기도의 짐은 무엇인가? 남북 대치, 사회의 심각한 갈등, 진영을 가르고 대립하는 극심한 이념과 사상 전쟁, 세계사에 유례없는 초저출생율 등은 한국 교회 성도들이 지는 기도의 짐으로만 막을 수 있다. 한국 교회 성도들이 지는 기도의 짐 외에는 희망이 없다. 우리는 세상의 빛과 소금의 역할을 해야 하고, 사회적 책임도 감당해야 하지만, 그 출발은 기도의 짐을 지는 데 있다.

기도의 짐을 졌던 에반 로버츠

웨일즈의 부흥을 가져왔던 에반 로버츠는 기도의 짐을 지고 기도한 사람이다. 20세기 초에 웨일즈는 사회적 어려움과 영적 쇠퇴를 겪고 있었다. 교회 출석률이 줄어들고 신앙의 활력도 쇠퇴하는 것 같았다. 그러나 웨일즈는 한 사람의 기도를 통해 다시 부흥의 문을 열 수 있었다. 부흥의 중심에는 26세에 석탄 광부에서 설교자로 변신한 에반 로버츠(Evan Roberts 1878-1951)가 있었다.

　그는 탄광에서 일했고, 나중에 대장장이로도 일했는데, 로버츠는 자기 나라에 대한 깊은 부담이 있었고, 하나님께서 뭔가 중요한 일을 하실 것이라고 느꼈다. 로버츠는 전도자 세스 조슈어(Seth Joshoa)가 주최하는 집회에 참석했는데, 여기서 성령 충만을 경험했다. 여러 달 동안 그는 "주여, 우리를 굽어살피소서!"라는 간구를 자주 반복하면서 열렬하게 기도했다. 그의 소망은 하나님 백성이 겸손해지고 하나님 뜻에 복종하여 성령께서 원하시는 것은 무엇이든 할 수 있게 준비되는 것이었다. 그 결과 웨일즈 부흥운동이 일어났는데, 1904-1905년 동안 10만 명이 넘게 예수를 믿었다.

찰스 피니의 일기를 보면 "외국 선교 지역을 위해 무거운 기도의 짐을 지고 간절히 기도할 때 그 선교 지역에 놀라운 부흥이 일어났다"라는 말이 있다.

기도의 짐을 지는 자는 하나님의 뜻에 정렬된다

기도의 짐을 진다는 것은 그 과정에서 하나님의 뜻에 영적으로 정렬되는 것을 의미한다. 세상 역사는 하나님과 영적으로 정렬된 사람의 삶을 통해 변화되고 새롭게 된다. 기도의 짐을 진다는 것은 하나님과 깊은 대화 속으로, 친밀한 관계로 들어가는 것이다. 이러한 관계는 자기 삶을 하나님의 생각과 하나님의 뜻에 일치하게 한다. 기도에는 하나님께 굴복하고 하나님의 뜻을 기다리는 것, 야곱처럼 하나님과 씨름하는 것도 포함된다. 이를 통해 영적 정렬이 된다. 하나님 뜻에 맞추는 과정에서 하나님의 시각을 가지게 되므로 세상 보는 눈이 달라지고 개인의 삶도 당연히 변화된다.

다니엘이 기도할 때, 하나님께서 그에게 지혜와 총명을 주셨다. 여기에 굉장히 중요한 의미가 담겨 있다. 기도의 짐을 지고 기도하는 다니엘에게 하나님께서 지혜와 총명을 주셨다는 것은 다니엘을 더 크게 사용하시기 위해 다시 세우셨다는(rebuilding) 의미이다. 다니엘을 향하여, "너는 은총을 받은 자"라고 하셨다(28절). 기도의 짐을 지고 기도했던 다니엘의 내면의 용량은 전보다 더 커졌고, 이를 통해 미래를 통찰할 수 있는 시각도 갖게 된 것이다.

기도의 짐을 진 자에게 주신 최고의 복이 다니엘서의 마지막 구절에 나온다. "너는 가서 마지막을 기다리라 이는 네가 평안히 쉬다가 끝날에는 네 몫을 누릴 것임이라"(단 12:13). 기도의 짐을 진 자에게는 하나님께서 쉼을 주시고, 마땅한 상급이 있음을 말씀한다.

하나님께서 기도의 짐을 지는 자에게 어떻게 필요를 채워주시는지는 욥을 통해서도 알 수 있다. 욥은 엄청난 고난과 상실을 겪은 후에 오히려 자신을 정죄했던 친구들을 위해 기도했다. 이렇게 중보하는 자에게 부어주시는 극적인 축복이 욥기 42장 10절에 나온다. "욥이 그의 친구들을 위하여 기도할 때 여호와께서 욥의 곤경을 돌이키시고 여호와께서 욥에게 이전 모든 소유보다 갑절이나 주신지라."

욥은 자신을 비난했던 친구를 위해 기도한 후에 하나님으로부터 이전보다 더 큰 축복을 받았다. 성경은 왜 이러한 사실을 마치 핀포인트처럼 콕 집어서 말하듯 기록했을까? 여기에는 다른 사람을 위해 기도의 짐을 지는 사람이 받는 축복을 말하려는 의도가 선명하게 드러나고 있다.

기도를 통해 세상을 바꾸기를 소원하는 자의 기도

주여 들으소서(Listen), 주여 용서하소서(Forgive), 주여 귀를 기울이시고 행하소서(Hear and Act). 지체하지 마옵소서. 주님의 영광을 위하여 응답하옵소서.

주여! 들으소서! 하나님의 뜻대로 하는 기도는 정치보다 언론보다 강한 줄 믿사오니, 깊은 말씀으로 우리를 흔드사 세상을 바꾸는 기도의 무릎을 꿇게 하여주옵소서!

주여! 용서하소서! 오직 두려워할 한 분 주님께 이 민족의 죄악을 끌어안고 자복하오니, 용서와 긍휼을 베풀어주옵소서!

주여! 귀를 기울이시고 행하소서! 한 손에는 '예언의 말씀'을 붙들고 한 손에는 '역사적 현실'을 붙들고 간절히 구하오니, 주님의 영광을 위하여 주의 뜻을 이루어주옵소서!

24

이보다 큰일도
하리니

요한복음 14:12-18

　　　　목회자로서 소원하고 사모하는 것은 한
국 교회의 부흥이다. 교회 안팎에서 '부흥'을 성장주의, 성공주의 렌
즈로 보려는 사람들이 있다. 그래서 일부는 부흥을 단지 세속적 성
공을 부추기는 것으로 여기고 냉소적으로 바라보기도 한다. 부흥에
대한 당신의 생각은 어떠한가?

　교회는 부흥되어야 한다. 주님의 몸이기 때문이다. 주님은 교회의
머리요, 교회는 주님의 몸이며, 우리는 교회의 지체된 가지들이다.
예수님이 이 땅에 오신 목적은 양으로 생명을 얻게 하고 풍성하게
하시기 위해서이다. 생명을 얻고 열매를 풍성하게 맺는 것이 교회의
사명이라면, 교회는 반드시 부흥되어야 한다. 이런 점에서 교회의
부흥에 대해 사시적(斜視的)인 시각으로 바라본다면, 주님의 몸 된 교

회의 지체일 수 없다. 어쩌면 그런 사람은 교회의 부흥을 누구보다도 싫어하는 사탄의 치밀한 계략에 이용당하고 있을지 모른다.

전대미문의 코로나 이후 한국 교회와 성도들에게 비집고 들어온 회의주의와 영적 패배주의, 냉소주의, 비관주의가 참 안타깝다. "회복을 넘어 부흥으로" 설교 시리즈를 준비하면서, 마음에 두었던 것은 마귀가 던져놓은 회의주의와 패배주의의 덫을 부수고, 다시 한번 미래를 향한 소망을 말하는 것이었다.

부흥은 마귀를 향한 선제공격이요, 마귀의 견고한 진을 돌파하는 힘이다. 부흥은 마귀를 이기는 동력이므로 교회는 물론 개인에게도 절대적으로 요구된다.

그리스도인은 부흥을 위한 힘을 어디서 얻는가?

교회는 물론 성도 개인도 반드시 회복을 넘어 부흥으로 가야 하는데, 부흥을 위한 그 힘은 어디서 나오는가? 어떤 사람은 "정보가 힘이다"라고 말하고, 어떤 사람은 "인맥이 힘"이라고 하는데, 그리스도인은 어디서 힘을 얻는가? 그리스도인은 위로부터 힘을 얻어야 한다. 이것이 16절에 나타난 말씀의 진의(眞意)이다.

"내가 아버지께 구하겠으니 그가 또 다른 보혜사를 너희에게 주사."

위로부터 임하시는 보혜사 성령으로부터 힘을 얻는 것에서 부흥의 길이 열린다. 보혜사 성령께서 오셔서 "영원토록 너희와 함께 있게 하리니"라고 하셨다. 17절에서 "그는 너희와 함께 거하심이요 또 너희 속에 계시겠음이라"라고 했다. 성령님은 우리와 함께 그리고 우리 속에 거하심으로 우리를 고아와 같이 버려두지 않으신다(18절).

20절에서 예수님은 "그날에는 내가 아버지 안에, 너희가 내 안에, 내가 너희 안에 있는 것을 너희가 알리라" 하고 말씀하셨다. '그 날'은 오순절 성령 강림의 날이다. 실제로 보혜사 성령께서 제자들과 함께 계시고 그들 속에 거하시는 것을 제자들이 경험하자, 십자가 사건에서 예수님을 버리고 도망친 비겁했던 제자들이 이제는 예수님을 위해 목숨조차 아끼지 않는 담대한 사명자가 되었다. 이것이 성령님이 우리와 함께, 우리 속에 거하실 때 주시는 힘이다.

성령께서 우리 속에 거하실 때, 무슨 일이 일어나는가?
성령의 사람, 능력의 사람이었던 사도 바울의 말씀을 들어보라.
첫째, 성령은 우리를 살린다. 성령은 살리는 힘이다.

"영은 살리는 것이니라"(고후 3:6).

절망 중이라도, 비참한 상황이라도, 인생길에서 넘어져 죽게 되었을 때도, 성령님과 접촉하고 교통할 때마다 우리는 빛을 받아 새롭게 되고, 힘이 생겨서 다시 살아나는 것이다.

"너희 안에 거하시는 그의 영으로 말미암아 너희 죽을 몸도 살리시리라"(롬 8:11).

둘째, 성령은 우리를 자유하게 하신다. 성령은 자유하게 하는 힘이다.
"주의 영이 계신 곳에는 자유가 있느니라"(고후 3:17). 억눌리고 침체하게 만드는 일들이 우리를 우울하게 하고 피곤하게 하고 약하게 하는 상황에서, 심지어 중독의 상황에서도 보혜사 성령께서 우리 안에 계시면 우리를 자유하게 하신다.

본문을 더 깊이 살펴보자. 요한복음의 언어는 하나하나가 신비한 말씀이고, 영의 말씀이다. 오늘날 영의 깊은 세계를 모르는 현대인에게는 요한복음의 언어가 낯설 수 있다. 심지어 학자로서 헬라어 원전을 깊이 연구한다고 하더라도, 영안이 열리지 않으면 예수님의 언어와 영의 세계의 깊이를 다 이해할 수 없다. 영의 눈으로 이 깊은 영의 세계, 하나님의 무한하신 지혜를 깨달은 바울은 이렇게 감탄했다.

"깊도다 하나님의 지혜와 지식의 부요함이여"(롬 11:33).

그러므로 우리의 영안이 열려 보혜사 성령님을 통해 말씀이 주시는 '무한 진리'를 깨닫고, '무한 능력'을 경험할 수 있다면, 그리하여 하나님의 측량치 못할 은혜를 날마다 누리며 살 수 있다면 그리스도인으로서 이보다 더 큰 복이 있을까!

이보다 더 큰일을 하게 하시는 성령님

"내가 진실로 진실로 너희에게 이르노니 나를 믿는 자는 내가 하는 일을 그도 할 것이요 또한 그보다 큰일도 하리니 이는 내가 아버지께로 감이라"(12절). 읽을 때마다 가슴을 펄떡이게 하고, 우리 속에서 영적인 아드레날린을 뿜어내게 하는 이 구절은 반지에 박힌 다이아몬드와 같이 영적 세계를 위한 중요한 말씀이다.

예수님께서 "내가 진실로 진실로 너희에게 이르노니"(Truly, truly, I say to you)라고 하셨는데, 이것은 주님의 독특한 언어 방식이다. "진실로 진실로"는 헬라어로 "아멘 아멘"이다. 두 번씩 말씀하시는 것은 너무나 소중해서 강조하시는 것이다. 무엇에 대한 아멘인가? "나를 믿는 자는 내가 하는 일을 그도 할 것이요 그보다 큰일을 하리니." 너무나 황송하고 기가 막힌 말씀이다.

제자들이 예수님이 하신 일을 하는 정도가 아니라, 주님이 하신 일보다 더 큰일도 할 수 있다고 하셨다. 이 말씀이 우리 속에 웅크리고 있는 차가운 마음, 회의적인 마음, 부정적인 마음을 하늘의 망치로 두드리고 있다. 이 말씀이야말로 회의주의, 패배주의, 비관주의, 냉소주의에 젖어 있는 한국 교회 앞에 폭탄 같은 말씀이다.

부패한 우리 인간이 어떻게 주님보다 큰일을 할 수 있겠는가? 중요한 것은 앞에서 언급한 것처럼 이것은 우리가 하는 것이 아니라, 우리 속에 계시는 보혜사 성령님, 위로부터 능력을 부어주시는 성령님께서 역사하실 때 가능한 것이다.

주님보다 큰일을 할 수 있는 이유는 예수님께서 "내가 아버지께 구할 것이다"라고 말씀하신 16절과 "세상이 나를 다시 보지 못할 것이다"라고 말씀하신 19절에 담겨 있다. 예수님이 하나님 아버지께로 갈 것이기 때문이다. 다시 말해, 우리가 더 큰일을 할 수 있는 이유는 예수님께서 승천하시고 보혜사 성령을 우리에게 보내셨기 때문에 가능한 것이다.

이 엄청난 말씀, 우리의 심장을 두드려 사명의 피를 끓게 하는 이 위대한 말씀의 의미는 무엇인가?

첫째, 사역의 규모와 기간에서 그보다 큰일을 할 수 있다. 예수님은 유대 나라와 그 근처에서 사역하셨는데, 우리는 예루살렘과 사마리아와 땅끝까지 전 세계 오대양 육대주로 복음을 전하는 사역을 할 수 있다. 마가복음 16장에서 온 천하를 다니면서 복음을 전할 것이라고 하셨다. 그리고 주님은 33년을 사역하셨지만, 우리는 더 많은 시간에 주님이 재림하실 때까지 일할 수 있다.

둘째, 사역의 대상에서 그보다 더 큰일을 할 수 있다. 예수님은 제자들을 키우시는 데 국한되었지만, 오늘날 우리는 훨씬 더 많은 사람에게 봉사와 섬김의 사역을 할 수 있다. 사도 베드로를 통해 수천 명이 한꺼번에 회심하게 하는 것과 같은 역사를 감당하게 하신다. 빌리 그레이엄 같은 경우는, 50만, 100만 명 앞에서 메시지를 전했을 때 수만 명이 한꺼번에 주님께 돌아오는 사역을 감당했다. 어떤 한 부류만이 아니라, 노예로부터 시작해 왕과 총독까지 다 말씀을 듣는다. 우리나라만 하더라도, 세계 교회사에 없는 "이보다 더 큰일을 하는 현장"이 되었다. 수천 년 내려오던 민족 종교를 100년 만에 바꾼 나라는 우리나라밖에 없다.

셋째, 사역의 방식에서 그보다 더 큰일을 할 수 있다. 오늘날 기술적, 사회적 발전으로 문명 기술과 소셜 네트워크를 이용하면, 예수님 당시보다 훨씬 빨리, 지역적으로 떨어져 있는 사람과 대면하듯 복음을 전하고 봉사할 수가 있다. 예수님 시대에는 도로나 파발마밖에 없었지만, 지금 우리는 일순간에 전 세계와 연결되는 인터넷, SNS, 휴대폰을 사용하고 있지 않은가.

"그보다 더 큰일을 할 수 있다"라는 선포는 제자들에게만 주어진 말씀인가?

그렇다면 12절 말씀은 예수님의 직속 제자들에게만 국한되는 것인가? 그렇지 않다. "나를 믿는 자"라고 하셨다. 나를 믿는 자는 누구든지 할 수 있다. 예수 그리스도를 구세주와 주님으로 고백하고, 우리 식으로 말하면 회복과 부흥을 믿고 갈망하는 자는 누구든지에 해당된다. 이 말씀이 저와 여러분의 삶에 신앙적인 자기 선포, 확신,

방향타가 되기를 바란다.

개인적으로는 이 말씀이 다음과 같이 심중에 깊이 박혔다. "나는 아무것도 아니지만, 오정현 개인은 아무것도 아니지만, 내 속에 계시는 보혜사 성령님, 위로부터 부어주시는 성령께서 역사하시면, 나의 모든 연약한 한계를 돌파한다." 대학생 시절부터 이 말씀이 나에게는 사명의 목숨을 걸게 하는 말씀이 되었다. "내가 뭔데? 나는 아무것도 아닌데, 어떻게 주님보다 큰일을 하겠는가?" 그런데 이 말씀이 성령님을 통해 확신이 들 때마다 인생 항해 길의 등대와도 같이 수많은 고난의 파도를 극복하게 했다.

우리가 직면하는 가장 큰 문제가 뭔가? 세상의 수많은 파도 속에서 침몰하지 않게 할 생애의 목표가 있는가? 삶의 어떤 지진에도 흔들리지 않는 만세반석 같은 사명이 있는가?

"내가 하는 일을 그도 할 것이요 또한 그보다 큰일도 하리니." 이 말씀을 읽고 나 자신에게 주신 말씀으로 받을 때 중요한 것은, 이 약속의 말씀을 주신 분이 주님이시라는 것이다. 말씀을 받은 사람, 내 상태가 중요한 것이 아니라, 이 약속의 말씀을 주신 분, 만세반석이신 주님이 누구신가가 중요하다.

그러니 "내가 어떻게 예수님보다 큰일을 할 수 있겠는가?"라는 황송한 질문은 나 자신에게 초점을 맞춘, 잘못된 질문이다. 나는 부족하지만, 이 말씀을 하신 분이 크신 예수님이시기 때문에 내가 큰일을 할 수 있다고 생각해야 한다. "모든 족속을 제자로 삼으라"(마 28:19)라는 말씀은 우리 실력으로 하라는 것이 아니라, 그 앞 절에 나오듯, 하늘과 땅의 모든 권세를 주시는 분의 힘으로 하라는 것이다. 내 능력이 아니라, 내 속에 계신 예수 그리스도가 역사하시게 하라는 것이다.

이 말씀을 한꺼풀 벗겨 말씀의 속살을 드러낸다면 이런 뜻이다. 이 구절 속에는, "너희가 나보다 큰일을 할 수 있도록 하나님께서 너희를 위해 준비하신 모든 신령한 자원을 삶으로 경험하라"라는 뜻이 담겨 있다. 그리스도인으로서 평생 목숨을 걸 만한 큰일을 할 수 있게 하나님께서 준비하신 신령한 자원, 즉 '보혜사 성령님'과 '기도의 능력'을 제대로 경험하지 못한다면, 그보다 더 큰 인생의 낭비와 허무함이 어디 있을까?

천국은 침노하는 자의 것이라고 했다(마 11:12). 하나님 나라는 분명히 능력과 연관이 있다. 그리스도인이 물에 물 탄 듯 무력함을 갖고 산다면 심히 안타까운 일이다.

왜 내 삶에 기적이 없는가?

복음 전하는 것과 생명 사역이 없기 때문이다. 마찬가지로, "그보다 큰일을 하겠다"라는 말씀을 성령을 통해 받아 누리지 못함으로 삶에 기적이 일어나지 않는 것이다.

이 말씀을 우리 삶에 구체적으로 접목해보자. "주님보다 큰일을 할 수 있다"라는 말씀은, "우리에게는 거룩한 가능성이 있다"라는 뜻이다. 성경에는 특이한 내용이 있다. 열왕기하 13장 18절 이하에 엘리사가 아람과의 전쟁을 앞둔 요아스왕에게 "화살을 집어서 땅을 치소서"라고 했다. 그런데 요아스가 화살을 세 번 치고 그쳤다. 이에 엘리사 선지자가 너무 화가 나서 "왕이 대여섯 번을 쳤다면 왕이 아람을 진멸하였을 것"이라고 말했다. 엘리사가 이 화살은 "구원의 화살, 아람을 이길 승리의 화살"(17절)이라고 했는데, 요아스가 적당히 체면치레로 세 번만 내리치고 그친 것이었다. 요아스왕이 화살을 세 번 내리친 것에 대해 엘리사 선지자가 화를 낸 이유는, 하나님은 체면치레 정도를 원하시는 것이 아니라 생명을 걸 만한 믿음과 충성과 열정을 원하시기 때문이다.

그러니 우리는 하나님의 일을 위해서는 거룩한 열망, 거룩한 가능성을 자제하지 말아야 한다. 하나님의 일을 위해서는 목숨을 걸 정도로 열심과 열정을 다해야 부흥의 역사가 일어난다. 하나님께서 주신 사명의 화살로 땅을 세 번만 치지 말고 여섯 번을 쳐야 한다.

청년 시절에, 대학부가 한창 부흥할 때, 대학부 주보 〈증인들〉에 "주님을 향한 갈망과 그 응답들"을 1년 반 연재했다. 결혼식 당일에 새벽 2시까지 원고를 썼다. 이렇게 하다 보니 마치 '사역의 와중에 잠깐 결혼식 하러 다녀오는 것' 같았다. 아침에 일어나서 늘 다니던 이발소에 갔고, 미리 입어보지 않은 셔츠는 목을 조여서 결혼식 내내 굉장히 불편했다. 당시에는 대학부 학생들을 말씀으로 예수님의 제자 삼고, 전도를 통해 생명을 얻는 사역에 모든 심혈을 기울이는 시기였다. 사역에 나의 전부를 쏟으며 화살을 대여섯 번 치던 시기였다.

사명의 화살을 들어 대여섯 번 내리치라

본문 말씀을 내게 주신 말씀으로 먹고 화살을 대여섯 번 내리치는 순간 삶이 달라질 것이다. 지금 우리 앞에는 21세기 아람 군사들이 우리의 전진을 막고 있다. 그런데 우리가 사명의 화살을 적당히가 아니라 전심으로 대여섯 번 내리치면 우리를 막고 있는 아람의 모든 장벽이 무너질 것이다. 우리의 삶이 달라지기 시작할 것이다.

그렇게 하면 평범한 부부가 인생을 낭비하지 않게 되고, 자녀들을 믿음으로 키우게 될 것이다. 정말 자녀들을 잘 키우고 싶은가? 세상 재물이나 처세의 화살이 아니라 구원의 화살, 사명의 화살을 대여섯 번 내리쳐야 한다. 자녀를 위해, 나의 인생을 위해, 그리고 한국 교회를 위해 대여섯 번 화살을 내리쳐야 개인이나 교회, 나아가 국가도 살아날 것이다.

이런 은혜를 받으면 욱여쌈을 당해도 낙심하지 않고, 거꾸러뜨림을 당해도 망하지 않는다(고후 4:8-9). 웬만한 사람들은 쓰러지지만, "예수님보다 더 큰일을 할 수 있다"라는 말씀을 붙잡고 부흥에 대한 희망을 갖고 있으면 쓰러지지 않는다. 남이 알아주든 알아주지 않든, 묵묵하게 주님 앞에 헌신하고 섬기며 사명의 화살을 대여섯 번 내리쳐라. 그러면 하나님께서 자녀를 책임져 주시고, 우리 인생을 친히 인도해주실 것이다.

꿈은 실천되지 않으면 백일몽으로 그친다. 하나님의 교회에는 독불장군이 있을 수 없다. 주님의 몸 된 지체로서 함께 손을 잡고 발맞추어 가며, 서로 격려하고 세우는 것이 예수님께서 그토록 하나 되기를 원하셨던 교회의 참모습이다(요 17:20-21). 그러므로 우리의 섬김과 수고를 통해 한국 교회의 모세혈관까지 예수님의 피가 돌도록 사명의 화살을 내리쳐야 한다.

이미 우리는 "그보다 더 큰일"을 하고 있다. '글로벌 특새'를 통해 전 지구적으로 수많은 교회가 주님의 한 몸 된 지체로서 함께 말씀을 듣고 기도하며 찬양한다. 예수님의 보혈이 지구촌 곳곳에 세워진 교회로 흐르면서 지역 교회들은 대사회적인 거룩한 방파제의 사명을 감당한다. 사역 범위에서는 'CAL 세미나'를 통해 남미, 아프리카, 동남아시아에 이르기까지 제자 삼는 사명의 꿈을 가진 목회자들이 참석하여 같은 비전으로 무장되고 돌아가, 자기가 있는 지역에서 그 비전을 실천한다. 우리에게 "모든 민족으로 제자를 삼으라" 하신 것은 예수님보다 큰일을 하라고 맡기신 사역이다.

또한, 제자훈련을 통해서 수백 수천의 성도를 예수님을 닮은 온전한 제자로 양육하는 것도 "그보다 큰일"이라고 할 수 있다.

국가적으로는 우리 사회의 전 영역이 하나님의 통치가 이루어지도록 꿈꾸며 이를 실행한다. 아브라함 카이퍼의 《반혁명 국가학》을 수년간 각고의 노력으로 번역하여 모든 국회의원에게 기증했다. 아브라함 카이퍼의 외침처럼, 이 나라가 일반은총과 기독교 세계관을 통해 국가의 모든 영역에서 그리스도가 왕이 되기를 소원한다. 이 민족이 삶의 모든 영역에서 그리스도를 왕으로 모시고 살고, 새로운 미래를 위한 새로운 토대를 건축하면서, 거룩한 공유지(Divine Commons)가 되기를 바란다. 이를 위해서는 국가가 하나님의 권위와 능력을 인정해야 하고, 이 나라의 주인이 하나님이심을 고백해야 한다. 만일 하나님 대신 국가가 전능성을 부여받으면 아브라함 카이퍼의 말대로 견딜 수 없는 폭정으로 이어질 수 있다. 우리는 이런 면에서 '국가주의'를 주장하면서 국가가 모든 것을 통제하고 모든 것을 장악하는 '사회주의'를 절대로 용납할 수 없다.

꺼지지 않는 기도의 불로 인생의 부흥을 경험하라

우리 인생의 한계를 어떻게 돌파하는가? 살리고 자유하게 하는 성령님의 강력한 임재를 통해 돌파해야 한다. 구체적으로 이 일이 이루어지려면 예수님의 공로를 힘입어 기도해야 한다(13-14절). 예루살렘 성전에서 제일 중요한 것은 지성소 앞에 있는 금 촛대. 금 촛대는 24시간 불이 켜져 있어야 했다. 사무엘 선지자는 어린 시절 성막에서 불이 꺼지지 않게 수종 들었다. 금 촛대의 등불을 지키는 것은 하나님의 명령이었다.

"너는 … 등불을 켜되 … 저녁부터 아침까지 항상 여호와 앞에 그 등불을 보살피게 하라"(출 27:20-21).

구약시대에 성막에서 계속 등불을 켜놓는 것은 중요한 의미를 지녔다. 첫째, 하나님의 임재를 상징했다. 등불은 하나님께서 이스라엘 백성 가운데 계속 임재하신다는 상징이었다. 둘째, 등불의 빛은 하나님께서 언제나 그들을 인도하시는 조명을 상징했다. 성막의 등불이 물리적인 빛을 제공했다면, 하나님의 임재는 그들에게 영적인 빛과 인도하심을 보여주었다. 셋째, 항상 타오르는 등불은 하나님과 이스라엘 백성 사이의 언약을 생각나게 해서 거룩한 예배를 드리게 했다. 넷째, 성막의 등불은 신약에서 세상의 빛으로 언급되는 예수 그리스도를 예표했다. 성막의 꺼지지 않는 빛은 영원한 빛으로 우리를 비추시는 예수 그리스도를 보여준다.

구약시대에 성막의 등불은 신약시대에 기도의 등불로 연결되어, 기도의 불을 꺼뜨리지 말라고 우리를 교훈한다. 신약시대에서는 우리 몸이 성전 아니겠는가. 우리 몸에서 기도의 불이 꺼지지 않아야 한다. 부흥을 위해 계속 기도해야 한다. 그래야 성도는 예수님의 지체된 성도답게, 교회는 주님의 몸 된 교회답게 살아갈 수 있다. 기도의 불이 꺼지지 않도록 살아간다면, 우리 육신의 본성과 죄의 본성이 날뛰는 것은 최소화되고, 영적으로 부흥의 은혜에 더 민감해진다. "나를 믿는 자는 내가 하는 일도 그도 할 것이요 또한 그보다 큰 일도 하리니." 이 말씀을 기도 제목으로 삼아라.

꺼지지 않는 기도는 역사적으로 큰 부흥을 점화시키는 불꽃이 되고, 부흥을 지속하게 하는 순도 높은 기름이었으며 부흥을 사방으로 확산시키는 성령의 바람이 되었다. 예를 들면, 1727년, 48명의 모라비안 교도들이 교회와 영적 부흥을 위하여 기도하기 시작했는데, 기도의 불을 꺼뜨리지 않기 위해 24시간 기도했고, 심지어 어린이들도 따로 모여 기도와 찬양을 했다. 이 릴레이 기도는 무려 100년 동안 지속되었는데, 이 기도를 통해 전 세계에 영적 부흥이 일어났고, 그 부흥의 결과로 세계 각처에 선교사들이 나가는 선교 부흥이 일어났다.

1899년 무디가 세상을 떠나던 해에 R. A. 토레이가 무디 성경학교 교사 및 직원들과 함께 매주 토요일 저녁 기도회를 시작했다. 이 기도회는 3년 동안 계속되었고, 이것이 후에 1902년 7월, 5천 명이 영국에서 모였던 케직사경회로 연결되었다. 그 후 인도와 한국 등 지구촌 구석구석에서 부흥의 열기가 동시다발적으로 일어났다. 지금 우리도 부르짖는 기도를 쉬지 아니하면, 한반도에 피 흘림 없는 복음적 평화통일을 이루고 2033-50의 비전도 능히 성취할 수 있을 것이다.

15절에 "너희가 나를 사랑하면 나의 계명을 지키리라"라고 하셨는데, 주님을 향한 열망이 있으면 "성령 충만을 받으라. 쉬지 말고 기도하라"라는 예수님의 명령을 기쁘게 순종할 것이다. 그리하면 위로부터 부어주시는 성령의 능력에 힘입어 개인적으로, 교회적으로 "그보다 더 큰일"을 능히 감당할 수 있을 것이다. 그렇게 할 때, 우리 앞에 있는 21세기 아람의 군사들, 하나님의 영광을 가리는 세상의 공격들, 우리 자신을 어렵게 하는 개인의 문제들도 돌파하게 될 것이다.

"그보다 더 큰일"을 하기를 소원하는 자의 기도

자비로우신 하나님 아버지, 위로부터 보혜사 성령님께서 능력을 부어주셔서 마음속에 비집고 들어온 회의주의, 패배주의, 비관주의, 냉소주의를 완전히 부서뜨려주옵소서!

우리와 함께 계시고 우리 안에 거하시는 성령님께서 진정한 힘이 되어주셔서, 우리를 절망적인 인생길에서 살려주시고, 억눌리고 침체된 상황에서 자유롭게 하여주옵소서!

체면치레 정도의 헌신이 아니라 생명을 걸 만한 믿음과 충성과 열정을 가지고 성령님의 능력을 온전히 덧입어 한 번뿐인 인생, 오직 그리스도를 위해 멋있게 쓰임받게 하옵소서.

부록

그리스도인의 삶을 밝히는 질문들
인물 찾아보기
성경구절 찾아보기

그리스도인의 삶을 밝히는 질문들

인물 찾아보기

국제제자훈련원은 건강한 교회를 꿈꾸는 목회의 동반자로서 제자 삼는 사역을 중심으로
성경적 목회 모델을 제시함으로 세계 교회를 섬기는 전문 사역 기관입니다.

언제든지 다시 시작할 수 있다
회복을 넘어 부흥으로

초판 1쇄 인쇄 2024년 2월 23일
초판 1쇄 발행 2024년 3월 2일

지은이 오정현

펴낸이 박주성
펴낸곳 국제제자훈련원
등록번호 제2013-000170호(2013년 9월 25일)
주소 서울시 서초구 효령로68길 98(서초동)
전화 02)3489-4300 **팩스** 02)3489-4329
이메일 dmipress@sarang.org

ISBN 978-89-5731-893-5 03230